*Beyond Beliefs*

# 나의
# 친애하는
## 비건 친구들에게

*Beyond Beliefs*

# 나의
# 친애하는
## 비건 친구들에게

### 신념을 넘어 서로에게 연결되고 싶은
비건-논비건을 위한 관계 심리학

멜라니 조이 지음

강경이 옮김

시심

이 지구에 선물 같은 관심과 헌신을 건네는 비건과 채식인,
그리고 연대자로서 비건과 채식인 곁에 함께하는 모든 분에게.

여러분이 세상에 건네는 관심과 헌신의 일부를
이 책이 갚을 수 있기를 바랍니다.

그리고 존경하는 동료이자 소중한 친구,
내 인생의 사랑인 남편 세바스티안 조이에게.

비건은 내 삶에서 가장 큰 사랑의 선언이었다. 육식주의라는 가장 큰 관계의 왜곡을 바로잡겠다는 의지였다. 삶은 결국 관계의 연속이고, 먹는 것은 관계를 맺는 가장 중요한 방식이기 때문이다. 그러나 그 오랜 갈등의 해소를 위한 첫걸음이 정작 가장 가깝고 익숙한 관계들을 무너지게 한다면 어떨까. 안락한 일상이 전쟁터가 되고, 사랑하는 사람들이 적수가 된다면 말이다. 우리는 당장 옆에 있는 사람과 즐겁게 대화하지 못하는 순간 불행해진다.

멜라니 조이는 비건과 논비건이 서로의 차이에 무너지지 않으며 연대할 수 있는 현명한 소통 방법을 제안한다. 너와 나의 욕구와 신호, 느낌에 기민하게 반응해 삶을 이루는 수많은 관계들과 더 건강하고 튼튼하게 연결될 수 있는 관점을 제시한다. 언어를 찾을 수 없던 마음들이 그에 의해 갈 곳을 찾는다. 그 섬세한 다정함 속에서 무엇보다 사랑의 힘을 본다. 나 이외의 것을 사랑하는 힘. 오리를 가달라면 십리를 가는 힘. 공감과 연민만으로 삶을 송두리째 바꾸는 힘. 그 커다란 품으로, 타인을 향해 다시 헤엄칠 힘을 얻는다. 저자의 말대로, 차이는 우리를 더욱 고유하고 풍요롭게 만든다. 당신이 생명이라면 무엇이든, 종을 넘어 사랑하겠다는 마음으로. 우리는 왜곡과 오해, 그리고 신념을 넘어서 간다.

양다솔 작가, 《가난해지지 않는 마음》 저자

나의 친애하는 비건 친구들에게

코로나 직전이었던 것으로 기억한다. 점심시간에 회사 근처 보리밥 집에 간 일이 있다. 나는 고추 무침, 당근, 부추, 열무, 콩비지, 된장찌개가 나오는 보리밥을 시켰다. 내가 주문한 뒤 바로 내 옆 테이블에 머리가 희끗희끗한 두 중년 남자가 자리를 잡았다. 한 사람은 나와 같은 보리밥을, 다른 사람은 보쌈 정식을 시켰다. 두 사람은 이런 대화를 나눴다. "진짜 고기 안 먹으려고요?" "네, 안 먹으려고요." "무슨 이유라도?" "비건 기사도 자꾸 나오고 고기를 덜 먹으면 기후위기에도 좋다하고, 공장식 축산에 문제도 많다니까 한번 해보려고요." 나는 그 말을 들은 상대편 남자의 반응이 아주 궁금했다. (혹시 유별나다고 하지는 않을까? 혹시 자신에게는 강요하지 말라고 하지는 않을까?) 그래서 침도 삼키지 않고 가만히 있었다. 상대편 남자는 이렇게 말했다. "대단하네요." 나는 그날 오후 내내 꽤 기분이 좋았다.

이 책은 이 '대단하다'는 말이 얼마나 중요한지 잘 설명한다. 이 대단하다는 말에는 방어적인 분노 대신 부드럽게 열린 마음과 상대를 향한 존중이 있다. 각자의 신념을 넘어서기 위해 꼭 필요한 태도다. 비건이든 논비건이든 인간은 음식을 나눠먹으면서 서로 연결된다. 그 연결이 따뜻할 수 있는 방법, 밥 먹다가 외롭거나 화나지 않을 방법, 서로에 대한 섬세한 이해로 나아갈 수 있는 방법이 이 책 안에 있다.

정혜윤 작가, 《슬픈 세상의 기쁜 말》 저자


정신과 전문의로서 나는 이 책을 비거니즘보다는 관계에 대한 책으로 읽었다. 정보의 양이 많아진다고 타인의 세계를 더 잘 이해할 수 있는 것은 아니다. 오히려 자신과 다른 것에 대한 혐오가 더욱 강해질 수도 있다. 비건이 아직 낯설거나 혹은 여전히 불편한 사람, 또는 논비건과 갈등을 겪는 비건이라면 이 책을 꼭꼭 씹어 읽길 바란다. 다수의 편에 서서 나도 모르는 사이 소수를 억압해온 나, 소수가 되어 소외당하면서도 누군가를 설득할 시도조차 하지 못하던 나를 떠올릴 수 있을 것이다.

우리 모두는 어떤 지점에서 다수인 동시에 어떤 지점에서는 소수다. 우리는 비슷한 사람과는 잘 지내지만 서로의 차이를 느끼면 쉽게 불안해한다. 차이로 서로를 가르는 이분법적 서사는 관계에 경계를 만들고, 지나친 완벽주의는 서로를 향한 연대를 해친다. 이 책은 단지 유사성을 연대감이라고 믿는 단계를 지나, 생각이 다른 사람들과의 관계에서도 유대감을 가질 수 있도록 성숙한 관계의 방법을 모색한다. 이 책은 우리가 가진 미숙함을 넘어 다른 관점을 가진 사람과도 진정으로 공감할 수 있도록, 건강하고 튼튼한 관계를 고민할 새로운 기회를 안겨줄 것이다.

하주원 정신과 전문의,《불안한 마음을 잠재우는 법》저자

멜라니 조이는 사람들이 타인 혹은 우리 자신과 맺는 관계를 바라보는 방식을 근본적으로 변화시키며, 그 과정에서 더 나은 세상, 더 공감하는 세상을 만든다.

네이선 렁클Nathan Runkle 머시 포 애니멀Mercy for Animals 창립자

관계에서 길을 찾는 일은 힘들 수 있다. 특히 막 비건이 되어 논비건 친구와 가족과의 관계를 풀어가려 애쓰는 사람에게는 더욱 그렇다.《나의 친애하는 비건 친구들에게》는 이런 문제에 훌륭한 길잡이를 제공하며, 비건과 다른 사람들에게 성공적인 관계를 위해 필요한 도구를 쥐어준다.

데이브 시몬Dave Simon 《고기 경제학》저자

비건-논비건 커플의 한 사람으로서 내 진정성을 존중하는 동시에 파트너의 선택을 수용할 수 있게 하는 현명한 조언에 감사한다.《나의 친애하는 비건 친구들에게》는 식사 시간이 몸과 마음, 관계를 살찌우는 원천이 되기를 바라

는 모든 사람이 꼭 읽어야 할 책이다.

린다 리벨<sup>Linda Riebel</sup> 세이브룩 대학원 교수, 공인 심리사

통찰력 있고 매력적인 이 책에서 멜라니 조이는 오해받는다고 느껴본 적 있는 모든 비건과 채식인에게, 그리고 비건이나 채식인 때문에 혼란스러웠던 적 있는 모든 사람에게 지혜와 위안, 충고를 건넨다. 이 책은 신념을 넘어 오해 없이 서로 공감하며 관계를 맺고 소통할 수 있는 길을 보여준다.

리사 블룸<sup>Lisa Bloom</sup> 블룸 법률 사무소 민권 변호사

멜라니 조이는 명료하게 생각하고 정교하게 쓰며 진심을 다해 설득한다.《나의 친애하는 비건 친구들에게》는 우리가 신념 둘레에 세운 철창을 부드럽게 녹인다. 모든 비건과 논비건의 서재에 반드시 놓여야 할 책이다.

필립 월런<sup>Phillip Wollen</sup> 시티뱅크 전 부사장,

윈섬 콘스턴스 카인드니스<sup>Winsome Constance Kindness</sup> 창립자

는 모든 사람이 꼭 읽어야 할 책이다.

린다 리벨Linda Riebel 세이브룩 대학원 교수, 공인 심리사

통찰력 있고 매력적인 이 책에서 멜라니 조이는 오해받는다고 느껴본 적 있는 모든 비건과 채식인에게, 그리고 비건이나 채식인 때문에 혼란스러웠던 적 있는 모든 사람에게 지혜와 위안, 충고를 건넨다. 이 책은 신념을 넘어 오해 없이 서로 공감하며 관계를 맺고 소통할 수 있는 길을 보여준다.

리사 블룸Lisa Bloom 블룸 법률 사무소 민권 변호사

멜라니 조이는 명료하게 생각하고 정교하게 쓰며 진심을 다해 설득한다.《나의 친애하는 비건 친구들에게》는 우리가 신념 둘레에 세운 철창을 부드럽게 녹인다. 모든 비건과 논비건의 서재에 반드시 놓여야 할 책이다.

필립 월런Phillip Wollen 시티뱅크 전 부사장,

윈섬 콘스턴스 카인드니스Winsome Constance Kindness 창립자

# 차례

*일러두기*

• 본문의 각주 중 ◢은 지은이 주, ◢은 옮긴이 주입니다. 후주는 숫자로 표시했습니다.

• 본문의 'secure', 'security'는 '안정'으로, 'safety'는 '안전'으로 옮겼습니다.

• 이 책에서는 채식인<sup>vegeterian</sup>과 비건<sup>vegan</sup>을 가리키기 위해 '비건'이라는 용어를, 채식인과 육식인을 가리키기 위해 '논비건<sup>non-vegan</sup>'이라는 용어를 사용했습니다. 채식인도 비건도 아닌 사람을 가리키기 위해, 필요한 경우 육식인<sup>meat-eater</sup>이라는 용어를 사용했습니다.

# 비건과 채식인, 육식인이 만날 때

## 문제와 가능성

누가 보아도 부러울 만한 성찬이었다. 금은 식기와 빛나는 도자기, 겨우살이와 열매로 장식된 꽃다발들, 축제 분위기를 풍기는 반짝이는 물건들이 식탁을 수놓았다. 식탁이 온통 반짝였다. 사람들의 체온과 쉼 없이 작동 중인 오븐의 열기로 방은 훈훈했고 진한 향기가 떠다녔다. 온기와 향기가 공간을 채우듯 달그락대는 식기 소리와 웃음이 침묵을 채우며 아늑하고 편안한 분위기를 만들었다.

그러나 마리아는 조금도 편안하지 않았다. 죔쇠로 조이듯 가슴이 답답해지는 익숙한 감정을 느꼈다. 두려움이었다. 2년 전까지만 해도 마리아는 가족 모임을 고대했고, 이런 모임에서 항상 편안함과 친근함을 느꼈다. 대화마다 끼어드는 농담과 부모님의 요리를 사랑했을 뿐 아니라 어린 조카들을 만나는 것도 좋았다. 그리고 거의 10년째 결혼 생활을 함께한 제이콥이 가족 모두와 잘 어울리는 것도 마음에 들었다. 하지만 이제는 모든 것이 달라졌다.

마리아는 외톨이가 된 기분으로 식탁에 앉아 있었다. 가족의 대화는 해안으로 밀려왔다 밀려가는 파도처럼 그를 스쳤다. 주방에서 엄마와 짧은 대화를 나눈 이후로 마리아의 귀에는 아무것도 들리지 않았다. 비건인 자신도 먹을 수 있게 매시트포테이토에 버터 대신 마가린을 넣을 수 있는지 물었을 때 엄마는 전통적인 가족 식사를 즐기러 온 사람들에게 그의 믿음을 부당하게 강요하려 한다며 그를 나무랐다.

저녁을 먹는 동안 언제나처럼 음식 이야기가 나왔다. 칠면조를 맛있게 요리하는 방법이 무엇인지, 어느 부위가 가장 부드러운지, 칠면조의 속을 채울 소시지를 동네에 새로 생긴, 인도적 환경에서 유기농 사료를 먹고 자란 고기만 판매한다는 정육점에서 어떻게 구했는지에 대한 이야기가 오갔다. "그러니까 누나도 먹을 수 있다는 거네?" 가족의 영원한 재담꾼인 남동생이 끼어들었다. 자신이 언급되는 소리에 마리아는 귀를 쫑긋했다. "안 그래, 누나? 돼지가 행복하게 소시지가 된다면 먹어도 되는 거잖아. 그게 돼지가 바라는 바일 거야. 내가 그렇게 맛있다면 나를 먹어다오!" 그 말에 모두 웃음을 터뜨렸다. 제이콥까지. 그는 마리아네 가족의 허물없는 농담을 늘 좋아했다.

마리아의 두려움은 분노로 변했다. 저녁 내내 그는 자신이 보았던 생생한 동물 도살 영상들을 떠올리지 않으려 애쓰고 있었고, 그 일에만도 온 에너지가 필요했다. 식탁에 놓인 칠면조와 소시지, 버터가 들어간 매시트포테이토가 마리아에게는 예전처럼 음식으로 보이지 않았다. 음식이 아니라 시체와 분비물, 고통으로 보였다. 그 음식들이 개와 고양이로 만들어졌다면 가족들 눈에도 그렇게 보였을 것이다. 마리아는 한때 자신이 가장 공감하고, 가장 편안하게 느끼던 사람들이 이런 고통의 산물을 아무렇지도 않게 입에 넣으며, 그를 미친 사람처럼 대하는 모습을 보았다. 그리고 무엇보다 가족들은 그가 비건이라는 것을 알고 있었다. 동물성 음식을 거북하게 여기고, 끔찍하게 싫어한다는 것을 알았다. 그런데도 그가 그 자리에 없는 것처럼 그 음식들에 대해 이야기했다. 게다가 마리아를 소재로 농담을 하고, 그의 신념을 무시하고 조롱하는 농담에 함께 웃었다.

하지만 마리아는 늘 그렇듯 하고 싶은 말을 꾹 참았다. 무엇을, 어떻게 말해야 가족들이 생각하는 것처럼 '히스테리 환자'나 '극단주의자'처럼 보이지 않을지 알 수 없었다. 그 농담이 재미없다고 지적하면 왜 그렇게 유머 감각이 없냐는 둥, 심각하게 굴지 말라는 둥 하는 소리를 들을 것이다. 그렇다고 억지로 같이 웃는다면 자신의 가치관을 저버리고 동물을 먹는 일을 응원하는 셈이 될 것이다. 마리아는 속수무책으로 조롱당한다는 생각에 굴욕감을 느꼈다.

무엇보다 마리아는 동물들을 실망시키고 싶지 않았다. 식탁의 하나뿐인 비건으로서, 혹시라도 다른 사람이 어느 날 비건이 되기를 고려할 가능성을 줄이지 않도록 긍정적인 이미지를 지켜야 한다고 생각했다. '지나치게 감정적'이거나 '급진적'이라는 비건의 부정적인 스테레오타입을 강화하고 싶지 않았다. 그래서 마음속으로는 풀이

죽었지만 수치심과 혼란, 절망의 눈물을 참으며 이 상황이 그의 가족과 세상이 비거니즘을 바라보는 관점임을 받아들이려 애썼다. 그는 더 깊이 움츠러들었고 주위 사람들과 더욱 단절되었다.

그러나 가족과 교감할 기회를 놓쳤다는 사실이야 받아들일 수 있다 해도 제이콥과 단절되는 느낌은 견딜 수 없었다. 제이콥은 그의 비거니즘을 여러 면에서 응원했다. 집에서 동물성 제품을 쓰지 않고, 둘만 외식할 때는 동물을 먹지 않는 데 동의했다. 하지만 그는 진심으로 비거니즘을 이해하지는 못했다. 그냥 누군가 관심이 없거나 이해할 수 없는 취미 활동을 참듯 마리아의 비거니즘을 견디고 있을 뿐이었다. 제이콥이 식탁에서 벌어지는 대화에 추임새를 넣으며 논비건 요리가 맛있다고 아빠에게 찬사를 보내고, 남동생의 농담에 가족들과 함께 웃을 때 마리아는 자기 인생의 가장 중요한 사람에게 배신당하고 버려진 느낌이었다.

마리아는 자신도 모르게 제이콥이 자신에게 맞는 사람일까 하는 의문이 들었다(이런 의문이 처음은 아니었다). 두 사람의 가치관이 이렇게 다르다면 그와 진정한 교감을 결코 느끼지 못할지 모른다. 그저 맛이 좋다는 이유로 죄 없는 동물을 먹는 사람을 어떻게 존중할 수 있을까? 나의 깊은 내면을 이해하지 못하는 사람과 어떻게 진정으로 함께할 수 있을까?

차를 타고 집으로 돌아올 때쯤 마리아는 거의 멍한 상태였다. 피곤과 무력감 속에서 그는 자신이 왜 배신감을 느끼는지 제대로 표현할 수가 없었고, 그냥 입을 닫고 말았다. 싸늘해진 마리아에게 제이콥은 왜 그러냐고 물었다. 마리아는 차갑게 대답했다. "별일 아니야." 그는 제이콥이 이유를 모른다는 사실에 충격을 받았다.

이제는 제이콥이 고심할 차례다. 그는 마리아의 침묵이 식탁 위의 논비건 음식과 관련 있다는 것은 알았지만 정확히 식사의 어느 부분이 거슬렸는지는 알 수 없었다. 동물 요리가 나오리라는 걸 몰랐던 것도 아니지 않은가. 게다가 예전의 가족 식사와 달리 마리아를 위한 비건 요리도 많았다. 심지어 자신이 직접 마리아를 도와 비건 요리를 준비했고, 가족들은 그 요리에 환호했다. 그러니 마리아가 먹을 음식이 아예 없었던 것도 아닌 셈이다. 게다가 집 밖에서는 논비건 음식을 먹어도 괜찮다고 합의했음에도 그는 이번 식사에서 주로 비건 음식을 먹었다. 그러니 무엇이 문제였을까?

제이콥은 죄책감을 느꼈다. 자신이 무언가 잘못한 것 같지만 그게 뭔지 정확히 짚을 수는 없었다. 그에겐 익숙한 느낌이었다. 마리아가 비건이 된 후로 그는 마리아와 함께 있을 때 자주 이런 느낌을 받았다. 그가 아무리 마리아의 새로운 생활 방식을 받아들이려고 애써도 결코 충분치 않은 듯 했다. 2년 전만 해도 그는 아침, 점심, 저녁으로 동물을 먹었다. 지금은 동물성 식품을 거의 먹지 않는다. 그런데도 마리아는 이 문제에 늘 예민하다. 마리아가 잠자코 있을 때조차 그는 자신이 비건이 아니라서 마리아가 실망하고 있음을 느꼈다.

제이콥은 어쩌면 이제는 마리아가 동물성 음식이 올라온 식탁 앞에 앉아 있는 것마저 참을 수 없게 됐는지도 모른다고 생각했다. 마리아의 민감성이 점점 높아지면서 윤리적으로 참을 수 없는 것이 더 늘었을지도 모른다는 생각이 들었다. 마리아가 비건의 길로 갈 만큼 갔다고 생각할 때마다 그는 새로운 욕구를, 더는 견딜 수 없게 된 새로운 문제를 꺼내 들었다. 처음에는 동물(과 알과 유제품)을 먹지 않았다. 그 다음에는 그런 음식을 요리하길 거부했다. 그러고는 곧 동물성 식품은 아예 집에 들여놓지 않게 되었다. 이 모든 변화를 거치는 내내 제이콥은 너그러운 편이었다. 약간의 저항이 없진 않았지만 결국 마리아의 요구를 따랐다. 마리아가 행복하길 바랐고, 어느 정도는 자신도 동물성 식품을 덜 먹는 것이 좋다고 생각했다.

제이콥은 다시 미끄러운 비탈길로 들어선 듯한 두려움을 느꼈다. 속이 울렁거리는 익숙한 느낌을 받으며 마리아의 비거니즘이 어디까지 나아갈까, 마리아를 얼마나 멀리 데려가버릴까 생각했다. 마리아는 그가 더는 잘 어울릴 수 없는 사람이 되어버리는 것일까? 결국에는 그가 받아들일 수 없는 욕구와 생활 방식을 갖게 될까? 아니면 마리아가 그를 윤리적인 면에서 자신과 충분히 어울리지 않는다고 판단하여 거부하게 될까?

제이콥은 마리아가 비건이 되기 전으로 돌아가고 싶었다. 그때는 식사 때마다 그렇게 힘든 일이 없었다. 물론 문제는 있었다. 하지만 안 그런 커플이 있는가? 지금 생각하면 하찮은 문제들로 격렬하게 논쟁을 벌이기도 했다. 이를테면 도시에서 살지, 교외에서 살지,

계획을 세울 때 얼마나 꼼꼼해야 할지 같은 문제들이었다. 가끔은 서로에게 상처 주는 말을 할 때도 있었지만 그런 말다툼은 대개 서서히 잠잠해졌다. 나중에는 둘 중 한 사람이나 두 사람 모두 싸우는 것이 지겨워져서 원하는 바를 밀어붙이기를 포기하곤 했다. 그러나 마리아의 비거니즘과 제이콥의 육식을 둘러싼 갈등은 잦아들 것 같지 않았다. 오히려 더 심해지고 있었다.

제이콥은 분노와 혼란, 걱정이 뒤섞인 심정으로 마리아를 흘깃 봤다. 마리아는 입술을 꼭 다문 채 창밖을 내다보며 완전히 자기 안에 틀어박혀 있었다. 제이콥은 어떻게 상황을 바로잡아야 할지 몰랐고, 결혼 생활보다 자신의 신념을 앞세우는 마리아에게 화가 나서 자신도 입을 닫았다. 부부는 무표정한 얼굴로 침묵 속에 나란히 앉아 집으로 차를 몰았다. 두 사람 모두 자신이 이해와 인정을 받지 못한다고 생각했고, 불안하고 단절된 느낌을 받았다. 두 사람은 어떻게 하면 화해할 수 없을 것처럼 보이는 차이를 극복하고 서로에게 닿을 길을 찾을 수 있을지 생각했다.

## 문제는 비거니즘이 아니다

마리아와 제이콥만이 아니다. 동물 소비를 그만두겠다는 결정은 많은 비건이 큰 자부심을 느끼는 선택이다. 그렇다 해도 이 결정에는 대가가 따른다. 바로 관계의 균열이다. 이 숨은 대가는 무척 고통스럽고 혼란스러우며 충격적일 때가 많다. 비건들은 주변 사람들과 공유하는 가치관을 바탕으로 선택했다고 생각하는 이 새로운 생활 방식에 가족과 친구들이 보이는 방어적인 반응을 맞닥뜨린다. 그리고 논비건들도 이런 혼란스러운 관계의 역학 때문에 힘들어한다.

다행히도 관계의 균열은 피할 수 없거나 돌이킬 수 없는 것이 아니다. 사실 비건이 되는 일은 관계를 더 건강하고 튼튼하게 만들 기회가 된다. '비건-논비건' 관계는 우리에게 힘들지만 가치 있는 일을 권한다. 자신을 더 잘 알고, 정서적으로 더 성숙해질 것을 말이다. 그리고 관계가 단순한 경로를 따라갔더라면 아마 이를 인식하고 성숙해질 동기를 얻지 못했을지 모른다.

마리아와 제이콥이 깨닫지 못한 것이 있다. 바로 그들의 불행과 서먹함이 마리아의 비거니즘 때문이 아니라는 점이다. 문제는 다른 사람들처럼 두 사람이 안정적이고 교감하는 관계에 필요한 기본 원칙과 기술을 배운 적이 없다는 데 있다. 거기에는 서로 다른 신념과 욕구에 관해 소통하는 법도 포함된다. 그리고 마리아와 제이콥에게는 어느 관계에나 뒤따르는 어려움들을 헤쳐나갈 튼튼한 기초를 갖추는 것 외에도 비건-논비건 관계에서 오는 특별한 도전들이 있다. 그중 가장 주목할 만한 것은 각자가 자기 자신과 상대를 부정확하게 인식하도록 만드는 사고방식이다.

마리아와 제이콥, 그리고 비건-논비건 관계에 있는 모든 사람들

(친구나 동료 혹은 연인이든)에게 좋은 소식이 있다. 바로 이 고통스러운 관계의 역학을 빠져나갈 방법이 있다는 것이다. 일단 당신이 건강하고 튼튼한 관계를 만드는 법을 알고, 인식을 가로막는 사고방식을 알아차리는 법을 배운다면 관계와 삶을 크게 개선할 수 있다.

# 튼튼한 관계란 무엇일까

건강한 관계는 건강한 몸과 같다. 면역 체계가 그들이 노출되어 있는 세균보다 강할 때 상대와 잘 지낼 수 있다. 건강한 관계를 만드는 방식은 두 갈래로 정리할 수 있다. 하나는 관계의 면역 체계를 튼튼하게 유지하는 것이고 다른 하나는 관계를 위협하는 세균의 정체를 파악하고 다루는 것이다.

### 회복 탄력성 키우기

튼튼한 관계의 면역 체계는 회복 탄력성resilience을 지닌다. 회복 탄력성은 스트레스를 극복하는 능력이다. 관계의 회복 탄력성은 안정감과 교감이라는 두 가지 요소로 구성된다. 안정감과 교감을 느끼는 관계일수록 더 튼튼하다. 회복 탄력성이 높다는 말이다. 회복 탄력성을 지닌 관계는 세균이나 외부 스트레스 요인(침입자)을 더 잘 견뎌낼 수 있다. 똑같은 세균과 접촉해 병에 걸려도 회복 탄력성 있는 몸이 더 빨리 회복하는 것과 같다. 몸이든 관계든 강한 세균에 노출되면 면역 체계가 세균과 싸우느라 진이 빠질 수 있다. 그러면 사람들(이나 그들의 관계)은 약해지거나 병이 들고, 어쩌면 죽게 될지도 모른다.

관계의 안정감과 교감을 위협하는 세균은 셀 수 없이 많다. 경제적 문제일 수도 있고 중독이나 실업 문제일 수도 있다. 그러나 사람들이 노출되는 세균 가운데 특히 위험한 유형이 하나 있다. 이 유형은 관계의 주요 기능을 공격하고 서로가 서로를 생각하고 관계 맺는 방식에 영향을 미칠 뿐만 아니라 워낙 유행병처럼 퍼져 있어서 알아차리기가 어렵고, 따라서 치료도 힘들다. 이 세균이 일으키는 증상들은 워낙 흔하기 때문에 사람들은 이런 증상을 병적인 관계 방식이 아니라 정상적인 행동으로 여긴다. 세상의 모든 사람이 만성 기관지염을 앓는다고 상상해보라. 그러면 사람들은 기침과 피로가 정상적인 삶의 일부라 가정할 테고, 모두가 앓는 질병을 알아차리지도 치료하지도 못할 것이다. 그러다 몇몇 사람이 회복하더라도 매번 아픈 사람들과 접촉하면 건강한 상태를 유지하기가 힘들다.

비건-논비건 관계에서 이 세균은 사람들의 심리에 침투한 침입자이자, 사람들을 상대와 자기 자신, 세상으로부터 단절시키는 사고방식이다. 이 침입자의 이름은 육식주의carnism다. 육식주의는 동물을 먹거나 먹지 않는 것에 대해 특정한 방식으로 생각하고 느끼도록 사람들을 길들이는, 눈에 보이지 않는 신념 체계, 즉 이데올로기다. 육식주의는 사람들의 관계에 은밀하게 침투해서 그러지 않았다면 안정감과 교감을 느꼈을 관계의 건강을 해친다.

회복 탄력성 있는 관계를 만드는 원칙과 실천 방식은 몇 달만 지속되는 일시적인 관계부터 아주 가깝고 내밀한 관계를 비롯해 사람들이 자기 자신과 맺는 관계에 이르기까지 모든 관계에 적용된다. 그러므로 일상생활에서 겪는 모든 순간의 경험이 회복 탄력성을 키우며 성장하고 진화하는 훈련과 같다.

상호작용은 관계를 구성하는 조각이다. 상호작용을 할 때마다 사람들은 상대와 관계를 맺는다. 관계는 기본적으로 사람들이 주고받는 일련의 역동적 상호작용이다(가끔 역동적 상호작용을 간단히 '역동 dynamics'이라 부른다). 그리고 사람들은 거의 늘 상호작용을 한다. 슈퍼마켓의 계산원과도 상호작용을 하고, 버스에서 옆자리에 앉은 사람이나 반려자, 심지어 자기 자신과도 상호작용을 한다. 사람들은 어떤 식으로든 늘 관계 속에 있다.

관계는 일련의 상호작용들로 이루어지므로 사람들은 상호작용을 할 때마다 불안정하고 단절된(상호작용을 방해하는) 관계 패턴을 중단하고 안정감 있고 교감하는 관계 맺기를 연습할 기회를 얻는 셈이다. 달리 말해 사람들은 언제든 관계 방식을 바꾸고, 관계의 방향을 전환할 수 있다.

일단 상호작용에서 불안정하고 단절된 관계를 만드는 요인을 알아차리는 방법과 회복 탄력성 있는 상호작용 기술을 익히고 나면 관계의 문제를 사전에 예방하고 문제가 일어났을 때는 빨리 알아채고 효과적으로 대처할 수 있다. 또한 회복 탄력성 있는 상호작용은 실천하면 할수록 더 잘할 수 있다. 그러면 관계는 더욱 안정되고 긴밀히 연결되며 삶도 그렇게 된다. 안정감과 교감의 토대 위에서 사람들은 관계를 약화시키는 게 아니라 강화하는 방식으로 신념의 차이에 대처할 수 있다.

## 차이에서 관계로 초점 옮기기

관계의 회복 탄력성을 키우는 일에 집중할 때 사람들은 차이에 관해 논쟁하는 쪽에서 더 깊숙이 교감하는 쪽으로 자연스럽게 초점을 옮기게 된다. 많은 사람이 계속되는 갈등에 갇혀 꼼짝 못하는 이유 중 하나는 다툼의 원인이 무엇이든 그것의 과정보다 내용에 집중하기 때문이다. 달리 말해 차이를 다루고 소통하는 방식인 '어떻게'보다 서로 다른 신념이나 욕구의 문제인 '무엇'에 더 집중하기 때문이다.

비건-논비건 관계에 있는 많은 사람이 동물을 먹는 일의 윤리를 두고 논쟁하거나, 서로 어떤 종류의 양보를 바라는지를 두고 다툰다. 그러나 관계의 과정, 즉 관계하는 방식에 먼저 신경을 쓰지 않는다면 이런 접근은 더 많은 문제를 일으킬 뿐이다. 각자의 신념 밑에는 관계가 있다. 바로 이 관계라는 더 깊숙한 차원을 보아야 차이를 헤쳐 나갈 열쇠를 찾을 수 있다.

비건과 논비건 사이의 상호작용이 위태로워지는 것은 동물을 먹느냐, 먹지 않느냐를 둘러싼 신념의 차이가 아니라 관계의 근본적인 기능장애 때문이다. 비거니즘은 말다툼을 벌일 구실이 되어 관계에 이미 존재하는 다른 문제들이 집중되는 피뢰침이 될 수 있다. 이를테면 누구의 삶의 방식이 더 적절한가, 외부에 비치는 가족의 이미지가 어떠해야 하는가, 각자의 개인적 욕구에서 무엇을 우선순위에 둘 것인가 등과 같은 문제들이 비거니즘을 둘러싼 다툼으로 표출된다.

신념 밑에 놓인 관계를 돌보면 비건이든 아니든 관계의 경험이 완전히 달라질 수 있다. 관계를 돌본다는 말은 신념보다 관계를 우선시한다는 뜻이 아니다. 서로 다른 신념 때문에 안정감과 교감이 줄어들지 않도록 관계 속에 신념을 위한 공간을 창조한다는 뜻이다. 서로의 차이에도 불구하고 연대자가 된다는 뜻이다.

## 연대자가 된다는 것

연대자가 된다는 것은 어떤 면에서 당신과 다른 사람(또는 사람들)을 지지하는 것이다. 연대자가 될 때 사람들은 다른 사람의 세상과 그들의 관점과 가치관, 신념을 이해하고 인정한다. 특히 그들이 시련에 직면해 당신을 가장 필요로 할 때 그들을 존중하며 곁에 함께한다.

서로에 대한 이해와 인식을 키우는 일은 모든 종류의 차이를 헤쳐 나가는 여정의 핵심이다. 그리고 서로가 진심으로 서로의 연대자가 될 때 비로소 안정적이고 교감하는 관계를 맺을 수 있다.

원칙적으로 서로의 연대자가 될 수 없는 유일한 경우는 연대자가 되기 위해 자신의 진정성을 훼손해야 할 때뿐이다. 그러니까 차이가 자신의 핵심적인 가치관에 어긋나거나, 자신이 안전하다고 느끼지 않는 사고나 행동을 지지해야 할 때다. 예를 들어 인종주의가 윤리적이지 않다고 믿는 누나는 백인 우월주의 단체 회원인 동생의 연대자가 될 수 없다.

## 차이에도 불구하고 서로를 응원하기

비건-논비건 관계에서는 연대가 핵심이다. 특히 논비건이 비건의 연대자가 되는 것이 중요하다. 왜냐하면 비건은 여성과 유색인처럼 비주류(소수자) 집단의 구성원이기 때문이다. 물론 서로 다른 비주류 집단에 속한 개인의 경험은 각각 고유하다. 이를테면 유색인의 경험은 백인 비건의 경험과는 많은 면에서 다르다. 유색인 집단의 구성원은 훨씬 더 심각한 편견과 차별을 겪는다. 그러나 여러 비주류 집단의 구성원 사이에는 적어도 한 가지 중요한 유사성이 있다. 대체로 그들의 경험이 제대로 이해되고 존중받지 않는 세상에서 살아간다는 점이다. 따라서 비건-논비건 관계가 건강하고 지속 가능하려면 논비건이 비건을 응원하는 것이 꼭 필요하다. 비건의 신념과 감정,

욕구가 주류 문화의 지원을 받지 못하기 때문이다.

동물을 먹는 행위가 자신의 가치관에 어긋나고, 동물을 소비하는 장면에 불편함을 느낄지라도 비건 역시 주변의 논비건과 어느 정도 연대를 실천할 수 있다. 물론 비건은 동물을 먹는 일을 응원하지 않고, 정서적으로 불편할 만한 장면을 접하지 않는 편이 좋다. 그럼에도 여전히 논비건을 이해하려고 노력할 수는 있다. 그래야 행동의 뿌리가 되는 사람을 존중할 수 있다. 동물을 먹는 일(육식주의에 기반한)은 널리 퍼진 관행이자 사회규범이므로 비윤리적이라고 널리 인식되는 다른 행동들과는 다른 기준의 심리적 거리 두기가 필요하다. 이 점을 이해하면 비건도 어느 정도 논비건의 연대자가 될 수 있다.

연대자란 이상이 같지 않을지라도 곁에서 상대를 응원하는 사람이다. 예를 들어 제이콥이 비건 연대자였다면 마리아가 비웃음을 당할 때 함께 웃지 않았을 것이다. 대신 마리아가 혼자가 아니라고 느낄 수 있게 그의 손을 잡았을 것이다. 그리고 마리아와 연합 전선을 이루어 그의 가치관을 조롱하지 말라고 가족들에게 요구했을 것이다. 이 책은 비건-논비건 관계에 있는 사람들이 서로 대립하거나 멀어지지 않고, 함께할 수 있도록 돕기 위해 쓰였다.

# 이 책을 읽는 법

이 책은 파트너와 친구, 가족, 지인과 더 나은 관계를 맺고 소통하고 싶은 비건과 채식인, 육식인을 위한 책이다. 그러나 소수자인 비건과 채식인들의 욕구가 관계 심리학과 자기 계발서 분야에서 사실상 거의 관심을 받지 못하고 좀처럼 다루어지지 않는다는 점을 고려할 때, 아마 이 책의 가장 주요한 독자는 비건과 채식인이 될 것이다. 그러므로 책의 많은 부분이 비건과 채식인의 관점에서 쓰였다. 그렇다고 다른 독자들을 배제하는 것은 아니다.

이상적으로는 관계를 맺는 두 사람이 함께 책 전체를 읽는 것이 좋다. 관계의 패턴을 변화시키려면 통찰과 노력이 필요하고, 두 사람이 모두 노력한다면 변화는 더 빠르고 쉬워진다. 그러나 한 사람이라도 관계의 방식을 바꾸기로 마음먹는다면 관계의 역학은 달라질 수 있다. 이 책 전체를 다 읽고 싶지 않은 육식인이라면 5장을 읽고, 그 다음에 2장을 읽으면 좋을 것이다.

2장은 회복 탄력성 있는 관계의 원칙을 다룬다. 서로의 차이가 무엇이든 모든 관계에 적용되는 원칙들이다. 3장은 차이의 본질에 대해서, 그리고 신념의 차이에도 불구하고 교감과 존중을 유지하는 법에 대해서 이야기한다. 4장에서는 관계의 역학을 형성하고 사람들을 건강하지 못한 관계 패턴에 옭아매는 시스템들을 들여다본다. 시스템이 우리 삶에서 어떻게 작동하는지 이해하고 난 뒤에는 5장에서 회복 탄력성이 높은 관계조차 약화시킬 수 있는 특정 '세균', 즉 '침입자'로 관심을 돌린다. 바로 육식의 심리와 그 심리가 동물성 식품을 먹는 사람과 먹지 않는 사람에게 미치는 영향이다. 6장에서는 육식의 심리가 비건과 채식인에게 미치는 영향을 더 깊이 살펴보고, 동물의 고통을 목격한 사람이 경험하기 쉬운 트라우마를 다룬다. 또한 이런 트라우마가 비건과 육식인이 자신과 주변 사람들을 인식할 때 어떤 영향을 미치는지도 들여다본다. 마지막 7, 8, 9장은 변화의 도구를 다룬다. 7장은 갈등 이해와 관리법을, 8장은 효과적인 소통 전략을, 9장은 변화를 만드는 법을 제안한다.

이 책에서 언급하는 모든 개념은 관계와 소통을 개선하고 싶은 사람들에게 직접적이며 실천 가능한 조언을 제공하겠다는 목적으로 제시되었다. 회복 탄력성 있는 관계를 만드는 원칙과 실천 방식을 이해하고, 비건-논비건 관계의 특별한 도전을 헤쳐나가는 법을 익힌다면 비건과 채식인, 육식인 모두 자신이 원하는, 안정적이고 서로에게 공감하는 만족스러운 관계를 만들 수 있다.

## 용어에 대한 일러두기

동물을 먹는 일에 관한 한 그 어떤 용어도 이런저런 신념을 지닌 사람들의 정체성을 제대로 담아내지 못한다. 언어의 한계를 인식하면서 채식인과 비건을 가리키기 위해 '비건'이라는 용어를, 채식인과 육식인을 가리키기 위해 '논비건'이라는 용어를 선택했다.

채식인이 '비건'에도, '논비건'에도 들어가는 이유는 이 책의 목표를 염두에 둘 때 특정 채식인이 관계에서 자신을 어떻게 인식하고 경험하는지가 중요하기 때문이다. 예를 들어 채식인은 육식인과의 관계에서는 비건의 관점에 더 가깝지만 비건과의 관계에서는 논비건의 관점에 더 가까울 수 있다. 몇몇 부분에서는 채식인도 비건도 아닌 사람을 가리키기 위해 필요하다면 '육식인'이라는 용어도 사용했다.

# 관계의 회복 탄력성

## 건강한 관계의 기초

비건과 논비건은 관계에서 특별한 어려움에 직면할 수 있다. 그래도 관계의 토대에 회복 탄력성이 있다면 어려움을 충분히 헤쳐나갈 수 있을 뿐 아니라 강점으로 변화시킬 수도 있다. 회복 탄력성이 있는 관계는 어떤 어려움이라도 뚫고 나갈 기초 체력을 갖고 있는 셈이다. 회복 탄력성이 부족하다면 사소한 문제에도 관계가 크게 손상될 수 있다. 관계의 회복 탄력성은 안정감과 교감 위에서 자란다. 상대가 자신의 안전을 해치지 않으리라 신뢰할 때 사람들은 안정감을 느끼며, 상대가 자신을 이해하고 소중하게 여기며 배려한다고 생각할 때 상대와 교감한다고 느낀다.

그러나 안타깝게도 대부분의 사람은 덜 안정적이고 덜 교감하는 관계를 만드는 행동 방식을 배웠다. '정상적으로' 관계를 맺는 방식 중에는 오히려 상호작용을 방해하며, 안정감과 교감을 해치는 것이 많다. 또한 안정적이고 교감하는 관계를 유지하려면 꾸준한 노력과 관심이 필요하다는 사실을 모르다 보니 이 중요한 측면을 소홀히

하곤 한다.

비건-논비건 관계에서는 안정감과 교감을 키우기가 특히 힘들어 보일지 모른다. 두 사람 모두 오해받거나 비난받을까 봐 걱정하며 자신의 일부를 숨겨야 한다고 느끼기 때문이다. 그러다 보면 자신도 모르게 단절감을 느낄 수 있다. 그리고 비건은 동물의 고통을 무척 잘 알고 있으므로 그 고통을 상기하는 태도와 행동을 접할 때 불안정해질 수 있다. 안전하다고 느끼지 않는다는 말이다. 또한 비건의 핵심 가치관을 거스르는 행동을 보이는 사람에게 교감에 꼭 필요한 존중하는 마음을 갖지 못할까 봐 걱정하기도 한다.

이 장에서는 더 안정적이고 교감하는 관계를 만들기 위한 원칙과 실천 방식을 다룬다. 이 모든 원칙과 실천 방식은 같은 방향을 가리킨다. 바로 진정성integrity이다.


## 진정성: 회복 탄력성 있는 관계를 만드는 길잡이

진정성은 관계를 안정감과 교감으로 이끄는 북극성으로, 회복 탄력성 있는 관계를 만드는 모든 원칙의 길잡이다. 근본적으로 사람들은 상대가 진정성 있게 자신을 대할 것이라 신뢰할 때 관계에서 안정감과 교감을 느낀다.

진정성이란 도덕적 가치관과 행동이 일치하는 것을 뜻한다. 말하는 대로 행동하는 것이다. 예를 들어 공정(다른 사람을 공평하게 대하는 것)을 가치 있게 여긴다면 자신이 대우받고 싶은 대로 다른 사람을 대우할 때 진정성을 실천하는 것이다. 당신이 대우받고 싶은 방식과 다르게 다른 사람을 대우한다면 자신의 진정성을 위반하는 것이다. 그러므로 진정성이란 단순히 갖는 것이 아니라 실천하는 것이다. 진정성은 실천이자 관계를 더 큰 안정과 교감으로 이끌 행동의 길잡이다.

관계(와 삶)를 진정성으로 이끄는 도덕적 가치는 연민과 호기심, 공정, 정직, 용기다. 연민은 마음을 열고 다른 사람과 자신의 안녕에 진심으로 마음을 쓰며, 그에 따라 행동하는 것이다. 호기심은 열린 마음을 갖고 순수하게 이해하려 애쓰는 것이다. 공정은 다른 사람들에게 대우받고 싶은 대로 다른 사람을 대우하는 것이다. 또한 자신보다 다른 사람을 더 잘 대우하는 사람들에게는 다른 사람들을 대우하는 대로 자신을 대우하는 것을 뜻하기도 한다. 정직은 단순히 진실을 말하는 문제가 아니라 진실을 보는 것에 대한 문제다. 마주하기 고통스러울 때조차 중요한 진실들을 부정하거나 외면하지 않는 것이다. 용기는 정직과 호기심을 실천하기 두려운 상황에서도 그것을 실천하려는 마음이다. 다른 사람과 자신에게 자신의 취약성을 기꺼이 허락하는 것이다.

진정성을 실천하면 서로에게 좋은 상황이 된다. 자신의 진정성에 좋은 것은 상대의 진정성에도 좋다. 관계의 진정성에 좋은 것은 그 관계에 속하는 모든 사람의 진정성에 좋다. 개인의 진정성에 좋은 것은 세상의 진정성에도 좋다. 그러므로 어떤 종류든 관계와 관련된 결정을 내릴 때 길잡이로 유용한 질문은 이것이다. "내 진정성을 위해 무엇이 가장 좋은가?" 또는 "이 관계의 진정성을 위해 무엇이 가장 좋은가?" 예를 들어 당신이 논비건 친구와 식당에 갔는데 유감스럽게도 닭고기를 얹은 샐러드가 나왔다고 가정해보자. 친구는 '가볍게 생각하고' 닭고기를 걷어낸 뒤 먹으면 되지 않느냐고 말할 수 있다. 이때 당신의 감정과 필요를 정직하게 말하며 진정성을 실천한다면, 당신은 친구의 진정성과 자신의 진정성을(친구에게 거짓을 말하지 않았으니) 존중할 뿐만 아니라 관계의 진정성까지 존중함으로써 진실한 관계를 유지할 수 있다.

## 수치심을 자부심으로

진정성의 가치를 제대로 인식하려면 진정성이 결여됐을 때 어떤 느낌인지 생각해보면 좋다. 당신과 교류하는 사람이 진정성에 어긋나는 행동을 했을 때 기분이 어땠는지 떠올려보라. 당신의 비거니즘을 두고 엄마가 당신을 극단주의자라 불렀을지 모른다. 또는 상사가 당신의 제안에 어이없다는 표정을 지었을 수 있다. 이번에는 당신이 진정성에 어긋나는 행동을 했을 때 기분이 어땠는지 떠올려보

라. 어쩌면 당신은 화가 난 상태에서 사랑하는 사람에게 그가 비건이 아니라는 이유로 무식하고 이기적이라고 말했을지 모른다. 정직하게 말했을 때 뒤따를 결과를 감당하고 싶지 않아서 친구에게 거짓말을 한 적도 있을 것이다. 다른 사람이 진정성 있게 당신을 대하지 않았을 때나 당신이 진정성 있게 행동하지 않았을 때는 아마 수치심을 느꼈을 것이다. 수치심은 내가 '덜 중요'하다는 느낌, 더 정확히는 내 '가치가 덜 중요하다'는 느낌이다. 죄책감이 어떤 행동에 대해 느끼는 바를 반영하는 것과 달리 수치심은 자기 자신에 대해 느끼는 바를 반영한다.

　수치심은 진정성이 손상되었을 때 생기는 결과이자 다시 진정성을 손상시키는 원인이 된다. 수치심을 느낄 때 사람들은 진정성에 마음을 쓰거나 진정성 있게 행동하기 힘들어한다. 대신 더 이상 수치심을 느끼지 않기 위해 자기를 보호하는 일에 집중한다. 당신이 최근 다른 비건과 교제를 시작했고, 그로 인해 설렘을 느낀다고 상상해보자. 당신은 깊어지는 감정을 고백하며 더 진지한 관계를 바란다는 마음을 드러냈다. 그런데 상대가 모호한 반응을 보이거나 잘 모르겠으니 고민할 시간을 더 달라고 한다면 어떻겠는가? 당신은 거절당했다고 생각할 테고, 수치심을 느낄 것이다. 어쩌면 상대의 전화를 외면하거나, 다른 잠재적 연애 대상을 만나고 있다고 알리고 싶은 마음이 들지도 모른다. 이런 행동들은 당신의 자존감을 보호하고, 상대가 자신의 가치를 의심케 함으로써 상대적으로 당신이 더 가치 있는 사람이라고 느끼고 싶은 마음에서 나온다. 수치심을 느낄 때 사람들은 감정적으로 익사하는 것과 비슷한 경험을 한다. 그래서 도움을 향해 손을 뻗는 대신 물에 떠 있는 것이면 무엇이든 움켜쥔다. 그리고 그 과정에서 다른 사람들을 물속으로 밀어 넣곤 한다.

수치심은 사람들 간의 상호작용을 방해하는 심리의 기반이라고 할 수 있다. 이 감정은 사람들 사이에서 일어나는 폭력적이며 문제적인 행동 중 많은 부분의 동인이 된다. 인간은 자신을 가치 있는 존재라고 느끼고 싶은 근원적 욕구가 무척 강한데, 수치심은 그러한 사람들의 심리적 안정과 안녕을 심하게 뒤흔든다. 그렇기 때문에 사람들은 수치심을 느끼지 않기 위해 무슨 일이든 하게 된다. 수백만 달러를 모으기도 하고, 문화적 미의 기준에 맞춰 외모를 다듬거나 자신이 의미를 두는 분야에서 성공의 모델이 되기도 한다(물론 이런 행동들이 그 자체로 반드시 수치심을 보상하기 위한 행동이라는 말은 아니다. 결정적인 요인은 이런 행동을 하는 동기에 있다).

수치심을 느낀다는 것은 자신의 중요한 부분에 흠이 있어 자신이 부족하고, 무가치하다고 느끼는 것이다. 그리고 수치심을 느끼는 것이 그 자체로 수치스럽기 때문에(사람들은 부끄러워하는 것을 부끄러워한다) 수치심을 다른 사람들에게, 심지어 자기 자신에게도 숨기곤 한다. 수치심 따위 없는 척하는 것이다. 사람들은 끝없는 일 더미로 묻어버리고, 성취로 감싸고, 자신의 관심을 자기 밖으로 끌어내는 이런저런 오락거리들을 찾아다니며 수치심을 감춘다. 겉으로는 아무렇지도 않은 척, 심지어 우월감을 느끼는 척 행동하지만 마음속으로는 자신을 의심하고 자신이 가짜 같다고 생각한다. 상대가 자신을 얼마나 사랑하는지 말해주기를 간절히 바라면서도 신경 쓰지 않는 척하며 애정 표현을 억누른다.

영향력과 통제력, 아름다움, 성공 등을 향한 노력을 깊이 들여다보면 사람들이 진짜 원하는 것은 자신이 충분히 가치 있는 존재라고 느끼는 것임을 알 수 있다. 사람들은 자신이 무엇을 하든 상관없이 자신의 존재가 중요하다고 느끼고 자부심을 느끼길 원한다. 건강한 자부심은 팽창된 자아의 표현이 아니라 자신이 가치 있다는 느낌이다. 자부심은 수치심의 반대다. 수치심이 개인과 관계의 상호작용을 방해한다면 자부심은 건강한 개인과 관계의 핵심을 이룬다.

건강한 자부심을 거대자신감grandiosity▸과 혼동해서는 안 된다. 건강한 자부심은 자신이 근본적으로 다른 사람들만큼 가치 있다는 느낌이다. 반면 거대자신감은 자신이 다른 사람보다 더 낫거나, 더 가치 있다고 느끼는 것이다. 수치심은 자신을 열등하다고 느끼지만 거대자신감은 자신이 우월하다고 느낀다. 수치심과 거대자신감 모두 착각이다. 사람의 본질적인 가치에는 서열이 없다.

거대자신감은 수치심을 감추는 가면일 때가 많다. 운동장에서 넘어진 소년을 생각해보라. 까진 무릎 때문에 운다고 놀림당한(수치

---

▸ 자신이 다른 사람보다 더 위대하고 중요하다고 생각하는 비현실적인 우월감.

심을 느낀) 소년은 몸을 일으키고 가슴을 내밀며 자신을 놀린 아이들에게 "내가 어떤 사람인지 잘 봐" 하는 태도로 주먹을 날릴지 모른다. 수치를 당한 자가 수치를 가하는 자가 되어 많은 관계의 특징인 악순환의 쳇바퀴가 돌아간다.

거대자신감의 반대는 겸손이다. 자부심을 가지면서 겸손할 때 사람들은 자신의 가치를 인식하고 타자의 가치를 알아보며, 우리와 지구를 공유하는 모든 존재의 타고난 가치를 깨닫게 된다. 진정성 있는 관계는 수치심을 자부심으로 변모시킨다. 진정성에 기초한 안정적이고 교감하는 관계는 수치심을 예방하고 치유하지만, 불안하고 단절된 관계는 수치심을 생성한다.


## 관계의 방식이 관계를 결정한다

안정감은 관계의 회복 탄력성을 위해 꼭 필요하다. 다른 사람들과 충만함을 느끼며 교감하려면 안정감 이상의 것이 필요하지만, 안정감이 없다면 다른 것은 그 무엇도 중요하지 않다. 그리고 안정감이 있다면 다른 것은 거의 무엇이든 해결할 수 있다. 신경심리학 분야 최신 연구에 따르면 사람에게는 정서적 안전, 즉 안정감을 주는 주요 애착 인물(성인에게는 주로 낭만적 파트너)에 대한 욕구가 내장되어 있다.[1]

사람들은 상대가 진심으로 자신을 위하고 자신의 안전을 우선시할 마음과 능력을 지녔다고 믿을 때 안정감을 느낀다. 그럴 때 상대는 상처를 주거나, 신뢰를 깨뜨리지 않기 위해 행동을 조심하기 때문이다. 사람들에게는 자신과 관계를 맺고 있는 상대가 진정으로 자신을 응원하며, 자신의 안전과 안정을 지켜주려 하고, 자신의 행복을 중요하게 여긴다고 느끼고픈 욕구가 있다. 간단히 말해 상대가 진정성을 가지고 자기를 대한다고 느낄 필요가 있다.

안정은 모든 관계에서 중요하지만 무방비 상태로 상처받기 쉬운 관계일수록 더 중요하다. 이를테면 가까운 친구와 가족, 특히 낭만적 파트너와의 관계에서 그렇다. 이런 관계들은 서로를 상처줄 가능성이 가장 크다. 상처받기 쉬울 때 사람들은 자신을 보호하려 하고, 따라서 방어적 태도를 보이게 된다. 그리고 이런 관계에서는 상대를 당연하게 여길 가능성이 높다. 애착 때문에 상대가 늘 곁에 머물리라 가정해버리기 때문이다. 그러나 서로에게 상처를 줄 때마다 신뢰가 손상되고 관계의 안정성이 약해진다. 간디가 지혜롭게 말한 것처럼 "수단이 곧 목적이다." 서로가 관계하는 방식이 그 관계를 결정한다.

누군가 당신과 관계를 시작하기로 마음먹는다면, 특히 자신의 취약성을 드러내기 쉬운 낭만적 관계를 시작하려고 한다면 그 선택은 당신에게 신성한 선물이다. 당신이 살아가는 세상은 힘의 남용과 고통, 경쟁, 중독이 가득하며 나르시시즘과 이기심이 찬양되고 보상받는 곳이다. 그러다 보니 많은 사람은 안전을 보호받지 못하는 경험을 하며 그런 관계의 상처들을 평생 품고 다닌다. 이런 세상에서 자신의 취약성을 드러내기로 마음먹으려면 용기가 필요하다. 누군가 당신을 믿고 자신의 취약성을 보여준다면 그건 아름답고 영예로운 일이다. 이 선물을 존중하기 위해 당신은 최소한 그들의 안전을 지키는 일에 마음을 다해야 한다.

### 안전한 관계는 저절로 생기지 않는다

상대의 안정을 중요하게 여기는 것은 관계를 시작할 때 사람들이 맺는 계약의 일부다. 이런 계약은 대개 명시적이지는 않다. 두 사람 모두 막연하게 기대하는 어떤 것일 뿐이다. 상대에게 나를 안전하게 지켜줄 마음이 없다고 생각한다면 사람들은 관계를 시작하지 않을 것이다.

그러므로 상대의 안전에 마음을 다하는 일은 협상이 불가능한 조건이자 당신이 상대의 삶에 들어가기(또는 머물기) 위해 치러야 하는 입장료다. 관계에는 노력이 필요하다. 관계가 잘 자라려면 안정적인 관계를 만들기 위해 매일 정성을 들여야 한다. 그런 노력 없이 관계를 유지하려는 것은 상대의 희생에 무임승차하려는 것과 같다. 관계에 관심을 기울이고, 안정적인 관계를 만들기 위해 노력하라는 요청을 받으면 많은 사람이 저항하고 불평한다. 그러나 안정이 대단히 중요하며 안정적인 관계는 저절로 생기지 않는다는 것을 깨달을 때, 사람들은 진정으로 행복한 관계를 만들기 위해 마음을 쏟으며 관계에서 일어나기 마련인 여러 문제들을 헤쳐나갈 수 있다.

이 책에서 다루는 모든 실천 가운데 서로의 안정에 마음을 다하는 것이 가장 중요하다. 이런 마음은 분명히 밝히는 것이 좋다. 서로의 안전을 위협하고 싶지 않다는 마음을 큰 소리로 말하라. 이는 특히 상처받기 쉬워지고, 방어벽이 높아지는 갈등의 시기에 도움이 된다. 이를테면 당신과 논비건 파트너가 여는 포틀럭 파티에 사람들에게 비건 음식만 들고 오라고 요청할지를 두고 두 사람의 의견이 일치하지 않는다고 가정해보자. 그때 당신의 목표는 두 사람 모두 안전하다고 느낄 수 있는 해결책을 찾는 것이고, 그 목표에 도달할 때까지 여러 선택지를 탐색하는 일에 전념하겠다고 말할 수 있다. 우리가 서로의 안정을 가장 중요하게 여긴다고 진정으로 믿을 때, 어떤 주제든 겁내지 않고 의논할 수 있다.

### 관계 조력자의 역할

관계에서 안정을 유지하는 한 방법은 관계에 대해 이야기할 때 반드시 관계 조력자와 함께하는 것이다. 관계 조력자란 관계 밖에 있지만 관계의 진정성에 마음을 쓰는 사람이다. 이런 사람은 관계 자체만이 아니라 관계 당사자 양쪽 모두를 존중하는 방식으로 관계에 대해 소통하려 애쓴다.

관계 조력자는 한쪽 편을 들지 않는다. 관계가 이기고 지는 다툼이 아니라는 걸 알기 때문이다. 관계 조력자는 당신의 파트너가 한 행동을 인정할 수 없고 당신의 입장을 전적으로 지지할 때조차 당신의 파트너가 대화를 들어도 거북하지 않을 방식으로 이야기한다. 그들은 당신의 관계와 파트너를 존중한다.

이를테면 당신이 어떤 모임에서 파트너가 비거니즘을 부정적으로 언급했던 일을 토로했다고 가정해보자. 관계 조력자라면 "진짜 나쁜 놈이네! 난 그렇게 말하는 사람은 못 참아!"라고 말하기보다는 "진짜 무례한 말인 것 같아. 네가 왜 그렇게 속상하고 화가 나는지 알겠어"라고 말할 것이다. 이는 당신이 걱정하는 것이 타당하다고 인정하면서도 당신의 파트너를 '나쁜 사람'으로 평가하거나 비난하지 않는 반응이다.

## 충분한 교감의 힘

사람들은 상대의 말과 행동에서 자신을 인정하는 것이 느껴질 때, 그리고 자신이 가치 있고 소중한 존재라는 메시지를 상대가 전달할 때 교감한다고(심리학자들이 쓰는 표현을 빌리자면 '정서적으로 교감한다고 emotionally connected') 느낀다. 교감은 하거나 하지 않는 양자택일의 문제가 아니다. 그보다는 교감하는 정도가 사람마다 다를 뿐이다(안정감도 마찬가지다). 사람들은 덜 교감하거나 더 교감한다. 회복 탄력성 있는 관계를 누리려면 서로 충분히 교감하는(그리고 안정적인) 느낌이 들어야 한다.

교감할 때 사람들은 서로의 정서적 경험에 주파수를 맞추고 응답한다. 이때 우리는 주목받고 인정받는다고 느끼며 필요할 때, 특히 상처받기 쉬운 순간들에 상대에게 의지할 수 있을 거라 믿기 때문에 안정감을 느낀다. 이를테면 당신의 파트너가 동생과의 갈등으로 속상해한다면 당신은 스테이크 레스토랑의 요리사인 동생에 대한 이야기가 편하지 않을지라도 그 일에 대해 묻고, 파트너의 설명을 열린 마음으로 들으며(적어도 그의 이야기가 논비건 요리에 관해 자세히 듣고 싶지 않은 당신의 욕구를 존중한다면) 당신이 줄 수 있는 도움을 줄 것이다. 그때 파트너는 당신이 그를 소중하게 여기며, 자신이 필요로 할 때 당신이 옆에 있어주리라는 메시지를 받는다.

### 취약성을 드러내는 용기

잘 유지될 것 같던 관계를 끊어지게 만드는 것은 큰 사건 하나가 아니다. 여러 작은 사건들이 모여 미묘하지만 강력하게 서로의 교감을 단절하는 경우가 더 많다. 특정한 사건이 이별의 도화선이 되었다 해도 사실은 교감에 이미 금이 가 있어서 관계가 결정타를 버텨내지 못했을 가능성이 높다. 관계는 돌연사하지 않는다. 그보다는 수많은 상처 때문에 죽을 때가 많다. 사소하게 상대를 깔아뭉개는 말들, 잊어버린 약속들, 상대가 내민 손을 놓친 일들, 진심으로 경청하지 못하는 고질적 습관들. 이러한 작은 단절들이 줄줄이 이어지며 차츰차츰 관계를 갉아먹는다.

심리학자이자 관계 전문가인 수 존슨Sue Johnson 박사와 동료들의 연구에 따르면 상대가 나의 감정과 욕구에 귀를 기울이지 않아, 힘든 시기에 상대의 정서적 관심을 기대할 수 없다고 생각되면 관계는 끝난다.[2] 존슨은 대부분의 말다툼이 사실상 단절에 대한 반응이자 다시 교감하려는 시도라고 말한다. 말다툼의 기저에는 이런 질문이 깔려 있다. "내가 당신을 믿을 수 있을까? 내가 부르면 당신이 내게 응답할까? 당신에게 내가 중요할까? 당신과 함께할 때 나는 안전하다고 느낄 수 있을까?"

특히 가까운 관계일수록 상대와 정서적으로 교감하려면 자신의 취약한 면을 드러내고, 나의 진심(진짜 생각과 감정)을 공유하고, 상대의 진심에 귀 기울이려는 용기가 필요하다. 사람들, 특히 남성들은 취약성을 솔직히 드러내는 일을 나약함과 의존성의 표시로 여기도록 배웠다. 게다가 많은 사람에게는 취약성을 드러냈을 때 존중이나 보호를 받지 못한 경험이 있다. 그러므로 취약성을 드러내면 상처받게 되고, 때로는 그 상처가 아주 깊을 수도 있다고 생각한다.

그러나 안타깝게도 상처받지 않기 위해 자신을 방어하다가 오히려 더 많은 문제가 생기곤 한다. 그런 방법은 근본적으로 관계에 해롭기 때문이다. 자신의 취약성을 받아들이려면 사고방식의 전환이 필요하다. 취약성을 강함의 표시이자 관계의 안정과 교감을 위해 꼭 필요한 요소로 인식해야 한다.[3]

가끔 사람들은 실제로는 그렇지 않은데도 강한 유대감을 느끼며 상대와 깊이 교감한다고 착각한다. 이런 유대감이 가짜 교감illusionary connection이라는 것을 안다면 그런 감정에 희생될 일이 줄어들 것이다.

가짜 교감의 한 가지 유형으로 사회과학자들이 리머런스limerence라 일컫는 것이 있다. 대부분의 사람이 '사랑에 빠졌다'라고 부르는 상태다.[4] 리머런스 상태에 있을 때는 상대와 강렬한 유대를 느낀다. 이것은 새로운 만남이 준 자극으로 인해 뇌에 화학물질이 분비된 결과로, 리머런스 상태에 있을 때 사람들은 실제보다 정서적으로 더 깊이 교감한다고 느끼며 상대를 너무 쉽게 신뢰한다(깊은 정서적 교감은 시간이 흐르는 동안 서로를 진심과 열정으로 대할 때 성장한다). 리머런스는 대개 1년 반에서 3년 사이에 차츰 사라지는데, 이렇게 사라지는 것이 개인과 관계에도 도움이 된다.

비슷한 가짜 교감으로 어떤 사람 또는 관계에 중독되는 관계 중독relationship addiction이 있다. 관계 중독의 원인은 다양하지만 주로 상호작용에서 상대에게 존중받지 못하는 희생자가 될 때 겪는다. 이를테면 '밀고 당기기'로 상대를 교묘히 통제하거나 정서적으로 학대하는 사람과 사귀는 경우다.[5]

이런 상황의 희생자들은 대체로 자신이 느끼는 강한 애착을 정확히 이해하지 못한다. 상대와 특별히 연결되어 있다고, 혹은 영혼으로 연결되어 있다고 믿기도 하며 강한 애착이 서로 함께할 운명이기 때문에 나타난다고 여긴다. 그러므로 관계의 모든 해로운 면을 무시하거나 별일 아닌 것으로 치부하며 상대의 통제적인(또는 다양한 면에서 문제적인) 행동을 정당화한다. 관계 중독 상태에 있을 때 사람들은 대개 상대의 잠재성과 사랑에 빠져 있다. 실제 있는 그대로의 상대가 아니라 앞으로 될 수 있다고 믿는 상대를 사랑하는 것이다.

## 상대의 눈으로 세상을 바라보기

공감은 교감의 주춧돌이다. 상대의 눈으로 세상을 보고, 상대가 보는 것뿐만 아니라 느끼는 것까지 최선을 다해 느끼려 할 때 사람들은 상대와 공감할 수 있다. 상대와 공감하지 않을 때 사람들은 그럴 의도가 없다 해도 상대에게 말이나 행동으로 상처를 주며, 상대가 자기방어를 위해 거리를 두게 만들 가능성이 높다.

대부분의 사람은 충분히 공감하지 않는다. 특히 관계에 갈등이 있을 때는 더 그렇다. 이때 공감의 온도를 측정하는 것만으로도 상대와 더 깊이 교감할 수 있다. 공감의 온도를 재려면 상대와 상호작용하는 동안 자주 멈춰 자신이 상대에게 공감하고 있는지를 점검해보면 된다. 단순히 상대가 '녹초가 된 상태임을 알겠다'거나 그의 '주요 주장을 이해한다' 정도라면 공감하고 있지 않은 것이다. 상대의 눈으로 보는 세상을 상상하고, 진심으로 상대의 경험을 이해하려고 애쓸 때 우리는 공감할 수 있다.

그러나 공감하는 것이 당신을 위해서나, 다른 사람들을 위해서 최선이 아닐 때가 있다. 상대가 당신을 통제하려 들거나 존중하지 않는 경우가 대표적이다. 당신(이나 다른 사람들)을 존중하지 않는 사람에게 지나치게 공감할 때 당신은 분노하는 능력을 잃을 수 있다. 분노는 불의에 대한 감정적 반응으로 자신과 다른 사람들을 위해 적극적으로 나설 동기가 되어준다.

## 연민의 마음으로 지켜보기

연민의 마음으로 지켜보기*는 교감을 위해 반드시 실천해야 하는 원칙으로 상대를 평가하지 않고 공감과 연민으로 상대의 말에 귀를 기울이는 것이다. 연민의 마음으로 지켜보는 일의 목적은 내가 옳다는 것을 증명하거나 논쟁에서 이기거나, 문제를 해결하는 것이 아니다. 상대가 겪는 경험의 진실을 이해하는 것이다.

연민의 마음으로 지켜볼 때 사람들은 '내가 당신을 보고 있어요. 당신과 공감하고 당신에게 마음을 쓰고 있어요'라고 말하는 셈이다. 상대에게 진정으로 보이는 존재가 되는 것은 우리 삶과 문화에서는 흔치 않은 큰 선물이다. 많은 사람이 보이지 않는 존재가 된 느낌으로 삶을 살아간다. 인정받기 위해 자신의 어떤 부분을 숨겨야 한다고 느끼기도 한다. 상처와 수치심, 두려움 앞에서 하고 싶은 말을 삼키며 자신에게조차 '가식'을 떤다. 그러므로 타인을 지켜보는 증인이 되는 일 또한 큰 선물이다. 누군가 자신의 취약성을 당신과 공유하기로 한다면 그것은 영예로운 일이다. 그 사람이 당신의 진정성을 믿는다는 표시이기 때문이다. 어떤 의미에서 그것은 최고의 칭찬이다.

## 사람은 사랑으로 치유된다

연민의 마음으로 지켜보기는 치유에 도움이 된다. 상대를 인정하는 일이기 때문이다. 사람들은 있는 그대로 받아들여지고, 자신의 생각과 느낌에 대해 평가받지 않을 때 자신의 존재가 인정받는다고 느낀다. 그리고 인정받는다고 느낄 때, 자신이 수치스럽지 않고 가치 있으며 중요한 존재라고 느낀다. 연민의 마음으로 지켜보기는 수치심의 해독제다. 사람들은 자신의 느낌이나 경험이 '틀렸다'는 말을 들을 때마다 자신이 중요하지 않다는 메시지를 받는다. 다른 사람에게 손을 뻗었는데 응답이 없을 때마다 자신이 중요하지 않은 존재라는 메시지를 받는 것이다. 그러나 연민과 공감을 경험할 때마다 상처의 일부가 치유된다. 사람은 사랑으로 치유된다. 다른 사람의 눈을 통해 자신을 사랑받을 만한 존재로 보게 되는 것이다. 특히 자신이 부끄러워하는 부분을 그들이 사랑할 때 더욱 그렇다.

비건은 논비건과 관계를 맺을 때 자신의 중요한 부분을 공유할 수 없다는 사실 때문에 자주 단절의 고통을 느낀다. 주류 문화가 비건이 아니고, 어떤 면에서는 심지어 반-비건anti-vegan에 가깝기 때문에 비건은 자주 자신이 보이지 않는 존재가 된 것 같다거나 오해받는다고 느끼며, 주류 문화가 인정하지 않는 자신의 일부를 감춰야 할 것 같다고 느끼기도 한다. 자신에게 가장 중요한, 어쩌면 가장 큰 자부심과 열정의 근원이 되는 깊숙한 신념과 경험들이 주목과 이해를 받지 못한다. 가까운 관계에서 자신이 보이지 않는 존재가 되는(그리고 자주 평가받는) 경험이 거듭되면 상처에 소금을 뿌려대는 느낌이 들 수 있다. 한편 논비건은 주류 문화에서는 보이는 존재일지라도, 비건과 어울릴 때면 자신이 보이지 않는 듯한 경험을 할 수 있다. 비건에게 평가받거나 갈등을 일으키는 것이 두려워 자신의 일부를 감출지도 모른다.

자신의 내면세계를 알리고 이해받고 싶은 것은 사람의 기본적인 욕구다. 모든 사람은 상대에게 이를 요청할 권리뿐 아니라 그래야 할 책임도 있다. 예외가 있다면 이해받으려는 욕구가 상대를 불안하게 할 때다. 여기에 비건-논비건 관계의 핵심적인 어려움이 있다. 때때로 서로의 욕구가 서로를 불안하게 만드는 것이다. 이런 어려움을 극복하려면 서로를 이해하고 연민의 마음으로 지켜보는 법을 배우는 것이 좋다. 이어지는 장에서는 연민의 마음으로 지켜보기에 도움이 될 방법들을 살펴보겠다.

> 논비건에게 연민의 마음으로 지켜보기를 요청하는 편지는 부록 7에서, 비건의 경험을 이해해달라고 논비건에게 부탁하는 편지는 부록 9에서 볼 수 있다.

연민의 마음으로 지켜보기는 관계뿐만 아니라 개인의 삶, 나아가 세상도 바꿀 수 있다. 이것은 단지 대인 관계에만 국한되지 않는다. 자신을 연민의 마음으로 지켜볼 수도 있고, 자신이 사는 세상을 다른 사람들과 함께 연민의 마음으로 지켜볼 수도 있다. 자기 자신을 연민의 마음으로 지켜볼 때 사람들은 자신과 더 깊이 교감하고, 더 진정성 있게 행동하며, 수치심을 덜 느낀다. 세상을 연민의 마음으로 지켜볼 때 고통받는 존재와 공감하며 더 정의롭고 인도적인 지구를 만들 수 있다. 세상의 거의 모든 잔혹 행위가 대중들이 현실을 직면하는 것이 너무 고통스러워 외면했기 때문에 일어났다는 것을 생각해보라. 거의 모든 사회 변화는 한 무리의 사람들이 지켜보기를 선택하고, 다른 사람들도 지켜볼 수 있도록 용기를 주었기에 일어날 수 있었다.

### 관계를 좀먹는 현실 재단

연민의 마음으로 지켜보기를 실천할 때 사람들은 타인의 현실을 재단하지 않을 수 있다. 현실 재단defining reality은 다른 사람의 진실을 결정하는 것으로, 상대가 아니라고 말하는데도 상대의 생각과 느낌에 도통한 것처럼 행세하는 것을 말한다. 이는 관계의 안정과 교감을 심각하게 좀먹는 행동이지만 흔하게 일어난다. 예를 들어 당신이 비건이 되고 나서 더 건강해진 것 같다고 말했을 때 비건이 아닌 동생이 '비건 전향자를 모으려는' 속셈이라고 반응하면서 당신의 현실을 재단했을지 모른다. 또는 논비건인 애인이 '나는 베지버거를 좋아하지 않아'라고 말하는데 비건인 상대가 '너는 베지버거를 좋아해. 늘 그걸 주문했잖아'라고 말하며 현실을 재단했을 수 있다.

현실 재단은 근본적으로 상대를 존중하지 않는 행동이며, 심리적 학대의 토대다. 현실 재단은 상대에게 수치심을 준다. 상대의 경험을 타당하다고 인정하지 않으며, 상대가 자신의 생각과 느낌을 의심하게 만들어 그의 자신감을 갉아먹는다. 현실 재단의 극단적 형태가 '가스라이팅gaslighting'이다. 가스라이팅은 의도적으로 상대가 자신의 인식을 의심하게 만듦으로써 상대의 자아 통제감과 자신감, 자존감을 무너뜨리고 그 자리에 자기 의심과 불안, 수치심을 쌓는 행위다. 가볍든 심각하든 현실 재단은 언제나 무례하고 해롭다.

사람들은 자신의 현실을 재단하기도 하고, 집단의 현실을 재단하기도 한다. 예를 들어 나보다 힘들게 사는 사람이 훨씬 많은데 내가 우울해 해서는 '안 된다'고 스스로에게 말할 때, 그 사람은 자신의 현실을 재단하고 있다. 유색인들이 일상에서 인종주의를 직접 경험하는데도, 주류 백인 문화가 인종주의는 더 이상 존재하지 않는다고 주장하는 것도 현실 재단이다. 예를 하나 더 들자면 끓는 냄비에서 빠져 나오려고 안간힘을 쓰는 바닷가재를 보고 고통을 피하려는 게 아니라 그저 '본능적인 반응'일 뿐이라고 말한다면 인간이 동물의 현실을 재단하는 것이다.

# 교감을 위한 초대

심리학자 존 가트맨John Gottman의 교감에 대한 연구는 관계를 이해하는 방식을 획기적으로 바꿔 놓았다.[7] 가트맨은 사람들이 관계에서 늘 정서적 교감을 위한 '초대'를 한다고 말한다. 정서적 교감을 위한 초대란 관심이나 애정, 인정, 지지, 긍정적 교감을 끌어내기 위한 시도를 말한다. 이를테면 달라진 헤어스타일을 눈치챘는지 묻거나 상대의 손을 잡기 위해 손을 뻗는 행동들이 이런 초대에 속한다. 이러한 시도가 효과적인지는 두 요소에 달려 있다. 상대가 초대에 어떻게 반응하는가, 그리고 우리가 어떻게 초대를 표현하는가.

## 초대에 반응하기

초대에 반응하는 방법에는 마주보기와 등 돌리기, 그리고 외면하기가 있다.

상대를 마주보는 것은 상대와 교류하는 것이다. 상대를 바라보고 정서적 교감을 바라는 요청에 응답하는 것이다. 이를테면 당신이 추수감사절에 동물이 들어가는 전통적인 요리를 하지 않는다는 이유로 당신 집에 오지 않으려는 부모님 때문에 속상해 했다고 해보자. 당신의 남동생은 비건이 아니지만 당신이 이런 속마음을 토로했을 때 허심탄회하게 듣고 의견을 말하며 당신이 존중과 이해를 받는다고 느끼도록 당신을 마주볼 수 있다.

상대에게서 등을 돌리는 것은 상대의 초대에 공격적으로 반응하는 것이다. 이를테면 자원봉사 활동으로 너무 바쁜 당신에게 동생이 섭섭하다고, 자신이 당신의 삶에서 우선순위가 아닌 것 같다고 말했다고 해보자. 당신은 오해받고, 인정받지 못한다고 느끼며 동생에게 등을 돌릴지 모른다. 가령 "나는 더 좋은 세상을 만들기 위해 뼈 빠지게 일하는데 꼭 그렇게 죄책감을 느끼게 해야겠니? 너는 어떻게 너만 생각하니?"라며 비난할 수 있다.

외면하는 것은 상대의 초대를 놓치는 것이다. 한마디로 아무 반응도 하지 않는 것이다. 예를 들어 당신의 파트너가 직장에서 강등될지 모른다는 걱정을 털어놓았다고 가정해보자. 당신은 세계 곳곳의 동물들에게 일어나는 고통에 비하면 파트너의 걱정이 사소하다고 생각할지 모른다. 그래서 상대를 외면한다. 한 귀로 듣고 한 귀로 흘리며 평소처럼 당신의 일을 계속한다. 이처럼 교감의 기회를 놓칠 때 상대는 보이는 대로 상황을 이해할 수밖에 없다. 손을 내밀었지만 당신이 그 손을 잡지 않았다고 말이다. 그러므로 다시 손을 내밀기가 쉽지 않을 것이다.

등 돌리기와 외면하기 모두 관계의 안정과 교감을 해친다. 등 돌리기는 분명히 문제적이고 심지어 학대에 가까울 수도 있지만, 관계에는 외면하기가 훨씬 더 파괴적일 수 있다. 문제를 알아차리기 어렵거나 알아차리는 것이 아예 불가능한 경우가 많아 해결하기도 어렵기 때문이다. 외면하기는 일종의 무시이며 상습적인 외면은 학대가 될 수 있다.

상대를 정서적 교감으로 초대할 때 종종 문제가 생기는 이유는 사람들이 적절한 때에, 상대를 존중하는 방식으로, 솔직하게 초대를 표현하지 않기 때문이다. 예를 들어 논비건 친구가 비건 모임에 함께 가지 않아서 기분이 상했다고 가정해보자. 당신은 감정과 욕구를 솔직하게 전하며 교감하는 대신 친구를 이기적이라고 비난할지 모른다. 또는 파트너가 적극적으로 애정을 표현하지 않는 탓에 거부당하는 느낌이 들어서 당신도 애정 표현을 억누르며 상대의 자신감을 약화시킬지 모른다. 어쩌면 상대가 정서적 교감을 위한 당신의 초대에 응답하지 않은 이유는 잠자리에 들기 직전이라 너무 피곤해서였는지도 모른다. 이런 초대는 사람들이 바라는 것과 정반대의 결과를 가져올 수 있다. 방어 심리를 자극하고, 신뢰를 손상하며, 서로를 더욱 단절시키는 것이다.

# 관계에서 욕구는 허기와 같다

여러모로 볼 때 교감에서 가장 중요한 것은 욕구다. 사람들은 욕구가 충족될 때 연결(과 만족)을, 그러지 않을 때 단절(과 불만족)을 느낀다.

욕구의 더 많은 부분이, 더 완전하게 채워질수록 관계가 좋아진다. 충족되어야 하는 욕구는 사람마다 어느 정도 다르다. 그러므로 자신과 상대의 욕구에 대해 잘 아는 것이 중요하다.

모두에게는 협상 불가능한 본질적인 욕구와 그만큼은 아니지만 충분히 중요한 욕구가 있다. 몇몇 본질적 욕구는 거의 모든 사람이 관계에서 바라는 것들이다. 사람들은 모두 환영받고, 소중히 여겨지고, 가치를 인정받고, 상대에게 필요한 사람이 되고 싶은 욕구가 있다. 물론 안정을 느끼고 싶은 욕구도 있다. 자신이 중요한 존재이며 상대를 믿을 수 있다고 느끼고 싶어 한다. 이런 본질적인 욕구가 충족되지 않을 때 사람들은 단절을 느낀다. 예를 들어 파트너가 약속을 계속 어긴다면 우리는 불신과 분노를 느낄 테고, 결국 교감이 약해질 것이다.*

욕구가 채워지지 않을 때 사람들은 만성적인 좌절을 맛본다. 시간이 흐르며 미지근한 분노가 차츰 쌓여 결국 사소한 문제를 두고 폭발하고 나서야 사람들은 왜 자신이 그렇게 강렬한 반응을 보였는지 의아해한다. 아니면 우울을 느낄 수도 있다. 대개는 분노와 우울을 함께 느낀다. 그리고 필연적으로 박탈감을 느끼며 채워지지 않은 욕구를 더 강렬하게 느끼게 된다. 오랫동안 밥을 굶으면 몹시 허기가 지는 것과 같다.

---

* 다른 잠재적인 욕구의 목록은 부록 1을 보라.

욕구의 충족이 교감을 느끼는 데 무척 중요한데도 많은 사람은 상대의 욕구를 진심으로 돌보지 않는다. 가령 사람들은 감사를 표현하지 않거나, 표현한다 해도 드물게 표현한다. 그러면 상대는 자신을 당연하게 여긴다고 생각하며 분노한다. "고마워"라는 간단한 응답을 하지 않고 아무리 사소하다 해도 상대의 노력을 인정하지 않을 때, 상대는 이용당했다고 느끼며 더 이상 관대하게 굴지 않음으로써 자신을 보호하려 한다. 당신이 고마운 마음을 느낀다 해도 표현하지 않는다면 상대는 알지 못한다.

상대의 욕구를 알아차리고 돌보기만 해도 불안정하고 단절된 관계가 안정적이고 교감하는 관계로 바뀔 수 있다.

## 욕구와 욕심을 구분하기

대부분의 사람은 상대의 옷 입는 방식부터 친구 관계에 이르기까지 광범위한 욕구의 목록을 갖고 있다. 물론 상대가 직장이나 사회의 관습을 무시하는 부적절한 옷을 입거나 상대의 친구가 폭력이나 범죄에 가담한다면 문제가 될 것이다. 그러나 사람들은 '욕심'에 가깝지만 욕구인 척하는 것들의 긴 목록을 갖기도 한다. 욕구인 척하는 욕심들은 진짜 욕구가 무엇인지 알 수 없게 만든다. 예를 들어 당신이 동행하는 파트너에게 특정 스타일의 옷을 입기를 요구할 때 당신의 진짜 욕구는 파트너가 사회적 상황에서 다른 사람들의 기대를 존중하고, 그들이 거북해하지 않을 방식으로 옷을 입기를 바라는 것이지 파트너가 특정한 스타일을 갖추길 바라는 게 아니다. 또는 어떤 비건이 다른 비건과 함께하고 싶은 욕구 때문에 자신의 논비건 파트너와 더 이상 관계를 지속할 수 없다고 생각한다면 그의 진짜 욕구는 비건 파트너가 아니라 더 세심하고 더 협력적인 파트너를 만나는 것이다. 그의 눈으로 세상을 보고, 그의 욕구를 수용하고, 그가 이해받고 있다고 느끼게 하는 그런 파트너 말이다.

## 욕구를 충족하는 유일한 해법

욕심과 욕구를 혼동하는 것 말고도 욕구를 인식할(그래서 보살필) 수 없도록 막는 장해물이 몇 가지 더 있다. 우선 많은 사람이 욕구의 밑바탕이 되는 감정을 제대로 이해하고 표현하지 못한다. 이를테면 애인이 전 애인과 함께 커피를 마셨다고 하면 당신은 아마 불안을 느낄 테고 이럴 때 당신의 욕구는 안심하는 것이다. 그러나 당신이 불안을 느낀다는 것을 인식하지 못하면 충족이 필요한 욕구가 안심이라는 사실도 알 수 없다.

자신의 욕구를 인식하고 존중하기 힘들게 만드는 또 다른 요인은 욕구를 부끄럽게 여기도록 배웠다는 것이다. 사람들은 자립과 자족 같은 가치를 과대평가하고 의존과 교감은 과소평가하도록 길들여졌다. 각자가 자족적인 섬이 될 수 있고, 마땅히 그래야만 한다는 생각에는 엄청난 고통이 따라온다. 관계에서 사람들이 느끼는 정상적이고 자연스럽고 건강한 욕구를 '틀린' 것으로 부정하고 무시하고 비난하게 만들기 때문이다. 워낙 불명예스러운 낙인이 찍히다 보니 누군가를 가리켜 '욕구에 굶주렸다'고 말하면 모욕적인 비방으로 들릴 정도다. 흥미롭게도 이 표현의 반대말은 없다. 욕구를 느끼지 못하는 사람은 무어라 부를까? 욕구는 감정과 같다. 그 자체로 옳지도 그르지도 않다. 그냥 존재하는 것이다. 욕구를 인정할 때 사람들은 욕구를 분명하게 이해하고 표현하며, 그 욕구가 자신과 관계에 어떤 영향을 미치는지 헤아릴 수 있다.

욕구 자체의 가치를 평가절하할 때 사람들은 자신이나 상대의 욕구를 인식하고도 그것을 의심하거나 타당하지 않다고 치부한다. 예를 들어 당신이 파트너에게 사촌의 결혼식에 가면 동물성 요리가 많고 다른 비건이 없을 것이 걱정스럽다고 말했다고 해보자. 이때 파트너가 당신에게 과민 반응을 보인다고 말하면 아마 당신은 그 욕구가 합당한지 의심하게 될 테고 수치심을 느낄지 모른다. 문제를 더 복잡하게 만드는 것은 비건이든 논비건이든 비건의 욕구가 논비건의 욕구보다 타당하지 않다고 생각하기 쉽다는 것이다. 이런 현상에 대해서는 이후의 장들에서 다루겠다. 어떤 경우든 자신과 상대의 욕구를 인정하지 않는 것(타당하지 않다고 여기는 것)은 서로의 욕구를 충족시키지 못하고, 관계를 파멸로 이끄는 가장 효과적인 방법이다.

자신의 욕구를 인식하고 인정할지라도, 한 사람의 욕구를 채우려면 상대의 욕구를 희생해야 한다는(이기는 사람이 있으려면 지는 사람도 있어야 한다는) 흔한 오해를 믿기 때문에 욕구를 돌보지 못할 수도 있다. 서로의 욕구를 협상하는 방법을 이해한다면 안정적이고 교감하는 관계에서 욕구를 충족시키는 유일한 해법은 모두가 승자가 되는 윈-윈 전략뿐이라는 사실을 깨닫게 된다. 관계에서는 한 사람의 욕구가 충족되지 않을 때 두 사람 모두 패배한다. 관계의 회복 탄력성이 줄어들기 때문이다. 생각해보라. 같은 테이블에 앉은 다른 사람이 빈 접시를 앞에 두고 굶주리는데 다른 사람이 진심으로 식사를 즐길 수 있겠는가?

사람들이 자신의 욕구를 깨닫고 분명히 표현하는 것은 자신과 관계에 좋을 뿐 아니라 상대에게도 자신감을 준다. 바라는 것을 제공할 기회를 줌으로써, 당신에게 존중받고 싶고 자신이 유능하다고 느끼고픈 상대의 욕구를 채워줄 수 있기 때문이다. 상대가 당신을 배려하기 위해 알아야 할 정보를 미리 알려주지 않는 것도 상대를 존중하지 않는 행동이다. 예컨대 식사에 초대한 손님이 토마토를 싫어한다는 사실을 미리 알려주지 않고는, 당신이 정성껏 준비한 채소 스튜에서 토마토를 골라낸다고 상상해보라. 대개 사람들은 자신이 여러 역할을 성공적으로 잘 해내고 있다고 느끼고 싶은 욕구를 갖고 있다. 그러므로 상대의 욕구를 안다면 서로가 관계에서 실패했다고 느낄 가능성을 줄일 수 있다.

## 취향의 문제가 아니라 안전의 문제

많은 비건이 육류와 동물성 제품을 접하는 일을 괴로워한다. 대부분의 비건은 동물들의 고통을 생생하게 기록한 이미지를 본 적이 있고, 시각의 전환을 경험했기 때문에 고기를 더 이상 음식이 아니라 죽은 동물로 본다. 그러므로 동물성 제품을 접할 때 비건은 트라우마 반응을 일으킬 수 있다. 자신이 목격했던 이미지가 머릿속에서 떠올라 지우려 해도 지워지지 않는 것이다. 이처럼 목격했던 고통에 대한 생각이나 이미지가 갑자기 떠오르는 것을 심리학 용어로 침투적 사고 intrusive thoughts라고 부른다. 침투적 사고에는 경악과 혐오, 슬픔, 불안, 도덕적 분노까지 온갖 관련된 감정들이 따라온다.

(많은 문화권의) 논비건들도 아마 도살된 골든레트리버 고기를 접한다면(특히 예전에 끔찍한 개 도살 장면을 영상으로 본 적이 있다면) 비건이 동물성 제품을 접할 때와 비슷한 경험을 할 것이다. 사람들은 자라는 동안 고기(를 비롯한 동물성 제품)에 둔감해지도록 길들여지기 때문에 일반적인 동물성 제품을 접할 때 이런 경악을 느끼지는 않는다. 비건들이 경험한 것처럼 무언가가 길들여진 둔감함에 균열을 내기 전까지는 말이다. 그러므로 논비건들은 비건이 동물성 제품에 보이는 반응에 자연스럽게 공감하지 못할 때가 많다.

동물성 제품 앞에서 비건이 겪는 트라우마 반응을 이해하는 것은 비건-논비건 관계의 욕구 협상에서 꼭 필요하다. 비건의 욕구가 그저 개인의 취향이 아닌 정서적 안전을 위해 꼭 필요한 것임을 깨달을 때 그 욕구의 무게를 제대로 가늠할 수 있기 때문이다.

비건이든 아니든 사람은 늘 변화하며, 변화에 따라 욕구도 조금씩 달라진다. 개인으로서 우리는 변화를 피할 길이 없다. 매일 조금씩 늙어가고 새로운 경험을 한다. 50대에 필요한 경제적 안정은 20대에 필요하다고 느꼈던 것과는 아마 전혀 다를 것이다.

비건이 되는 것은 삶의 태도와 방식에서 그러한 변화가 일어나는 일이다. 그래서 비건이 된 사람은 이전과는 아주 다른 욕구를 갖게 된다. 그리고 비건 의식이 성장하는 과정에서 그 욕구 또한 끊임없이 변화한다. 이를테면 수프에 치킨 스톡이 들어가지 않았는지 확인하려는 욕구는 동물을 먹던 지난달만 해도 느끼지 못했던 욕구일 것이다. 또는 가족과 늘 다니던 스테이크 레스토랑에 가는 일이 더 이상 편하게 느껴지지 않을 수도 있다. 선택할 만한 비건 메뉴가 없는 데다, 벽에 걸린 소머리뼈까지 당신을 괴롭힐지 모른다.

## 불평 많은 사람이라는 오명

몇몇 욕구는 단순하다. 이런 욕구는 쉽게 알고 표현할 수 있다. "내가 쫓아다니지 않아도 되도록 네 뒷정리는 네가 해줄래?" 그러나 전달했다고 해서 욕구가 바로 충족되지는 않는다. 욕구가 충족되지 않으면 사람들은 다시 욕구를 전달한다. "네 뒷정리는 네가 해줄래?" 그리고 다시, 또 다시. 그러다가 어느 시점부터 우리는 불평하거나 '만족을 모르는' 사람으로 인식되어버린다.

그러나 알아두어야 할 것이 있다. 불평은 정의상 '불만을 전달하는 것'이다. 그리고 불만은 욕구가 충족되지 않을 때 생기는 감정이다. 불평은 부정적인 것으로 여겨지며 대개 모욕적으로 언급된다("당장 불평을 멈춰"). 그러나 문제는 불평이 아니다. 문제는 요청에 제대로 응답받지 못해서 그것을 되풀이해야만 하는 상황이다. 욕구를 충족시켜달라고 요청하는 사람에게 불평한다는 프레임을 씌우는 것은 문제의 책임을 전가하는 방식이다. 누군가의 코를 주먹으로 때려놓고는 카펫에 피를 묻혔다고 비난하는 것과 같다.

또한 비주류 집단의 구성원에게서 나온 불만이 주류 집단을 향할 때 그것이 불평으로 여겨질 가능성이 더 크다. 예컨대 여자가 남자 파트너에게 불만을 표현하면 '잔소리'로 여겨지지만 남자가 여자 파트너에게 불만을 표현하면 그냥 불만을 이야기한 것으로 여겨질 가능성이 높다. 마찬가지로 비건은 논비건보다 '불평 많은 사람'으로 여겨지기가 더 쉽다.


## 단절의 트리거

자신이나 상대, 또는 두 사람 모두에게 단절의 트리거가 되는 생각과 느낌, 행동이 있다. 이중 우리가 알아두어야 할 가장 중요한 트리거는 수치심과 평가, 분노다.

단절을 일으키는 생각을 할 때 사람들은 단절을 일으키는 감정의 트리거를 당기게 되고, 이는 다시 단절을 일으키는 행동으로 이어진다. 그리고 이 행동이 다시 트리거가 되어 상대에게도 단절을 일으키는 생각과 감정, 행동으로 이어진다. 이런 식으로 단절의 악순환이 이어진다.

예컨대 파트너가 일주일 치 장을 보면서 두유를 또 깜박했다고 해보자. 당신은 이렇게 생각한다. "내 파트너는 중요한 책임을 맡기엔 너무 어리숙해." 당신은 상대를 평가하고 분노를 느끼며 따라서

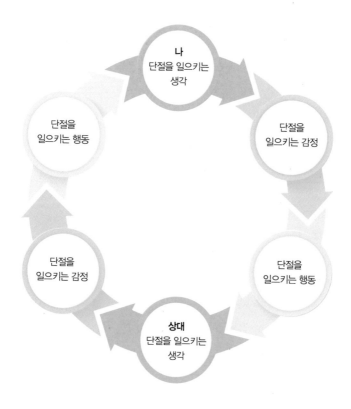

그림 1 단절을 일으키는 생각, 감정, 행동의 고리.

단절된다. 당신이 파트너에게 그의 엉성함에 넌더리가 난다고 말하면 파트너는 평가받고 공격받는 느낌에 방어적 태도를 보이며 화를 낼 것이다. 당신에게 비난의 화살을 돌리며 융통성 없고 통제적인 사람이라고 말할지도 모른다. 그러면 당신은 상처를 받고 상대와 더욱 단절된다.

## 수치심과 평가, 분노

수치심은 단절을 일으키는 주요한 감정 중 하나다. 어쩌면 가장 중요한 감정일지도 모른다. 수치심을 느낄 때 사람들은 더 많은 수치심을 느끼지 않기 위해 자신과 다른 사람 사이에 벽을 세운다. 수치심은 까진 팔꿈치 같은 감정이다. 사람들은 더 다치지 않기 위해 본능적으로 상처를 보호한다. 상처가 심할수록 더 방어적이 된다. 수치심을 느낀 사람은 안전하다고 느낄 수 있을 만큼 정서적 갑옷으로 자신을 에워싼다. 교감하기보다는 움츠리거나 공격한다. 상대가 실제로 안전하지 않은 사람이라면 이런 갑옷이 필요할 수도 있다. 그러나 갑옷은 건강해질 수 있는 관계의 잠재력을 제한하기도 한다. 또한 수치를 당한 사람은 다른 사람에게 수치를 주는 경향이 있다. 그렇게 해서 서로 수치를 주고받는 악순환의 고리가 만들어진다.

평가는 수치심의 원인으로, 수치스러운 생각을 만들어내고 수치심을 낳는다. 누군가(혹은 자기 자신)를 평가할 때, 사람들은 평가의 대상을 자신보다 열등하다고 인식한다. 이럴 때 사람들은 상대와 덜 교감하게 된다. 상대를 내려다보며 평가하는 탓에 상대에 대한 동일시와 공감이 줄어들기 때문이다. 그리고 상대와 덜 공감할수록 상대를 평가하는 경향이 더 커진다. 한편 상대의 눈으로 세상을 볼 때는 그를 내려다보기가 어려워진다.

평가는 다른 사람과 자신을 구분 짓고 자신이 다른 사람보다 우월하다고 느낌으로써 자신감과 자존감을 키우려는 자기중심적 욕구에서 나온다. 평가하는 입장일 때 사람들은 상대는 틀리고 자신은 옳다고 느낀다. 그러나 평가는 궁극적으로 모두를 패자로 만드는 전략이다. 상대를 평가하는 입장일 때는 자신이 승자가 된 듯한 느낌이 들지 몰라도 결국에는 모두 패자가 된다. 관계의 생명선인 교감과, 진정성을 실천할 때 나오는 자신감과 자부심을 잃게 되기 때문이다. 그리고 상대도 교감한다는 느낌을 잃고, 더러는 자존감도 잃게 될지 모른다.

분노는 불의에 대한 감정적 반응으로, 자기 자신이나 다른 사람들을 보호하기 위해 필요할 때가 있다. 부당한 대우에 맞설 용기와 힘을 주기 때문이다. 분노는 당신을 타인과 심리적·감정적으로 단절시켜 방어적으로 행동하게 만든다. 그리고 이는 당신이 다른 사람에게 공감하는 것을 막는다.

그러나 분노는 정당한 대우를 요구하는 합리적 반응이 아니라 부정확한 인식에 기댄 방어적 반응일 때도 많다. 분노는 사람들의 마음에 자신이 옳고 상대는 틀렸다는 서사를 만든다(그리고 그런 이야기에 의해 만들어진다). 그러나 부당한 대우에 분노할지라도 우리는 얼마든지 단절을 일으키지 않는 방식으로 분노를 표출할 수 있다. 대부분의 사람은 다른 사람의 분노에 방어적으로 반응한다. 그러므로 직설적으로든 암시적으로든 당신이 분노를 표현할 때 상대는 움츠러들거나 당신을 밀어내며 당신으로부터 단절된다.

단절감을 느끼지만 이유를 모를 때는 수치심을 느끼는지, 상대를 평가하는 입장에서 보고 있지는 않은지, 분노를 느끼는지 자신에게 물어볼 수 있다. 감정의 근원을 이해하고 나면 문제를 직접적으로 해결하고 단절의 근원을 치유할 수 있다.

## 존중이란 무엇일까

존중은 교감을 느끼는 데 꼭 필요하다. 그러나 사람들은 대개 무엇이 존중이고 무엇이 존중이 아닌지 배운 적이 없다. 자신이 존중받지 못한다고 직관적으로 느낄 때는 있어도 자신이 상대를 존중하지 않는다는 것을 인식하는 경우는 드물다. 존중을 얻거나 해치는 구체적인 태도와 행동에 관해 배우지 못했기 때문이다.

존중은 다른 사람(이나 자기 자신)의 존엄과 욕구, 권리를 배려하는 것이다. 존중은 믿음이고 느낌이며 행동이다. 존중의 느낌은 믿음에서 나온다. 당신이 다른 사람에게 존중을 느낀다면 그들이 존중받을 가치가 있다고 믿기 때문이다. 행동으로서 존중은 공정(공평)의 가치를 실천하는 것이다. 자신이 대우받고 싶은 대로 다른 사람들을 대우하는 것이다.

그러므로 존중은 노력해서 얻는 것이 아니다. 사람들은 기차에서 옆자리에 앉은 낯선 사람에게 존중받기 위해 아무것도 하지 않지만 그래도 그가 자신을 존중하기를 기대한다. 일단 존중을 받으면 당신도 상대를 존중함으로써 존중을 유지하기 위해 노력해야 한다. 진정성 있게 행동할 때 사람들은 상대를 존중한다. 이를테면 약속을 지키고 상대의 존엄을 소중하게 여기는 방식으로 행동하는 것이다.

### 상대를 있는 그대로 받아들이기

누군가를 존중하는 것은 그 사람을 있는 그대로 받아들이는 것이기도 하다. 그들의 관점과 욕구, 감정을 인정하는 것이다. 그들의 말과 행동 중에 당신이 동의하지 않는 것이 있고, 어쩌면 당신이 바로 그런 말과 행동이 더 이상 보편적인 관행으로 여겨지지 않는 사회를 만들기 위해 노력하고 있을지라도 말이다. 그렇다고 당신에게 해로운 타인의 행동을 받아들이거나 폭력을 수동적으로 방관하라는 말은 아니다. 상대가 그런 사람이라는 현실을 있는 그대로 받아들이되, 그를 가치가 부족한 사람으로 평가해서는 안된다는 뜻이다(받아들임에 대해서는 9장에서 충분히 다루겠다).

그러나 상대가 당신의 윤리관에 어긋나서 결코 존중할 수 없는 방식으로 행동한다면 어떻게 해야 할까? 비건들에게 가장 어려운 도전은 자신의 뿌리 깊은 가치에 어긋나게 행동하는 사람들을 존중하기 위해 애쓰는 일이다. 그리고 비건과 관계를 맺는 논비건에게 가장 힘든 일은 동물을 먹는다는 사실 때문에 자신이 존중받지 못하거나 평가받는다고 느끼는 것이다. 그러면 어떻게 해야 할까?

첫째, 비건은 자신이 상대를 존중하기 힘든 이유가 어쩌면 동물을 먹는 행동, 더 나아가 그 행동의 영향(동물의 고통)과 사람(논비건)을 분리해서 보지 않기 때문일 수 있다는 것을 인정하면 좋다. 이처럼 사람(더 구체적으로는 그들의 인격)과 행동을 뭉뚱그리는 경향은 비건들이 동물의 고통을 목격할 때 크든 작든 트라우마를 경험하기 때문에 더욱 커진다. 트라우마는 경계를 흐리고 감정을 과장한다. 이문제는 6장에서 다루겠다. 육식의 심리를 이해하면 논비건의 인격과 행동을 분리해서 보는 데 도움이 된다. 동물을 먹는 행위는 개인에게 강력하고 복합적인 영향을 미치는 광범위한 사회적 길들이기에 기초한다. 몇몇 사람은 동물의 고통을 알고 상황의 진실을 깨닫고 나면 이런 길들이기에서 비교적 빨리 빠져나올 수 있다. 하지만 대부분은 여러 이유 때문에 그러지 못한다. 차이(특히 도덕적가치의 차이)의 본질을 이해하는 것도 도움이 된다. 이 문제는 다음 장에서 다룬다. 사람과 행동을 분리해서 보는 관대함은 모두가 누려 마땅하다. 다른 사람의 행동을 존중하지 않을지라도 그 사람의 근본적인 존엄은 존중할 수 있다.

　다음으로 비건은 동물을 먹는 이유와 경험을 이해하기 위해 최선을 다해 노력할 수 있다. 상대가 계속 동물을 먹는 이유는 동물을 해치는 것에 진정으로 신경 쓰지 않기 때문인가? 아니면 비건이 되는 일에 따라오는 것들, 이를테면 가족 관계의 균열이나 사회적 정체성의 상실 등을 걱정하는 것인가? 어쩌면 다른 방식으로 비거니즘에 도움을 주고 있지는 않은가? 대체로 상대의 내면을 깊이 이해하고 나면 그를 존중하지 않거나 평가하는 입장이 되기가 힘들다. 공감은 비존중disrespect의 해독제가 되곤 한다.

　또한 기본적인 욕구가 반드시 충족되도록 하는 것도 중요하다. 그래야 안정감과 교감을 충분히 느끼며 문제를 탐색할 수 있다. 서로의 경험을 진정으로 이해하고, 서로의 욕구를 보살피며, 비건과 논비건으로서의 경험에 관해 솔직한 대화를 나눌 수 있을 때 서로를 존중하는 것이 사실상 전혀 어렵지 않다는 것을 알게 된다.

## 회복 탄력성은 사랑에서 비롯된다

정신의학자 M. 스콧 펙M. Scott Peck은 그의 영향력 있는 책《아직도 가야 할 길》에서 사랑은 단지 감정이 아니라고 주장한다.[8] 사랑은 행위이기도 하다. 사랑은 (또한) 동사다. 누구나 당신에게 마음껏 사랑을 느낄 수 있지만 당신이 그 사랑을 알 수 있는 유일한 방법은 그의 말과 행동, 당신을 대하는 방식을 보는 것이다. 예를 들어 당신의 파트너가 당신에게 아무리 많은 사랑을 느끼더라도 당신을 사랑한다고 말하지 않거나 당신의 이야기에 귀 기울이지 않거나 당신이 하는 중요한 요청을 계속 무시한다면, 당신은 사랑받는다고 느끼기 힘들 것이다. 펙은 사랑의 행동을 상대를 위한 행동이라고 말하는데, 그것은 곧 상대를 진정성 있게 대하는 것이다. 회복 탄력성 있는 관계는 서로를 사랑하는 관계다.

## 사랑은 변화를 만든다

사랑은 사람을 변화시킨다. 사랑으로 사람이 변화하는 가장 큰 이유는 수치심이 사라지기 때문이다. 수치심은 사람들의 가슴과 머릿속의 어두운 골방에 몸을 숨기고 그들을 휘두른다. 그러나 사랑의 환한 빛 아래에서는 수치심의 어둠이 존재할 수 없다. 당신이 수치스러운 비밀과 수치스러운 일부를 누군가에게 내보였을 때, 그가 그것에 연민과 사랑으로 반응한다면 어떤 느낌일지 생각해보라. 너무나 힘들고 무겁게 느껴지던 짐을 내려놓은 홀가분한 느낌일 것이다.

사랑은 품이 넓다. 품이 넓을 때 사람들은 머리와 심장에 다양한 생각과 감정을 위한 공간을 갖게 된다. 몇몇은 서로 모순되는 것처럼 보일 수도 있다. 예컨대 당신은 아빠가 정이 많은 사람이라고 생각하지만 아빠의 육식은 무신경하다고 생각할 수 있다. 또는 파트너와 더 친밀해지기를 바라지만 한편으로는 더 가까워지는 것을 두려워할 수도 있다. 사랑은 이렇게 모순처럼 보이는 것들이 함께 공존할 수 있도록 한다. 사랑은 경직되지 않고 유연하다.

### 불완전함을 사랑하라

사람들은 대체로 타인을 완벽한 사람과 결함이 있는 사람, 착한 사람과 나쁜 사람, 영웅과 악당, 사랑받을 가치가 있는 사람과 없는 사람으로 구분하도록 배웠다. 이처럼 피상적인 관점은 사람들이 타인을 보는 방식 전체에 영향을 미친다. 물론 당신과 관계를 맺는 사람을 바라보는 방식에도 영향을 미친다. 대개 '좋은' 파트너는 문제적인 행동을 하지 않을 것이라고 가정하기 때문에, 문제적인 행동을 하는 상대에게는 사랑을 느끼고 실천하기가 힘들 수 있다. 상대를 존중하지 않는 행동을 고치는 것도 중요하지만 완벽에 대한 환상으로 사랑을 구속하지 않는 것도 중요하다.

건강한 관계에는 운신의 여지(각자가 실수하고 인간의 불완전함을 드러낼 공간)가 있다. 자신(과 다른 사람)이 실수할 수밖에 없다는 것을 인정할 때 사람들은 관계에서 진정한 자아를 안심하고 드러낼 수 있고, 따라서 더 깊이 교감할 수 있다. 그리고 갈등에서도 더 빨리 회복할 수 있다. 서로가 완벽하지 못하다는 사실 때문에 실망해서 추가로 생기는 문제가 없기 때문이다. 그러면 완벽주의적 사고에 따라오기 마련인 분노("어떻게 네가 그럴 수 있어!")를 감당할 필요가 없다. 관계에서 완벽주의자는 자신에게나 상대에게나 도움이 되지 않는다.

사랑은 자신과 다른 사람의 어수선함을 받아들이고 심지어 가치 있게 여길 수 있게 한다. 자신의 불완전함을 받아들일 때 관계에서 더 큰 안전을 느낄 수 있다. 사랑받기 위해 불가능한 이상에 부응해야 한다고 느끼지 않기 때문이다. 상대의 마음에 자신이 진짜 자아(나의 결함까지 포함해서)로서 존재할 수 있는 공간이 있음을 아는 것만큼 교감과 정서적 치유에 도움이 되는 것도 없다. 사랑은 당신과 세상의 가장 깊숙한 상처까지 치유할 수 있다.

회복 탄력성 있는 관계 만들기에 전념하다 보면 사람들은 사랑의 실천에 마음을 다하게 된다. 이 과정은 당신이 더 높고, 더 깊은 자아를 갖도록 돕는다. 사랑은 사람들을 현존presence의 상태로 이끈다. 현존할 때 사람들은 미래에 대한 생각이나 과거의 기억에 정신을 팔지 않고 지금 이 순간, 바로 여기에 존재한다.[*] 불교 신자들은 이런 상태를 마음챙김mindfulness이라 부른다. 현존은 인간의 이상적인 상태다. 현존할 때 사람들은 머리와 가슴을 열고 안정감을 느끼며 자신과 다른 사람들, 그리고 세상과 완전히 교감한다.

[*] 현존에 대한 뛰어난 자료로는 에크하르트 톨레Eckhart Tolle의 저작을 보라.

3

# 연대자 되기

차이를 이해하고 연결하기

비건-논비건 관계에 대한 대표적인 가정 중 하나는 비건과 논비건은 서로 너무 다르기 때문에 의견을 맞추기가 힘들고, 따라서 관계에서 안정과 교감을 느끼기도 힘들다는 것이다. 그러나 비건과 논비건의 차이에서 반드시 문제가 야기되는 것은 아니다.

어느 관계에서든 두 사람 사이의 차이는 정상적이고 자연스러우며 불가피하다. 모든 사람은 고유하기 때문에 서로 다른 관점과 욕구를 가지고 관계를 맺는다. 겉보기에 비슷해 보이는 지점에서도 실제로는 차이가 있을 수 있다. 이를테면 당신과 룸메이트 모두 정돈된 공간을 좋아하지만 룸메이트는 당신보다 정돈을 더 잘하는 사람이라서 당신을 보며 지저분하다고 생각할지 모른다. 또는 두 사람 모두 동물을 먹지 않지만 한 사람은 비건이고 다른 사람은 채식인일 수 있다.

대부분의 차이는 사실 이롭다. 차이는 개인의 성장을 격려한다. 예를 들어 건강을 중요하게 여기는 친구를 만나 규칙적인 운동과 건강한 식단의 이점을 경험해보지 않는다면 당신은 몸을 돌보는 일에 관심을 두지 않을지도 모른다. 또는 늘 평온하고 자신의 감정을 잘 인식하는 사람과 관계를 맺고 나서야 자신이 정서적으로 예민한 사람이라는 것을 깨달을 수도 있다. 따라서 차이는 우리와 우리의 관계를 중요한 면에서 풍요롭게 한다.

그럼에도 많은 사람은 관계에서의 차이를 두려워한다. 대체로 낭만적인 관계에서 차이가 서로를 멀어지게 한다는 오해 때문이다. 그래서 사람들은 연애를 시작할 때 서로의 온갖 공통점에 주목하며 비슷한 점을 과장하곤 한다. 우리는 비슷함을 과대평가하고 다름을 과소평가하도록 배웠다. 그래서 차이 때문에 갈등이 일어나고 결국 서로 멀어지지 않을까 걱정한다.

정말 화해할 수 없는 차이도 있겠지만 많은 차이는 사실 연결될 수 있다. 비건과 논비건의 차이도 마찬가지다. 극복할 수 있는 차이는 어떤 것인지, 어떻게 극복할 수 있을지 판단하려면 차이의 본질을 이해하고 관계에 영향을 미치는 다양한 요인을 알아야 한다. 또한 차이들 사이를 효과적으로 항해하는 데 필요한 기술도 익혀야 한다.

## 차이의 본질

사람 사이의 차이는 대개 서로 다른 개인적 특성이나 신념, 취향에서

ㅣ온다. 이런 측면들이 한 사람을 형성하는 데 얼마나 중심이 되는지
는 조금씩 다르다. 마찬가지로 관계에서 서로의 차이가 얼마나 핵심
적인지도 다르다.

차이들을 동심원으로 생각하면 도움이 된다. 중심에는 핵심 차
이가 있다. 핵심 차이란 타고나거나 사회적으로 주입된 태도의 차이
로, 개인의 성격을 형성한다. 바깥쪽 동심원으로 갈수록 주변적 차
이들이 있다. 이는 사람마다 다를 수 있는 더 표면적인 취향의 차이

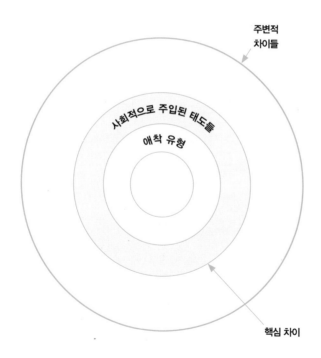

그림 2 핵심 차이와 주변적 차이를 나타낸 동심원.

연대자 되기

로, 시골보다는 도시에 살고 싶다거나, 늦게 자고 늦게 일어나기보다는 일찍 자고 일찍 일어나는 성향으로 나타날 수 있다.

대개 주변적 차이는 다루기가 쉽다. 핵심 차이보다 바꾸기 쉽고 감정과도 덜 얽혀 있기 때문이다. 따라서 이번 장에서 다루는 원칙들은 모든 종류의 차이에 적용되기는 하지만 핵심 차이에 중점을 둔다.

### 내재된 차이를 인정하기

가장 중심적인 차이는 각자에게 내재된 것들이다. 내재된 차이들 중에는 성격 특성이 있다. 성격 특성은 개인이 타고난 특성과, 어느 정도는 각자의 애착 유형까지 포함한다. 애착 유형이란 가까운 사람들에게 애착을 형성하는 방식을 말한다. 최근의 연구들은 과거에 전적으로 심리적 특징이라 여겨졌던 많은 특성(낙관주의와 비관주의, 외향성과 내향성)이 실제로는 생물학적 토대를 지녔다고 주장한다.[1] 성격을 형성하는 데 유전자가 얼마나 영향을 미치는지는 여전히 밝혀지지 않았지만 생각보다 훨씬 큰 부분이 내장되어 있다는 것은 분명해 보인다. 이는 사람들이 성장하고 성숙해질 수 없다는 말은 아니지만, 핵심적인 특징들은 대체로 바꿀 수 없다는 것을 보여준다. 생물학적인 토대에 기반할 거라고 여겨지는 몇몇 흔한 성격 특성들로는 이성적 성향과 감정적 성향, 즉흥성과 계획성, 철학적 사고 성향과 실용적 사고 성향이 있다.

성격 유형에 대해 알아두면 자신과 상대를 더 잘 이해하는 데 큰 도움이 된다. 성격 유형을 설명하는 체계는 많지만 가장 도움이 될 만한 두 가지를 꼽자면 마이어스-브리그스 성격유형 지표Myers-Briggs Type Indicator(MBTI)와 애니어그램Enneagram이 있다. MBTI는 많은 실증 연구로 입증되었고 전 세계적으로 널리 인정받는다. 수많은 심리학 자와 조직 컨설턴트뿐 아니라 미국의 많은 영향력 있는 기관들도 MBTI를 사용한다. 애니어그램은 최근 들어서야 과학적으로 연구되 고 있지만 많은 심리 치료사와 코치들이 사용하는 체계다. MBTI와 애니어그램은 서로 상보적인 체계로 성격의 서로 다른 측면들을 설 명한다. 둘은 관계에서 차이와 갈등이 불거지는 주요 영역을 이해하 기 쉽게 보여주며, 비건-논비건 관계에서 생기는 불화에 감춰진 동 인을 설명하는 데도 도움이 된다[2](성격 유형 자체에 초점을 맞춘 체계는 아니지만 관계에서 불거지는 차이의 문제를 해결하는 데 도움이 될 만한 또 다 른 체계로는 '사랑의 언어love language'를 토대로 한 것도 있다[3]).

대부분의 사람은 성격 특성이 생물학적 토대에서 비롯된다는 것을 모르기 때문에 성격을 바꿀 수 있다(흔히 바꿔야 한다)고 가정한 다. 그러나 타고난 특성을 바꾸려는 것은 눈 색깔을 바꾸려고 시도 하는 것과 같다. 이런 특성들을 바꾸는 것은 나무의 가지를 잘라내 듯 자신의 일부를 잘라내 오히려 개인이 가진 풍성함을 손상시킨다. 성격의 핵심적 특성을 부정하거나 틀어막는 일은 사람을 지치고 우 울하게 만든다. 본성을 거슬러 살아가려면 힘이 들고 결국에는 가짜 가 된 듯한 느낌이 들며 가짜로 살아가게 된다. 물론 몇몇 성격 특성에 따라오는 행동을 고치겠다는 선택을 내릴 수는 있다. 하지만 그것도 자신을 위해 건강한 정도까지만 가능하다. 예를 들어 외향성이 강한 사람이라면 말을 조금 줄이고 조금 더 귀 기울이는 법을 배우며 '내면에 숨은 내향성'을 키울 수 있다. 여전히 외향적인 사람으로 높은 수준의 사교적 자극을 필요로 하겠지만 지나치게 수다스러운 경향을 누그러뜨리면서 다른 사람과 더 균형 잡힌 교류를 즐길 수 있을 것이다.

### 애착 유형에 따른 서로 다른 관계의 욕구

애착 유형은 개인의 핵심 측면 중 하나로 가까운 사람들에게 애착을 형성하는 방식을 말한다. 연구 결과에 의하면 사람들은 특정 애착 유형으로 기울기 쉬운 생물학적 소인을 갖고 있을 수도 있지만, 대체로 애착 유형은 어린 시절에 자신을 돌본 사람들과 가졌던 경험의 결과인 경우가 많다.[4] 어린 시절은 뇌가 형성되는 시기이므로 최초의 애착 경험에 따라 뇌가 특정 방식으로 배선된다. 그러므로 애착 유형은 적어도 부분적으로는 개인에 내재된 측면이다.

애착 유형은 자신과 가까운 사람, 대개는 낭만적 파트너와 관계 맺는 방식에 어떤 요인보다 더 많은 영향을 미친다. 애착 유형은 사람들이 관계를 어떻게 대할지, 즉 관계를 얼마나 소중히 여길지, 관계를 위안이나 위험의 원천, 혹은 양쪽 모두의 원천으로 보게 될지를 결정한다. 애착 유형은 또한 주요 관계에서(그보다는 덜하지만 다른 관계에서도) 무엇을 알아차리고 알아차리지 못할지, 그리고 알아차린 것에 대해 어떻게 생각하고 느낄지 결정한다. 간단히 말해 애착 유형은 우리가 어떻게 지각하고 느끼고 다른 사람과 관계 맺을지를 매우 넓은 범위에서 결정한다.

기본적인 애착 유형에는 안정 애착, 회피 애착, 불안 애착 유형이 있다. 당신과 상대의 애착 유형에 따라 서로의 화합 가능성뿐 아니라 서로의 차이를 얼마나 효과적으로 다룰 수 있을지도 달라진다. 서로 화합할 수 있는 애착 유형이라면 다른 차이는 비교적 쉽게 다룰 수 있지만, 그렇지 않다면 작은 차이도 심각한 도전이 될 수 있다. 그러나 화합하기 힘든 애착 유형이라고 해서 관계의 종말이 예고된 것은 아니다. 노력을 통해 더 안정적인 관계를 만들도록 애착 유형을 바꿀 수 있기 때문이다.

세 가지 애착 유형 가운데 회피 애착과 불안 애착 유형은 '불안정한' 유형으로, 나머지 하나는 '안정적인' 유형으로 분류된다. 어린 시절의 애착 경험을 통해 타인에 대한 애착이 안전하지 않다는 것을 학습하면 사람들은 불안정한 애착 유형을 형성한다. 자신이 상대를 필요로 할 때 상대가 곁에 있지 않을 수 있다는 것을 학습했을 때다. 어쩌면 애초에 주요 애착 인물이나 돌보는 사람이 없었거나, 자신을 돌보았던 상대가 관심과 위로, 공감이라는 기본적인 욕구를 충족시키지 못했을 수도 있다. 그래서 관계 속에서 안정감을 느끼거나 상대를 신뢰하고 의지하는 능력을 키우지 못했을 것이다. 어린 시절의 경험을 통해 상대가 자신에게 안정적인 기반이 되리라 믿을 수 있다고 학습할 때 사람들은 안정적인 애착 유형을 발달시키고, 사랑하는 사람뿐 아니라 자기 자신에게도 의지할 수 있다는 것을 학습하게 된다. 이 세 가지 기본적인 애착 유형은 하나의 스펙트럼 위에 존재하므로, 특정 애착 유형을 경험하는 정도는 사람에 따라 다양하다.

회피 애착 유형은 상호 의존과 유대감보다 자립과 개인의 자유를 더 중요하게 여긴다. 이들은 가까운 관계에 필요한 수준의 친밀감을 거북하게 여긴다. 개인 영역을 보호하려 무척 애쓰며 정서적 교감을 바라는 상대의 욕구에 맞춰 자신이 양보해야 한다고 느낄 때 방어적으로 반응한다. 또한 다른 사람들의 정서적 경험을 그리 민감하게 포착하지 못한다. 상대가 힘들어한다는 단서를 쉽게 놓치고 상대의 기본적인 욕구에 부담과 분노를 느끼곤 한다. 이들의 핵심적인 믿음은 사람은 각자 자신을 돌볼 수 있어야 하며, 다른 사람에게 의지하는 것은 위험한 일이자 나약함의 표시라는 것이다.

불안 애착 유형은 회피 애착 유형과는 몇 가지 면에서 정반대다. 이들은 친밀감을 갈망하며 상대의 기분과 욕구에 민감하게 반응하고 대단히 관계 중심적이다. 상대의 기분을 맞춰주고 싶어 하고 그 방법을 대체로 기꺼이 배운다. 하지만 이들은 관계에서 불안정하다. 어린 시절의 애착 경험 때문에 자신이 사랑받을 가치가 없다고 믿기 때문이다. 낮은 자존감에 시달리며, 상대의 사랑을 확인하고 싶어 한다. 또한 거부당하고 버림받는 것을 대단히 두려워하는 경향이 있다.

불안 애착 유형은 애정에 굶주린 사람처럼 보일 수 있다. 관계의 위협을 감지할 때 자극받는 뇌의 부위가 쉽게 활성화되어 불안을 가라앉히려면 상대가 안심시켜줘야 하기 때문이다. 이 유형은 대단히 신경질적으로 보일 수 있지만 대체로 이들을 안심시키는 데 많은 노력이 필요하지는 않다. 상대가 자신에게 공감하며 너그럽고 신뢰할 만한 태도를 보인다면 시간과 더불어 신뢰가 쌓이고 이들의 불안도 눈에 띄게 줄어든다.

안정 애착 유형인 사람들은 관계에서 균형을 유지한다. 친밀감을 회피하지도 않고, 친밀감이 지속되리라는 확인이 특별히 필요하지도 않다. 안정 애착 유형은 자기 자신에게나 관계에서나 안정감을 느낀다. 최악의 상황을 상상하지 않는다. 회피 애착 유형처럼 관계가 자신을 집어삼킬까 봐 두려워하지 않고 불안 애착 유형처럼 버림받을까 봐 두려워하지도 않는다. 이들은 낙관적이지만 현실적이다. 상황이 괜찮을 것이라 가정하지만 눈앞의 문제를 외면하지 않는다. 상대를 밀고 당기며 애태우지도 않고 쉽게 낙담하지도 않는다. 상대에게 관심을 기울이며 배려하고 경청하며 상대의 피드백을 수용한다. 이들은 불안 유형들의 폭풍우 치는 바다에서 흔들리지 않는 바위 같은 사람들이다.

애착 유형은 관계에서 서로가 화합할 수 있는지, 안정감과 교감을 느낄 수 있는지를 결정하는 데 무척 중요하다. 애착 유형에 따라 가장 근본적인 관계 욕구가 달라질 뿐 아니라 상대의 근본적인 관계 욕구를 얼마나 충족할 수 있을지도 달라지기 때문이다. 예컨대 회피 애착 유형인 사람이 불안 애착 유형을 가진 사람과 짝이 된다면 아마 심각한 욕구 충돌이 생길 것이다. 회피형 파트너는 자신의 자유가 위협받는다고 느낄 것이며 불안형 파트너는 회피형이 자기 공간을 방어할 때마다 버림받을지 모른다는 위협을 느낄 것이다. 이런 경우에 한 사람의 욕구를 수용하려면 다른 사람은 안정이나 행복을 느끼기 위해 자신에게 꼭 필요한 욕구를 포기해야만 할 수도 있다.

비건-논비건 커플이 서로 다른 신념의 차이로 겪는 갈등의 기저에는 애착에 대한 욕구와 두려움이 자리하기도 한다. 이를테면 당신이 불안 애착 유형의 비건이라면 당연히 당신의 진정한 자아를 상대와 공유하길 갈구할 것이다. 그런데 상대가 비거니즘에 무관심하거나 저항한다면 당신은 상대가 당신을 거부하며 버리려 한다고 느낄 수 있다. 또는 당신이 회피 애착 유형의 논비건이라면 동물성 식품을 멀리하길 바라는 비건 파트너의 소망이 당신을 통제하려는 시도로 느껴질 수 있다. 그러므로 비건-논비건 커플은 각자의 애착 유형이 신념의 차이를 둘러싼 행동에 어떤 영향을 미치는지 살피는 것이 중요하다.

그렇다면 애착 유형의 차이에서 비롯되는 문제의 해결책은 무엇일까? 우선 각자의 애착 유형을 이해하는 것이 중요한 첫걸음이다.[5] 서로 자연스럽게 어울리는 유형도 있고, 그렇지 못한 유형도 있다는 것을 알아두면 좋다. 안정 애착 유형의 성인 두 사람이 만나는 것이 가장 이상적이지만, 불안 애착 유형과 안정 애착 유형의 만남도 괜찮다. 물론 모든 조합이 가능하지만 관계가 제대로 이루어지려면 서로의 애착 유형을 이해하고, 애착에 대한 욕구를 보살피려는 마음과 능력이 있어야 한다. 그리고 애착 유형은 시간이 흐르면 좋은 쪽으로든 나쁜 쪽으로든 변화할 수 있다. 서로의 욕구에 주의를 기울이는 안정적인 관계에서는 불안 애착 유형이나 회피 애착 유형인 사람도 더 안정적인 애착을 배울 수 있으며, 안정적인 사람조차 불안정한 관계에서는 안정감을 덜 느낄 수 있다.

## 사회화된 태도들

애착 유형보다는 덜하지만 사회적으로 주입된 태도들 역시 관계의 중요한 측면을 이룬다. 이는 타고나는 것은 아니지만 사회와 문화, 가족을 통해 깊숙이 밴 태도들을 말한다. 성별에 따른 특성과 종교적 신념, 정서적 감수성 등이 포함된다(그러나 그런 것들에만 국한되지는 않는다). 이를테면 여성이든 남성이든 여성의 매력은 젊음과 외모에서, 남성의 매력은 부양 능력과 보호 능력에서 찾는 경향이 있다. 이처럼 광범위한 사회화가 이루어진 뒤에는 각자가 매력을 느끼는 특성을 바꾸기가 대단히 힘들다. 종교적 신념도 마찬가지다. 살아가는 동안 종교적 신념을 바꾸는 사람도 더러 있지만 많은 사람에게는 생각조차 할 수 없는 일이다. 또한 사람들은 원가족의 영향으로 특정 감정이나 상황에 자신도 모르게 민감하게 반응하기도 한다. 예컨대 부모가 화를 내며 소리를 지르곤 했다면 분노를 터뜨리는 말에 무척 예민할 테고 강렬하게 화를 표출하는 사람과의 관계에서는 안 정감을 느낄 수 없을 것이다.

## 차이에 대한 오해들

사람들은 관계에서의 차이에 대해 몇몇 문제가 되는 오해들을 물려받았다. 주요 오해로 두 가지를 들 수 있다. 첫째, 차이는 부정적이다. 둘째, 차이는 관계에서 문제를 일으키는 주요 원인이다. 물론 차이는 갈등을 일으킬 가능성이 있고, 관계에서 지속적인 갈등은 문제를 일으킬 가능성이 있다. 한 사람은 모험적인데 다른 사람은 집에 틀어박혀 있기를 좋아할 때 일어날 수 있는 욕구의 충돌에 대해 생각해보라. 아니면 앞에서 다룬 대로 한 사람은 비건이고 다른 사람은 아닐 때 생길 만한 욕구의 충돌이 무엇일지 생각해보라. 그러나 차이가 관계에서 문제를 일으키는 진짜 원인인 경우는 거의 없다. 그보다는 사람들이 그런 차이와 관계를 맺는 방식에서 문제가 생긴다.

대부분의 사람은 안정감과 교감을 키우는 방식으로 차이와 관계 맺지 않는다. 관계에서의 차이에 대해 서로 연결된 세 가지 오해를 학습했기 때문이다. 첫째, 차이는 부족함을 뜻한다. 둘째, 차이는 단절을 뜻한다. 셋째, 잘 지내려면 서로 비슷해야 한다.

## 1. 차이는 부족함이다

차이를 부족함으로 볼 때 사람들은 특정 영역에서, 대체로 자신은 충분하다고 느끼는 부분에서 상대가 부족하다고 보게 된다. 이를테면 집순이나 집돌이는 '충분히 모험적이지 않고' 논비건은 '충분히 공감하지 않는다'라고 생각할 수 있다(이런 비판은 상대가 부족하다고 표현할 때뿐만 아니라 특정 영역에서 지나치다고—지나치게 지루하다, 지나치다 이기적이다 등— 표현할 때도 쓰이지만 상대의 차이를 문제로 본다는 점에서는 같다). 때때로 사람들은 자신을 부족한 사람이라고 보기도 한다. 자신이 충분히 똑똑하지 않다고 생각할 수도 있다. 어쨌든 차이를 받아들이지 않고 깎아내린다는 점에서 문제는 여전하다.

## 2. 차이는 단절을 만든다

문제를 어떻게 정의하느냐에 따라 해결책이 달라진다. 문제를 부정확하게 정의한다면 문제를 풀기는커녕 더 악화시킬지 모른다. 예를 들어 관계에서 갈등이 일어나는 원인이 상대와 나 사이의 차이에 있다고 믿으면 갈등의 해법은 그 차이를 제거하는 것이 된다. 대개는 상대를 자신과 더 비슷하게 바꿈으로써 문제를 해결하려 한다. 집에만 있으려는 상대에게 위험을 무릅써 보라고 부추기거나 논비건에게 비건이 되라고 설득하려 할 것이다. 그러면 상대는 자신이 평가받는다고(있는 그대로의 자신으로 받아들여지지 않고 당신의 삶의 방식을 따르도록 강요받는다고) 느낄 수 있다. 그러면 아마 우리를 원망하게 될 것이고, 그렇지 않은 경우보다 변화에 강하게 저항할 것이다.

물론 상대에게 변화를 요청하는 것이 적절할 때도 있다. 상대가 당신을 존중하지 않는 행동을 할 때다. 그러나 변화를 요청하는 것이 합리적인지 판단하기에 앞서 차이의 본질이 무엇인지, 차이와 어떤 방식으로 관계를 맺어야 관계에 진정성 있게 임하고 관계의 안정에 해를 끼치지 않을지 이해해야 한다.

### 3. 비슷한 사람들이 잘 화합한다

화합 가능성은 조화롭게 공존하는 능력이다. 화합 가능성이 높다는 말은 욕구가 충돌하거나, 치명적이거나 만성적인 갈등을 겪을 가능성이 적은 방식으로 관계를 맺는다는 말이다. 그러므로 화합 가능성이 있으면 서로 더욱 깊게 교감한다고 느낀다. 그런데 정확히 무엇이 사람들을 화합할 수 있게 만들까?

많은 사람이 화합 가능성을 유사성과 같은 것으로 본다. 공통된 관심과 특성을 가진 사람들이 더 잘 화합할 수 있다고 생각하는 것이다. 공통점이 많을수록 잘 어울리고 교감을 느끼기 쉬운 것은 맞다. 특히 그 공통점에 자신에게 중요한 특성과 관심이 많이 포함될수록 그렇다. 비슷한 특성과 관심을 가진 사람은 대체로 비슷한 욕구와 욕심을 갖기 마련이므로 서로의 욕구와 욕심을 만족시킬 가능성이 더 크다. 외향적인 사람 둘이 만났다고 가정해보자. 아마 두 사람이 지닌 사교적 자극에 대한 욕구가 쉽게 충족될 것이다. 비건 두 사람이 만나면 식사와 생활 방식에서의 중요한 욕구 충족에 대해 걱정이 덜할 것이다.

하지만 유사성이 반드시 화합 가능성으로 연결되는 것은 아니다. 유사성은 오히려 화합에 방해가 될 수도 있다. 너무 비슷하면 서로 비슷한 욕구를 충족하기 위해 상대와 경쟁하는 상황이 될지 모른다. 외향적인 사람 둘이 만나면 둘 다 관심의 중심이 되고 싶어 서로의 말을 경청하기 힘들지 모른다. 두 사람이 지나치게 유사하면 성장의 기회도 제한될 수 있다. 그러면 관계는 정체되고 균형을 잃게 될 수 있다. 예를 들어 사회운동에 지나치게 집중하며 개인적인 욕구에는 관심이 부족한 두 사회운동가가 만났다고 해보자. 둘 다 일에서나 관계에서나 차츰 번아웃과 좌절을 경험하게 될지 모른다.

우리가 화합하려면 서로 교감할 수 있을 만큼 서로의 욕구를 충족시켜줄 능력이 필요하다. 조화롭고 행복하게 공존할 때 우리는 화합할 수 있다.

## 식사 시간이 친밀함의 장이 되려면

역사와 문화를 초월하여 음식과 식사는 사람들이 유대감을 형성하고, 가족의 유대를 다지며, 사회적 연결을 강화하는 주요한 방법이었다. 그러나 구성원 중 한 사람이 비건이라면 서로를 친밀하게 만들어줄 이 경험이 정반대가 될 수 있다. 비건에게든 논비건에게든 가족 식사와 낭만적인 저녁 데이트, 휴일 만찬이 힘겨루기와 갈등의 장이 되어 대단한 스트레스가 될 수 있기 때문이다. 견디거나 피할 수 있는 휴일 만찬과 달리 일상적인 식사 시간의 교류는 매일 반복된다. 이때 음식과 식사는 자연스러운 교감의 원천이 아니라 단절의 근원이 될 수 있다.

## 식사를 둘러싸고 긴장이 생기는 이유

음식과 식사가 껄끄러워지는 이유는 이 영역에서 비건과 논비건이 화합할 수 없다는 잘못된 가정 때문이기도 하다. 이런 가정은 비건 식사에 대한 인식 부족에서 나올 때가 많다. 많은 논비건은 비건 음식이 대단히 다양하고 맛있으며 즐겁다는 것을 알지 못한다. 그리고 이러한 가정은 식사 메뉴나 동물을 먹는 일의 윤리에 대한 논쟁처럼 비거니즘을 둘러싼 갈등이 불거지면서 더 견고해진다.

음식과 식사를 둘러싸고 이런 긴장이 생기는 또 다른 이유는 논비건이 비거니즘을 이해하지 못할 때, 특정 음식을 먹지 않겠다는 비건의 선택을 동물 섭취가 아니라 교감을 거부하는 것으로 해석할 수 있기 때문이다. 다른 사람에게 음식을 대접하고 함께 먹는 것은 교감을 쌓는 일이다. 그러므로 비건이 가족과 즐겨 먹던 음식을 거부할 때 가족들은 그들과의 교감을 거부한다고 느낄 수 있다.

물론 식사를 둘러싸고 긴장이 생기는 이유는 음식이 비건-논비건 관계에서 일어나는 단절의 초점이 되기 때문이다. 음식과 식사는 비건과 논비건이 관계에서 느끼는 두려움과 좌절감을 표면으로 드러내는 계기가 된다.

## 무엇을 먹는가보다 중요한 것

식사에 관한 한 비건이든 논비건이든 과정보다 내용에 초점을 맞추는 경향이 있다. 내용은 무엇을 먹는가이고 과정은 어떻게 식사를 경험하는가다. 예를 들어 내용은 미트 소스 파스타가 될 수도 있고 베지 소스 파스타가 될 수도 있다. 과정은 함께 모여 식사를 즐기며 생각을 나누고 느긋하게 쉬는 것, 한마디로 교감하는 것이다. 식사에는 음식 준비도 포함될 수 있다. 음식을 준비하는 과정 또한 교감을 쌓는 경험이 된다.

실제로 과정은 음식을 매개로 교감하는 경험에서 가장 중요하다. 내용이 중요하지 않은 것은 아니지만(비건은 분명 동물을 먹고 싶지 않을 테고, 맛없는 음식을 먹고 싶은 사람 또한 아무도 없으니까) 모두를 만족시킬 음식을 찾는 건 그리 어렵지 않다. 예를 들어 가족 중에 비건이 있다면 늘 만들던 볼로네제 소스에 동물성 재료 대신 맛이 거의 비슷한 대체육을 사용하거나 볼로네제 소스 대신 버섯 소스를 쓸 수 있다. 심지어 식사 내용의 대부분은 우리가 선택한 것이 아니다. 가족과 문화로부터 물려받았을 뿐이다. 사람들이 같은 음식을 같은 방식으로 계속 먹는 이유는 그것에 익숙하기 때문이다.

가족 중 한 사람이 비건이 되면 식사의 내용이 더러 바뀔지라도 과정은 크게 달라지지 않는다. 가족 구성원은 여전히 식사 시간을 식사 시간답게 즐기며 아끼는 사람들과 유대감을 형성할 수 있다. 식사를 둘러싼 의례와 전통의 목적은 특정 음식을 대접하는 것이 아니라 사람들과 함께 모여 교감을 쌓는 데 있다. 비건이 한두 사람 있는 많은 가족은 단절을 일으키지 않는 방식으로 전통과 식사 시간을 존중한다. 비건 친화적인 식사를 위해 바꿔야 하는 한두 가지 식재료보다 사랑하는 사람들 사이의 안정감과 교감이 더 중요하다는 것을 알기 때문이다. 그러므로 추수감사절 만찬에 칠면조가 아니라 토퍼키 tofurkey를 대접하거나 텍스멕스Tex-Mex<sup>♯♯</sup> 요리에서 동물성 재료 대신 콩을 사용할 수 있다.

## 관계마다 서로 다른 친밀함의 정도

모든 관계에 똑같은 정도의 교감이 필요하지는 않다. 대부분의 사람은 교감의 정도가 다른 무척 다양한 관계를 맺는다. 그중에는 지인도 있고 동료와 가족, 가까운 친구와 연애 상대도 있다. 관계를 친밀함,

---

♯ 두부tofu와 칠면조turkey를 결합한 단어. 주로 대두단백질이나 밀단백질로 만들어진 칠면조 대체육.

♯♯ 미국 남서부, 특히 텍사스 버전의 멕시코 요리를 일컫는 말.

또는 교감의 동심원으로 생각해보라. 원의 중심에서 멀어질수록 교감의 욕구가 줄어듦으로 차이점도 비교적 너그럽게 인정된다.

사람들은 먼 관계에서도 가까운 관계에서와 비슷한 정도의 화합을 기대하는 실수를 저지른다. 어쩌면 가까운 관계에서의 교감을 기준으로 모든 관계를 평가하는지도 모른다. 예를 들어 당신과 남동생의 가치관이 비슷해서 서로 생각과 느낌을 터놓고 말할 수 있다고 해보자. 그러면 당신은 다른 가족들과도 이 정도로 가깝게 지내야 한다고 가정할지 모른다. 이럴 때 당신은 사람에 따라 화합할 수 있는 정도가 다르고, 따라서 친밀한 정도도 다를 수 있다는 점을 인정하기보다 친밀함을 강요하려 들거나 관계를 아예 포기해버릴 수 있다.

## 관계의 범주 바꾸기

관계는 정적이지 않다. 관계를 맺는 사람들이 그렇듯 관계 또한 끊임없이 성장하고 진화한다. 때때로 관계는 진화하며 관계하는 사람들을 다른 방향으로 이끌기도 한다. 관계의 범주가 달라지기도 하고, 관계가 끝나기도 한다.

사람들은 가까워지는 관계보다 멀어지는 관계를 비판적인 시각으로 보는 데 익숙하다. 이런 시각은 자신과 관계에 무엇이 좋은지 판단하는 데 걸림돌이 되며, 더는 맞지 않는 범주에 관계를 가둘 수 있다.

모든 관계는 자연스럽게 멀어질 수 있지만, 사람들은 낭만적 관계에서든 우애적 관계에서든 멀어지는 변화의 가치를 깎아내리며 변화에 저항하는 경향이 있다. 특히 낭만적 관계에서 관계의 범주를 바꾸거나 관계를 끝내는 것은 훨씬 더 복잡하고 민감할 때가 많다. 대개 낭만적 관계에서는 상처받기 쉬운 애착 관계가 형성되며 감정이 많이 개입하기 때문이다. 그러므로 낭만적 관계에서는 화합 가능한 관계를 향해 의식적으로 성장하는 것이 최선이다. 지속적인 화합 가능성을 위협하지 않는 방향으로 관계에 관한 결정을 내리는 것이 좋다는 말이다. 물론 모든 결정은 중요한 욕구를 양보하거나 개인의 발전을 제한하도록 강요해서는 안 되며 관계의 진정성을 유지하는 데 도움이 되어야 한다. 그럴 때에야 건강한 타협이라고 할 수 있다.

우애적 관계를 덜 친밀한 범주로 바꾸거나 끝내는 것은 비교적 덜 복잡하다. 그런데 사람들은 친구나 가족 관계가 멀어지면 관계나 관계 구성원에게 문제가 있다고 생각하는 경향이 있다. 이를테면 예전에 친하게 지내던 친구와 좀처럼 만나지 못할 때, 당신은 예전처럼 가깝게 지내지 못해서 '무척 유감스럽다'고 느낄지 모른다. 관계를 유지하려고 더 노력하지 않는 것에 죄책감을 느낄 수도 있다. 하지만 사실은 그렇게 가까운 관계를 원치 않기 때문에 노력하기를 주저하는 것일지 모른다. 또는 관계가 멀어지는 것을 인정하고 싶지 않거나, 상대에게 상처를 주고 싶지 않아서 실제로 느끼는 것보다 가까운 척하면서 관계를 억지로 끌고 가는 것인지도 모른다.

관계가 멀어질 때 어느 정도 슬픔을 느끼는 것은 당연하다. 그런 변화도 일종의 상실이기 때문이다. 하지만 슬픔을 느낀다 해도 관계(특히 우애적 관계)에서 친밀함이 줄어드는 것은 건강한 관계의 표식이기도 한다. 이런 변화가 문제가 되는 경우는 둘 중 한 사람이 관계의 범주가 달라지길 바라지 않거나, 해결되지 않은 갈등으로 인해 관계가 멀어질 때뿐이다. 이런 경우는 자연스러운 성장의 과정이 아니라 관계를 돌보지 않아서 생긴 단절의 결과라 할 수 있다.

## 변화의 가능성을 인정하기

비건이 되면 그동안의 관계들이 덜 친밀하게 느껴지기도 한다. 비건의 새로운 세계관과 논비건의 방어적 반응이 만나면 오해가 생길 수 있고, 그 오해가 갈등으로 이어지며 관계가 빠른 속도로 멀어지기도 한다. 때때로 비건이 되는 과정에서 친구 관계나 가족 관계가 달라지기도 한다. 이 책의 초점은 이렇게 멀어진 거리를 어떻게 연결할지, 관계의 범주를 바꾸는 것이 모두에게 좋은지 아닌지를 어떻게 판단할지 다루는 것이다.

우애적 관계의 경우에는 '이 친구 관계나 가족 관계가 그것이 속한 범주의 친밀함에 걸맞는 기본적인 욕구를 충족시키는가?'라고 묻는 것이 도움이 될 수 있다. 이를테면 가깝게 지내던 고모가 비거니즘을 결코 이해하거나 수용하지 못한다면 그간의 친밀함을 유지하기 위해 억지로 애를 쓰기보다 두 사람이 예전만큼 가깝게 지내기 힘들다는 것을 받아들이기로 마음먹을 수 있다. 그리고 어떤 면에서는 가깝지만 어떤 면에서는 아닐 수도 있음을 받아들일 수 있다. 친밀함은 있다 혹은 없다로 단순하게 나눌 수 있는 문제가 아니다.

친구나 가족 관계의 범주가 달라질 수 있음을 받아들일 때 사람들은 관계에서 성격과 가치관의 상당한 차이를 감수할 수 있다. 이런 사실을 인정하고 나면 비거니즘을 선택하면서 가까운 사람들(역설적이게도 때로는 비건의 메시지에 응답할 가능성이 가장 적은)에게 느끼는 마음의 짐을 덜 수 있다.

## 차이를 받아들이는 최고의 방법

사람들은 유사성이 화합과 교감을 일으킨다고 가정하듯 차이가 불화와 단절을 일으킨다고 가정한다. 차이가 단절을 일으킨다는 믿음 때문에 사람들은 서로의 차이를 인식할 때 단절감을 느낄 수 있다. 특히 낭만적 관계에서의 차이는 곧 단절을 연상시키기 때문에 당연하게 차이가 관계의 지속성을 위협한다고 생각한다. 그러나 이런 위협을 줄이기 위해 차이를 부정하거나 과소평가하다가 오히려 관계의 문제를 해결하지 못하기도 한다. 예를 들어 당신이 동물 보호 문제를 다루기 때문에 참석했던 집회에서 만난 정치 활동가와 사귀기 시작했다고 가정해보자. 당신은 그에게 사실 정치에 별로 관심이 없다고 차마 말하지 못할지도 모른다. 두 사람의 사고방식에 차이가 있다는 것을 인정하고 싶지 않기 때문이다.

때때로 차이는 단절감을 만들기도 한다. 자신과 다른 사람을 이해하고 공감하는 일이 쉽지 않기 때문이다. 이해와 공감은 교감을 느끼는 데 중요하다. 예를 하나 들어보자. 당신이 말다툼을 하고 난 직후에 생각과 감정을 털어놓아야 한다고 믿는다면 같은 관점을 가진 사람들의 입장은 쉽게 이해하고 공감할 수 있을 것이다. 하지만 터놓고 말하기 전에 혼자만의 시간이 필요한 사람의 입장은 좀처럼 이해하기 힘들지 모른다. 당신은 그의 욕구를 이해하지 못해서 그가 마음의 준비를 끝내기도 전에 대화를 하자고 밀어붙여, 그의 욕구를 무시하고 더 깊은 단절을 야기할 수 있다.

차이 때문에 교감이 줄어드는 이유는 단순하다. 서로 공유하는 경험이 적기 때문이다. 유대감을 느낄 기회가 더 적을 수 있다는 말이다. 예컨대 당신은 하이킹을 좋아하는데 상대는 그러지 않거나, 당신은 추상적인 지적 토론을 좋아하는데 상대는 실용적인 사안을 논의하고 싶어 한다면 아마 그 부분에서는 서로 강한 유대감을 형성하지 못할 것이다. 상대가 당신에게 맞추기 위해, 또는 당신이 상대에게 맞추기 위해 취향을 바꾸지 않는 한은 그렇다.

안정적이고 교감하는 관계를 만들려면 차이가 정상적이고 자연스러운 것이라 생각하는 것이 중요하다. 물론 상대의 무례한 행동을 용인해서는 안 되며 견딜 수 없는 차이가 있다고 느껴진다면 관계를 끝내는 편이 좋다. 그러나 상대를 있는 그대로 받아들이는 것(자신과 다르다는 이유로 비난하지 않는 것)은 만족스러운 관계를 위해 교감을 쌓는 중요한 첫 걸음이다.

차이를 받아들이는 최고의 방법은 차이를 이해하는 것이다. 차이를 이해하려면 호기심과 연민의 태도로 상대에게 다가가야 한다. 상대의 눈으로 보는 세상이 어떤 것인지 진정으로 알고 싶어하는 마음을 가져야 한다. 차이를 받아들이기만 해도 예전에는 화해할 수 없는 것처럼 보이던 문제가 해소될 때가 있다. 이를테면 외향적인 사람은 내향적인 상대를 '분위기를 망치는 사람'이라고 생각하는 대신 내향적인 삶의 방식에 따라오는 깊이와 평화, 사려 깊음의 가치에 주목할 수 있다. 그러면 한때 불평의 대상이던 특징이 매력으로 느껴진다.

## 이념의 차이와 화해할 수 있을까

이념의 차이는 가장 핵심적인 신념과 철학의 차이다. 이를테면 민주당 지지자와 공화당 지지자, 비건과 논비건 사이에 존재하는 차이 같은 것이다. 이런 차이에는 특별한 도전이 따르므로 사람들이 가장 많이 우려하는 부분이기도 하다.

삶의 모든 면에(정서적·육체적·사회적·심리적, 어쩌면 영적인 면까지) 널리 영향을 미치는 이러한 중대한 차이를 어떻게 다룰 수 있을까? 이런 차이와 화해할 수 있을지 여부는 어떻게 구분할 수 있을까?

이념의 차이는 매우 현실적이고 특수한 도전들을 제시하지만 이런 차이와 화해할 수 있을지 아닌지는 크게 두 가지 요소로 결정된다. 상대와 어떻게 관계를 맺고 있는가(즉 안정적이고 교감하는 관계를 위한 원칙을 실천하는가)와 당신이 자신의 이념과 어떻게 관계를 맺고 있는가. 당신이 이념과 어떻게 관계를 맺는지는 크게 두 요소로 결정된다. 하나는 이념이 당신의 삶에 얼마나 관여하는가이고, 다른 하나는 당신이 그 이념을 채우고 지탱하는 가치들과 어떤 관계를 맺는가다. 즉 가치관이 서로 다른지, 다르다면 어떻게 다른지가 중요하다(이념과 가치의 차이를 둘러싼 화해 가능성에 대한 도식은 112쪽의 그림3을 참고하라).

## 이념이 교감에 미치는 영향

자신과 이념을 강하게 동일시할수록 그 이념을 공유하지 않는 사람과 공감하기가 힘들고, 따라서 교감하기도 힘들다. 예를 들어 당신이 비건으로서의 정체성을 강하게 느낀다면(즉 비건으로 사는 것이 당신의 다른 정체성들, 이를테면 누군가의 배우자나 교사, 친구로 사는 것보다 더 중요하다고 느낀다면) 비건이 아닌 사람과 교감하기가 힘들 것이다.

어떤 이념이 강하다고 해서 반드시 자신과 그 이념을 동일시하는 것은 아니다(물론 두 가지가 함께 가는 경우가 많다). 예를 들어 비거니즘을 강력하게 지지하고 실천하면서도 자신의 정체성에서 비건을 핵심적인 요소로 여기지 않을 수도 있다. 비거니즘을 연민과 공정의 가치를 표현하고 진정성을 실천하는 하나의 방식으로만 보는 사람은 비건으로서의 정체성이 그다지 강하지 않을 가능성이 높다.

소속집단(국적이나 종교, 이념 같은)을 기반으로 자신을 정의하는 것은 자연스러운 일이다. 그런 정체성이 중요할 때도 있다. 바로 비주류 집단의 구성원들이 특정 사회문제에 대한 인식을 높이려고 할 때다. 그러나 대인 관계에 관한 한 대외적인 모습에 대한 동일시가 덜할수록 자신을 덜 제약하고 다른 사람들과 더 많이 교감할 수 있다.

혹은 이념과 강한 동일시를 느끼지 않는다 해도 당신의 삶이 이념의 영향 안에 있을 수 있다. 예를 들어 비건 단체에서 일하는 비건은 비건으로서의 정체성이 강하지 않아도 비건과 관련된 활동으로 삶이 구성되기 마련이다. 또한 비건의 소비 스타일은 비거니즘의 영향을 많이 받지만 그 영향이 얼마나 강한지는 비건들 사이에서도 차이가 크다. 각자의 삶을 구성하는 이념이 다를수록 화합할 수 있다고 느끼기가 힘들어진다. 그러므로 교감할 수 있을 만큼 화합 가능한 생활 방식이 되도록 서로 양보를 할 수 있는지, 할 수 있다면 어떻게 양보할 수 있는지를 결정할 필요가 있다.


### 서로 다른 가치를 이해하기

사람들이 이념의 차이에 위협을 느끼는 이유 중 하나는 이념이 일반적으로 가치를 토대로 하므로, 이념의 차이가 가치의 차이를 반영한다고 생각하기 때문이다. 물론 그럴 때도 있지만 항상 그렇지는 않다. 같은 가치가 서로 다른 이념의 토대가 되고, 다르게 해석되어 표현될 때도 있다. 그리고 가치관이 다르다고 해서 그 차이가 반드시 문제를 낳는 것은 아니다.

사람들은 가까운 사람이 자신과 다른 가치관을 갖는다는 생각에 위협을 느낀다. 그 이유는 두 가지다. 첫째, 가치관은 삶의 많은 부분에 영향을 주며 대체로 변하지 않기 때문에 가치관이 다른 상대와는 조화를 이루기가 불가능하거나 어려워 보인다. 둘째, 다른 사람들과 교감하려면 우선 그들을 존중해야 하는데, 당신에게 중요한 가치를 그들이 실천하는지가 판단의 토대가 된다. 그러므로 가치관이 다르면 존중하는 마음을 유지할 수 없고, 따라서 교감할 수 없을 것이라 생각하게 된다.

사람들은 차이를 부족함과 동일시하듯 가치관의 차이도 부족함이라고 여기는 경향이 있다. 상대의 가치가 자신과 다를 때 사람들은 상대의 가치를 열등하다고 평가한다. 게다가 가치는 본질적으로 도덕적인 면이 있으므로 다른 차이에 비해 상대가 지닌 가치의 '부족함'을 더욱 비판적인 입장에서 바라보게 된다. 상대의 도덕성이 부족하거나, 심지어 비도덕적이라고 보며 더욱 단절되는 것이다.

가치관은 무엇이 좋거나 나쁜지, 또는 무엇이 바람직하거나 바람직하지 않은지에 대한 신념이다. 개인의 태도와 행동을 구성하며 선택의 기준을 제공한다. 모든 가치는 무엇을 소중하게 여기는지를 반영하므로 도덕적 요소를 포함하지만, 특히 도덕적 요소가 더 크게 작용하는 가치들이 있다. 가령 연민과 정의, 정직 같은 도덕적가치는 대체로 보편적이라 여겨진다. 도덕 심리학 연구는 사람들의 정치 성향을 구성하는 토대가 되는 다섯 가지 도덕적가치로 배려(연민), 공정(정의), 소속집단에 대한 충성, 권위의 존중, 고결함(순수함)을 꼽았다. 이는 대부분의 사람이 공유하는 가치지만 좌파 성향의 개인은 나머지 세 가치보다 배려와 공정을 더 중요하게 여기는 편이고, 우파 성향의 개인은 다섯 가지 모두를 중요하게 여기는 편이다.[6] 더 개인적인 유형의 가치는 낙관성, 확실성, 사교성, 회의성, 감수성, 창의성, 정확성 및 독창성을 비롯한 광범위한 성향에 달려 있다.

보편적이든 개인적이든 도덕적가치는 각자의 성격과 경험에 따라 형성된다. 성격은 기질(타고난 특성과 성향, 또는 본성)과 사회적 학습(환경이나 양육)의 영향을 받아 구성된다. 예를 들어 합리적으로 분석하는 성향을 타고났으며 합리적 사고를 격려하는 가정에서 자란 사람은 합리성을 가장 중요한 가치로 생각할 가능성이 크다. 이런 사람은 주관적이거나 입증되지 않은 정보에 회의적 반응을 보이며 판단의 토대가 될 탄탄할 추론을 요구할 것이다.

안정적이고 교감하는 관계를 유지하는 데 가치관의 공유가 중요한 것은 당연하다. 그러나 누구도 모든 가치를 상대와 공유할 수는 없으며, 가치를 공유한다고 해도 우선순위가 다르기 마련이다. 예를 들어 당신과 파트너 둘 다 신뢰성을 가치 있게 여기지만, 파트너는 신뢰성보다 융통성을 조금 더 가치 있게 여길 수 있다. 이런 경우 가족 방문을 취소해야 할 상황이 생기면 힘들더라도 약속을 지킬지, 상황에 맞출지를 두고 충돌하게 될지 모른다.

관계에는 항상 어느 정도 가치관의 차이가 있기 마련이다. 가치관의 차이가 진짜 문제가 되는지 여부는 세 가지 요소에 달려 있다. 어떤 가치가 다른가, 다른 가치가 서로에게 얼마나 중요한가, 서로 다른 가치가 경쟁하며 충돌하는가.

서로 다른 가치가 두 사람 모두에게 중요한 가치라면 차이를 헤치고 나가기가 더 어렵다. 서로에게 중요한 도덕적가치(예컨대 상처받지 않게 보호하는 것을 중시하느냐, 개인적 자유를 보호하는 것을 중시하느냐)나 애착 가치(예컨대 친밀감과 유대감을 중시하느냐, 독립과 자유를 중시하느냐)의 차이가 그런 경우다.

서로 다른 가치가 한 사람에게는 중요하지만 상대에게는 아니라면 둘 중 한 사람의 양보가 필요치 않을 테니 심각한 문제가 되지 않을 것이다. 예를 들어 당신은 솔직함을 중요한 가치로 여기지만 당신의 친구는 어떻게 하든 그리 신경 쓰지 않을 수도 있다.

서로 다른 가치가 경쟁하는 가치라면, 그 가치들이 중요한 도덕적가치가 아닐지라도, 서로의 욕구가 충돌할 테니 차이를 다루기 힘들 수 있다. 앞에서 말했던 예를 다시 들어보자. 당신은 솔직함을 가치 있게 여기지만 친구는 사교적 화술을 가치 있게 여길 때, 어떤 상황에서 '평화를 지켜야' 한다면 각자의 욕구가 충돌할 수 있다.

가끔은 겉보기에는 가치관의 차이를 두고 다투는 것 같지만 알고 보면 주도권 다툼인 경우도 있다. 두 사람이 같은 도덕적 가치관을 공유하지만 둘 중 한 사람만 비건이 되기로 결정했다고 가정해보자. 상대가 비건이 되지 않을 이유는 얼마든지 있다. 우선 생활 방식의 변화를 결심할 준비가 되어야 하는데, 그런 준비가 이루어지려면 다양한 요소가 필요하다. 먼저 비건이 되기로 결심한 사람은 상대가 식단을 바꾸기를 바라며 고기와 알, 유제품을 끊어야 할 다양한 이유를 말하기 시작할 것이다. 어쩌면 상대가 비건이 되지 않는 이유는 가치관이 다르기 때문이 아니라 다른 사람의 영향으로 변하고 싶지 않아서일 수도 있다. 아니면 강요받는 느낌에 화가 나서 굴복하기 싫어졌거나 혹은 파트너가 하는 대로 따라하는 사람으로 보이고 싶지 않기 때문일 수도 있다. 시간이 흐를수록 이런 주도권 다툼은 견고해지고, 결국 실제로는 있지도 않은 가치관의 차이가 마치 있는 것처럼 보이게 된다. 비건은 자신 역시 몇 달 전까지만 해도 동물을 먹었으며 이전에는 상대와 가치관이 다르다고는 생각한 적이 없음에도, 이제는 안정적이고 교감하는 관계에 필요한 가치가 상대에게 부족하다고 생각할 수 있다.

## 비건-논비건 관계와 도덕적 가치관

비건들은 가까운 논비건들이 자신과 도덕적 가치관(무엇보다 연민과 공정이라는 가치)을 공유하지 않을까 봐 걱정한다. 또한 논비건들에게 공감이 부족한 것이 아닌지 우려할지도 모른다. 논비건이 비건의 가치를 지지하지 않는 이유가 공감이 부족하기 때문이라고 생각하는 것이다. 그러나 대다수의 사람은 연민과 공정이라는 가치와 더불어 공감 능력을 공유한다.

도덕적 가치관의 관점에서 비건과 논비건의 차이는 실제 가치관이 다르기 때문이 아니라 그 가치를 얼마나 소중하게 여기는지, 어떻게 해석하는지가 다르기 때문에 생기는 경우가 많다. 예를 들어 비건은 다른 가치보다 연민을 우위에 둘 것이다. 논비건인 상대도 아마 연민을 가치 있게 여길지 모른다. '연민'이라는 표현을 사용하지는 않을지라도 타자, 특히 취약한 위치의 타자를 친절하게 대하는 것을 중요하게 여긴다고 말할 것이다. 하지만 연민보다는 충성을 더 가치 있게 여길지도 모른다. 그러므로 육식 중심의 식사가 오랜 전통인 가족들에게 충실하고 싶다는 욕망이 비건 식단을 선택하고 싶은 욕망을 누를 수 있다. 비건의 입장에서 이런 차이가 참기 힘든 문제인지 판단하려면 논비건 파트너의 내적 경험을 이해할 필요가 있다. 그의 가치관이 어떤 의미를 지니며 어떻게 적용되는지 알아야 한다. 또한 안정적이고 교감하는 관계의 원칙을 실천해야 한다. 육식을 둘러싼 논비건 파트너의 가치를 이해하고, 두 사람의 관계가 회복 탄력성이 있다면(파트너가 비건 연대자인 것은 물론이고), 그때야 가치관의 차이가 진짜 문제가 되는지 판단할 수 있다.

공감에 대해 말하자면 대부분의 사람은 공감할 능력과 공감 능

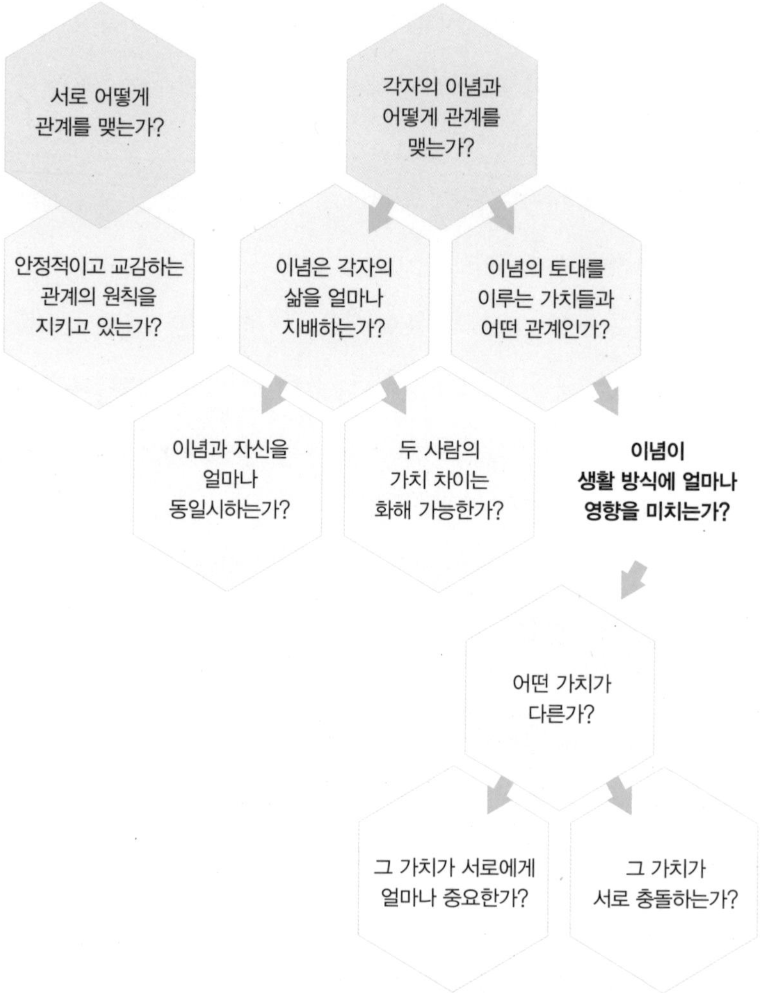

서로 어떻게
관계를 맺는가?

각자의 이념과
어떻게 관계를
맺는가?

안정적이고 교감하는
관계의 원칙을
지키고 있는가?

이념은 각자의
삶을 얼마나
지배하는가?

이념의 토대를
이루는 가치들과
어떤 관계인가?

이념과 자신을
얼마나
동일시하는가?

두 사람의
가치 차이는
화해 가능한가?

**이념이
생활 방식에 얼마나
영향을 미치는가?**

어떤 가치가
다른가?

그 가치가 서로에게
얼마나 중요한가?

그 가치가
서로 충돌하는가?

그림 3 이념과 가치의 차이를 둘러싼 화해 가능성을 알아보는 질문들.

나의 친애하는 비건 친구들에게

력을 키울 능력을 갖고 태어난다. 자연스럽게 공감을 느끼는 정도가 다를 뿐이다. 또한 원래는 무척 공감적이지만 공감을 차단하는 특정 유형의 트라우마를 경험했을 수도 있다.

물론 대부분의 사람은 가까운 사람과 자신의 도덕적 신념을 공유한다고 믿고 싶은 욕구가 있다. 서로의 도덕적 입장이 같은지 판단하려면 상대의 내면세계를 진정으로 이해해야 한다. 상대가 중요시하는 가치가 그에게 무엇을 의미하는지, 그가 어떻게 그 가치를 실천하는지 이해해야 한다. 그럴 때 비로소 서로의 도덕적 신념이 얼마나 비슷하거나 다른지 판단할 수 있다. 그리고 만약 둘 사이에 현저한 가치 차이가 있다면, 우리는 연대자가 되는 것으로 그 차이를 감당할 수 있을지 판단해볼 수 있다.

## 차이를 연결하는 연대자가 되는 길

1장에서 다룬 것처럼 서로의 내면세계(가치와 이념, 일반적인 존재 방식)에 대한 깊은 이해와 인정은 안정적이고 교감하는 관계의 핵심이다. 그것이 바로 연대자가 되는 과정이다. 연대자가 된다는 것은 서로의 신념이 다를 때도 서로의 지지자가 된다는 말이다(연대함으로써 자신의 진정성이 손상되거나 정서적으로 너무 불안해진다고 느낄 때는 연대자가 되지 않아야 한다).

연대자란 길이 달라도 서로의 곁에 있어 주는 사람이다. 대의가 달라도 서로를 돌보는 사람이다. 연대할 때 사람들은 서로의 관점을 공유하지 않을지라도 상대의 관점을 충분히 이해하고 존중하며, 서로와 서로가 믿는 신념을 위해 상대를 지지하고 존중한다.

물론 자신의 가치를 공유하는 사람들과 조화롭게 지내는 편이 더 쉽겠지만 많은 관계에는 차이를 수용할 공간이 충분하다. 특히 진정으로 서로의 연대자가 될 때 그러하다. 이 책에서 다루는 원칙과 실천 방식은 연대자가 되는 길을 안내한다. 앞으로 이어지는 장에서 이 문제를 더 자세히 다루겠다. 많은 비건은 자신과 가까운 논비건들이 비건의 연대자가 될 때(비건과 비건의 가치를 지켜보고 존중할 때) 안전하고 교감하는 관계를 충분히 즐길 수 있음을 깨닫는다.

⌒

비건과 논비건의 차이가 관계에 심각한 문제를 제기할 수는 있지만 반드시 그런 것은 아니다. 차이의 본질을 이해할 때 사람들은 대립이 아니라 연대할 수 있다. 서로의 차이를 비판하기를 멈출 때 교감을 방해하는 차이가 무엇인지 더 또렷하게 볼 수 있다. 자신과 관계에 가장 도움이 될 긍정적 행동을 취할 자신감을 가질 수 있다.

# 4

# 시스템

관계를 형성하는 보이지 않는 춤들

모든 사람은 다수의 시스템에 속해 있다. 각각의 시스템은 사람들이 자신과 다른 사람들에 대해 생각하고 느끼는 방식에 심오한 영향을 미친다. 시스템이란 서로 연결되어 전체를 구성하는 부분들의 집합이다. 시스템을 춤으로 이해하면 좋다.[1] 춤은 춤추는 사람과 음악, 동작으로 구성되는 통일체이며, 이런 부분들이 서로 연결되거나 결합하는 방식에 따라 전체적인 춤이 만들어진다. 참여하는 춤에 따라 사람들은 더 안정적이거나 덜 안정적인 느낌을 받기도 하고, 파트너와 더 교감하거나 덜 교감하는 느낌을 받기도 한다.

이 책이 중점적으로 다루는 인간 시스템(앞으로 그냥 '시스템'이라 부를)은 상호작용 방식에 대한 규칙이나 기대뿐 아니라 특정 역할을 수행하는 사람들로 구성된다. 시스템 중에는 연인 관계처럼 딱 두 사람만 포함하는 것도 있지만 대부분의 시스템은 다른 사회적 관계가 그렇듯 수많은 타자를 포함한다. 단 두 사람만 포함된 시스템은 '관계'라 부른다. 더 큰 시스템은 본질적으로 관계들의 집합이라고 할 수 있다.

시스템마다 춤처럼 고유한 개성이나 특성이 있다. 한 시스템의 개성은 구성원들의 개성과 행동뿐 아니라 그들이 상호작용하는 방식도 반영한다. 이를테면 가족이라는 시스템은 가족 구성원의 총합을 넘어선다. 가족 구성원이 서로 어떻게 상호작용하는지에 따라 가족의 고유한 개성이 만들어진다. 당신이 알고 있는 다양한 가족을 떠올려보라. 흥겹고 즉흥적인 가족이 있는가 하면 조용하고 감정을 표현하지 않는 가족도 있다.

시스템은 건강하거나 건강하지 않을 수 있고, 구성원들의 안정감과 교감을 높이거나 낮출 수도 있다. 그러므로 더 나은 관계나 삶을 만들어가고 싶다면 시스템의 특성을 알고, 그것이 사람들의 중대한 결정에 어떤 영향을 미치는지 이해해야 한다. 비건-논비건 관계에 있는 사람들에게는 시스템을 이해하는 것이 특히 중요하다. 그들의 관점과 느낌, 행동에 고유한 방식으로 영향을 미치는 특정 시스템들이 있기 때문이다. 이를 인식해야 사람들이 자신과 관계를 위해 안정감과 교감을 강화하도록 시스템을 바꿀 수 있다.

## 시스템의 역할과 규칙

시스템은 역할과 규칙으로 구성된다. 역할은 사람들이 수행하는 배역이고, 규칙은 그들이 따르는 지침이다.

## 명백한 배역과 암묵적인 배역

시스템에서 사람들이 맡는 역할 중 몇몇은 남편, 엄마, 직장 상사처럼 분명하다. 반면 암묵적이거나 명시되지 않는 역할도 있다. 이를테면 사람들은 친밀함을 '갈구하는 자'이거나 친밀함에서 '달아나는 자'일 수 있고, '부족한 역할 수행자'이거나 '지나친 역할 수행자'일 수도 있다. 부족한 역할 수행자는 관계에서 아이 같은 역할을 하는 사람으로 청소나 공과금 납부 같은 기본적인 책임도 잘 해내지 못한다. 지나친 역할 수행자는 부모 같은 역할을 하는 사람으로 관계에서 큰 몫을 책임진다. 비건-논비건 관계에서 지나친 역할 수행자는 지나친 도덕적 역할 수행자의 역할까지 맡아 부족한 도덕적 역할 수행자와 대비를 이룬다.

## 가족 시스템 속의 비건 검은 양

몇몇 가족 시스템에는 이른바 검은 양이라고 불리는 사람이 있다. 다른 가족 구성원과 조금 다르고, 어쩌면 특이하며, 가족과 잘 맞지 않는 자녀다. 검은 양은 (늘 그렇지는 않지만) 가족에서 가장 예민한 아이일 때가 많고 종종 오해받거나 소외된다. 또한 많은 경우 가족의 희생양이 된다. 가족의 문제아로 지목되기 쉽다는 말이다. 사실 문제는 가족 시스템이 제대로 작동하지 않아서 일어난다. 검은 양은 표면 아래 숨겨진 갈등을 감지하고 그 문제를 행동화할 뿐이다. 가족 치료사는 이런 검은 양을 '지목된 환자'라고 부른다. 환자, 즉 문제로 지목된 사람이지만("제니만 정신 차리면 우리 가족은 문제없어!") 실은 가족의 더 깊은 문제를 밖으로 표출하고 있을 뿐이다. 검은 양들은 보통 비순응적 성향을 지니므로 비거니즘 같은 문제에 더 개방적이고, 가족 중에 비건이 될 가능성이 가장 높다.

가족에서 맡았던 역할은 어른이 된 뒤에도 사람들을 따라다닌다. 그러므로 어른이 된 검은 양의 비거니즘이 가족에게는 튀어보려는 또 다른 구실이자 가족의 규범에 '반기'를 드는 시도로 보인다. 비건은 자신이 오해받고, 인정받지 못하는 존재라는 느낌을 재차 확인하게 되고, 그러면 비거니즘을 둘러싼 갈등이 더 커질 수 있다. 비건 검은 양은 성인으로서 합리적으로 생각할 때는 비건이 되겠다는 결정이 자신의 진정성을 실천하는 뿌듯한 일이라고 생각하지만, 마음 한구석에서는 자신이 가족과 교감할 수 없는 '부족한' 존재임을 증명하는 또 하나의 사례라고 느낄 수 있다. 어려서부터 가족의 검은 양으로 줄곧 문제가 있다는 소리를 들어온 사람은 큰 수치심을 안고 살아가기 쉽다. 그러다 보면 정말 자신에게 뭔가 잘못된 것이 있다고 생각하기도 한다.

비거니즘 때문에 가족과 갈등을 겪는 비건이라면 가족의 반응이 비거니즘 자체와 관련 있는지, 혹은 가족 내의 해결되지 않은 해묵은 관계의 문제와 관련이 있는지 생각해보는 것이 좋다. 더 깊숙한 문제가 풀리지 않고 남아 있다면 동물을 먹는 일의 윤리나 비건 식사의 영양적 이점에 대해 아무리 이야기해도 생산적인 대화를 하기 힘들다.

## 보이지 않는 관계의 지침들

규칙은 전체적인 시스템과 각자가 맡은 역할에서 개인이 어떤 감정을 느끼고 행동해야 하는지 알려주는 지침들이다. 이를테면 아버지라는 역할에는 가족을 부양해야 한다는 규칙이 있을 수 있다. 또는 지나친 역할 수행자가 관계에서 더 많은 결정권을 지닌다는 규칙이 있을 수 있다. 역할과 마찬가지로 규칙도 명백할 때와 암묵적일 때가 있다. 명백한 규칙으로는 '집에서 욕하지 않기'나 '혼외 성관계 금지' 같은 것이 있을 수 있다. 암묵적인 규칙으로는 아빠의 음주에 대해 아무도 말을 꺼내지 말라거나, 부족한 역할 수행자는 관계에서 중요한 결정을 내릴 수 없다거나, 검은 양의 생활 방식(비건이 된다든가 하는)을 심각하게 받아들이지 말라는 것 등이 있을 수 있다. 몇몇 중요한 규칙을 비롯해 대부분의 규칙은 암묵적이다. 그러므로 대부분의 사람은 관계에서 보이지 않는 일련의 지침을 따르게 된다. 이런 지침은 큰 소리로 말해지지는 않지만 자신과 상대를 대할 때 강력한 영향을 미친다.

# 양극화된 역할에서 벗어나기

각자가 맡은 역할은 극단적이 될 수 있다. 특히 구성원 간의 차이가 효과적으로 다루어지지 않을 때 둘은 양극단으로 치달아 스펙트럼의 반대쪽 끄트머리에 설 수 있다. 예를 들어 관계를 시작할 무렵에 온건한 민주당 지지자와 온건한 공화당 지지자였던 커플이 있다고 해보자. 정치가 화제로 등장할 때마다 민주당 지지자는 더 진보적인 접근을, 공화당 지지자는 더 보수적인 접근을 지지하며 논쟁을 벌인다. 시간이 흐르고 두 사람이 자신의 입장을 주장하는 일이 반복되면서 각자 자기가 옳다는 생각이 굳어지고, 상대의 관점이 옳을 수도 있다는 사실을 고려할 능력은 점점 줄어든다. 그리하여 둘은 갈수록 극단적인 입장을 취하게 된다.

어떤 차이든 한쪽이나 양쪽 모두 상대의 관점을 진정으로 이해할 마음이나 능력이 없다면 점점 더 극단적인 입장이 될 수 있다. 많은 관계에서 똑같은 논쟁이 반복되곤 한다. 한쪽이 자기 입장을 주장할 때마다 상대는 자기 입장을 과장하여 반응한다. 심리학자들은 이런 역학을 '하면 할수록, 더욱 더the more, the more' 현상이라고 부른다. 한쪽이 자신의 입장을 표현하면 할수록 상대는 그 반대의 입장을 표현한다. 조너스와 윌리엄 부부의 예를 살펴보자. 이 관계에서 조너스는 부족한 역할 수행자고 윌리엄은 지나친 역할 수행자다. 조너스가 약속을 깜박하거나 열쇠를 잃어버리는 행동을 반복하면 할수록 윌리엄은 일정을 관리하거나 잃어버린 물건을 찾는 책임을 더 많이 지게 된다. 반대의 경우도 마찬가지다. 윌리엄이 책임을 더 많이 지고 조너스를 무능하다고 여길수록 조너스는 자신이 무능하다고 생각하며 책임을 더 많이 놓게 된다. 시간이 흐르면 두 사람 모두 조너스는 무능하고 무기력하며 윌리엄이 다 알아서 한다고 믿게 된다.

지나친 도덕적 역할 수행자와 부족한 도덕적 역할 수행자의 관계에서도 똑같은 역학을 볼 수 있다. 이를테면 비건은 자신이 도덕적 문제에 점점 더 많은 관심을 기울이는 반면 논비건인 상대는 윤리적 문제들에 관심을 충분히 표현하지 않는다고 느낄 수 있다. 이때 윤리적 문제는 비거니즘을 훨씬 넘어서는 문제들까지 확장될 수 있다. 시간이 흐르면서 두 사람은 점점 극단적인 입장이 되어 비건은 도덕적 완벽주의자가 되고 논비건은 도덕에 무관심한 사람이 될 수 있다.

관계가 양극화될수록 자신과 상대를 이쪽 아니면 저쪽으로 보게 되고, 결국 경직된 역할에 눌러 앉게 된다. 이를테면 '책임감 있는 쪽' 아니면 '철없는 쪽' 중 하나가 되거나 친밀감을 '갈구하는 쪽' 아니면 친밀감에서 '달아나는 쪽'이 된다. '도덕적가치의 주창자' 혹은 '이기적인 소비자'가 되는 경우도 있다. 이때 사람들은 각자에게 거의 모든 감정과 행동을 경험할 수용력이 있다는 것을 깨닫지 못한다. 당신은 책임감 있는 동시에 어린아이 같을 수 있고, 친밀한 동시에 거리를 두려는 욕구가 있으며, 도덕적인 동시에 이기적일 수 있다. 사람들 사이의 진짜 차이는 대개 정도의 문제다.

# 닫힌 시스템과 열린 시스템

심리학자들과 사회학자들에 따르면 시스템에는 두 가지 유형이 있다. 바로 닫힌 시스템과 열린 시스템이다. 닫힌 시스템은 변화에 닫혀 있거나 저항한다. 열린 시스템은 변화에 열려 있다. 물론 대부분의 현상처럼 시스템도 스펙트럼상에 존재하므로 닫히거나 열린 정도의 차이가 있을 수 있다.

닫힌 시스템의 역할과 규칙은 견고하고 변함없다. 닫힌 시스템은 관계자 모두가 불행할지라도 현상을 유지하기를, 지금 그대로 머물기를 바란다. 아마 엄청나게 불행하지만, 왜 어떤 변화도 시도할 수 없는지에 대해 구구절절 이유를 늘어놓는 커플들을 본 경험이 있을 것이다. 닫힌 시스템은 순응을 강요한다. 시스템의 역할과 규칙에 순응하지 않으면 강제 추방된다. 당신이 일하고 있는 동물 보호 단체의 모든 구성원이 강박적으로 과로를 한다고 상상해보라. 당신도 다른 동료들처럼 과로한다면 그 조직에서 인정받거나 칭찬받겠지만, 그러지 않는다면 책임을 다하지 않는 것처럼 보이기 쉽고 아마 해고 당하거나 그만두고 싶어질 것이다.

또한 닫힌 시스템에는 구성원 사이에 힘의 불균형이 있기 마련이라 몇몇 사람이 다른 사람의 태도와 감정, 행동에 더 많은 영향력을 갖는다. 예를 들어 전통주의적인 가족 시스템에서는 아버지의 의견과 기분, 행동이 다른 가족들에게 영향을 미칠 가능성이 크다("아빠가 이미 말했어. 더 이상 이러쿵저러쿵 하지 마!" 또는 "아빠 기분이 안 좋으니 다들 거슬리게 하지 마").

닫힌 시스템은 가끔 변화하는 것처럼 보일 때가 있지만 사실은 아니다. 그냥 시스템을 재정비하고 있을 뿐이다. 예를 들어 커플 중 한 사람이 지나치게 많은 역할을 수행하고 다른 사람이 역할을 부족하게 맡는다고 생각해보자. 지나친 역할 수행자가 부족한 역할 수행자에게 자기 몫을 하지 않는다고 몇 년간 불평한 끝에 부족한 역할 수행자가 드디어 책임감 있게 행동하기 시작한다면 어떨까? 이번에는 지나치게 많은 역할을 수행하던 사람이 주도권을 잃고 불필요해진 느낌이 들어 부족한 역할 수행자가 될 수 있다. 관계에서 알코올 중독자가 회복되기 시작할 때 '보호자' 역할을 맡은 이가 갑자기 방향을 잃고 우울해지는 경우도 드물지 않다. 결국 지나친 역할 수행자와 부족한 역할 수행자라는 시스템은 전혀 변하지 않은 셈이다. 서로 자리를 바꿨을 뿐 관계의 역학은 똑같이 남는다.

열린 시스템에서는 양극화가 일어날 가능성이 낮다. 열린 시스템의 역할과 규칙은 관계와 관계 구성원이 진화하고 성장함에 따라 변화한다. 이를테면 열린 시스템에서 한 사람이 비건이 되기로 결심한다면 상대는 비건이 될 준비가 되지 않았고, 그럴 마음도 당장 없다 해도 비건의 새로운 생활 방식에 호기심을 가지고 그를 지지할 것이다.

# 관계를 흔드는 억압적 시스템

관계는 사실 모든 사람이 속한 거시적·사회적 시스템 속의 미시적 시스템이다. 거시적 시스템 중 몇몇은 문제가 있는 닫힌 시스템, 즉 '억압적 시스템'이다. 이런 시스템은 사람들에게 암묵적인 역할과 규칙을 강요하며 사람들이 개인적 관계에서 어떻게 기능할지에 영향을 미친다. 억압적 시스템은 아무도 모르는 사이에 관계의 면역 체계를 갉아먹는 병균이며 침입자다.

대부분의 사람은 자신이 이런 시스템의 영향을 받는다는 것을 알아차리지 못하기 때문에 관계를 파괴하고 해치는 뒤틀린 관계의 역학을 받아들인다. 이 역학은 진정성에 어긋난 행동으로 관계의 안정감과 교감을 흔든다. 이는 사람들이 비도덕적이거나 무신경해서가 아니라 뒤틀린 관계의 역학을 제대로 인식하지 못해서다.

이런 억압적 시스템으로는 인종주의나 성차별주의, 육식주의 같은 신념 체계나 이데올로기가 있다. 육식주의는 비건-논비건 관계에 큰 영향을 미친다. 비건-논비건 관계에 관한 한 육식주의가 주된 침입자일 때가 많다. 육식주의에 대해서는 다음 장에서 깊이 다루겠다. 누구의 의견을 더 진지하게 여기는지부터 누구의 욕구가 더 정당하고, 누가 분노를 느끼고 표출해도 좋은지에 이르기까지 모든 억압적 시스템이 사람들의 깊숙한 신념에 영향을 미친다. 또한 어떤 관점에서 쓰인 역사를 아이들에게 가르칠지도 결정한다.

억압적 시스템은 주로 시스템 내부에 힘의 불균형을 만듦으로써 관계에 영향을 미친다. 한 시스템 안의 구성원들이 서로 다른 집단에 속해 있을 때 구성원들 사이에 힘의 불균형이 만들어진다. 시스템은 각자에게 역할을 배정하는데 어떤 역할에는 다른 역할보다 더 큰 힘이 따라온다. 각자의 역할은 개인이 속한 사회 집단(백인/비백인, 남성/여성, 비건/논비건 등)에 따라 결정된다. '다수'라 불리는 주류 집단에 속한다면 비주류나 소수 집단에 속할 때보다 더 많은 힘을 갖게 된다.

물론 개인은 여러 집단에 속하며 각 집단은 각자가 관계에서 갖는 힘의 크기에 영향을 미친다. 예를 들어 당신이 한 유형의 주류 집단과 다른 유형의 비주류 집단에 속하고, 상대도 그렇다면 힘의 균형이 조금 잡힌다. 이를테면 당신은 남성(주류)이면서 비건(비주류)이고 당신의 파트너는 여성(비주류)이면서 논비건(주류)일 수 있다. 그렇다고 해서 힘의 불균형이 전혀 나타나지 않는다는 말은 아니다. 어떤 역할에는 다른 역할보다 더 큰 힘이 주어지기 때문이다. 예컨대 젠더는 비거니즘보다 관계 속 힘의 크기에 훨씬 많은 영향을 미친다. 그러나 관계에서 갖는 힘의 총량을 정확히 계산하는 것은 가능하지도 필요하지도 않다. 사회 시스템이 배정한 역할에 따라오는 기본적인 힘의 역학을 이해하는 것이 중요할 뿐이다.

억압적 시스템이 관계에 문제를 일으키는 가장 주요한 이유는 사람들의 현실 인식을 왜곡하기 때문이다. 시스템에서 더 큰 힘을 가질수록 자신이 해석하는 현실을 인정받을 가능성이 높다. 그 현실이 객관적 진실이나 상대가 경험하는 진실과 모순된다 해도 말이다. 아무도 이런 힘을 바라지 않고, 대부분은 자신에게 그런 힘이 있다는 것조차 깨닫지 못한다. 그럼에도 사람들은 이런 힘의 영향에서 자유롭지 않으므로 이 힘의 역학을 이해하지 못하면 삶과 관계를 움켜쥔 시스템의 악력을 느슨하게 만들 수 없다.

## 학습되고 대물림되는 주류 서사

서사narrative는 사람들이 자신의 신념과 인식을 토대로 만드는 이야기이자 현실이다. 서사는 사회에서 물려받은 조건화나 개인적 경험의 결과일 수 있다. 관계에서 배신당한 경험이 있는 사람은 다른 사람을 신뢰할 수 없다는 서사를 가질 수 있다. 이성애 중심 사회에서 성장한 사람은 이성애는 정상적이고 자연스러우며 다른 성애는 비정상적이고 부자연스럽다는 서사를 물려받는다. 동물을 먹는 사회에서 성장한 사람이 물려받은 서사는 동물을 먹는 일은 정상적이고 자연스러우며 동물을 먹지 않는 일은 비정상적이고 부자연스럽다는 것이다.

모든 서사가 평등하지는 않다. 몇몇 서사는 다른 서사보다 힘이 세다. 더 큰 영향력을 지니며 실제로는 타당하지 않을지라도 자연스럽게 더 믿을 만한 것으로 간주된다. 이런 서사가 주류 서사, 또는 주류 사회 서사로 닫힌 시스템에서 더 큰 힘을 지니는 개인이나 사회집단의 서사다.

주류 사회 서사는 곧 사회의 서사다. 주류든 비주류든 모든 집단의 구성원은 자라면서 주류 서사를 학습하고 믿게 된다. 예를 들어 이성애자든 비이성애자든 이성애가 정상적이고 자연스러우며, 다른 성애는 비정상적이고 부자연스럽거나 일탈적이라고 믿도록 배운다. 그것이 십대 성소수자의 자살률이 높은 이유 중 하나다. 논비건과 비건도 동물을 먹는 것이 정상적이고 자연스럽다고 배우며 자란다. 사실상 다른 생각은 권장되지 않는다. 누군가 자신의 서사를 다른 사람에게 강요한다면 그들의 현실을 재단하는 셈인데, 주류 사회 서사는 모두에게 강요된다.

사람들에게 배어든 주류 사회 서사는 개인적 관계에 영향을 미친다. 따라서 많은 비건과 논비건이 휘말려드는 싸움도 개인적인 존재 방식보다는 그들이 속한 더 넓은 시스템과 훨씬 관계가 깊다. 예를 들어 객관적 자료가 육식의 서사를 지지하지 않는다 해도, 건강하려면 동물을 먹어야 한다는 주류 사회 서사는 건강을 위해 동물을 먹을 필요가 없다는 비건 서사보다 힘이 더 세다. 그러므로 논비건과 비건이 이 문제에 관해 이야기할 때는 자연스럽게 사회의 더 큰 지지를 받는 논비건의 이야기와 경험이 비건의 것보다 더 타당해 보인다. 때로는 이러한 사실 때문에 격렬한 논쟁이 벌어진다. 이때 논쟁은 육식에 관련된 사실만이 아니라 자신의 의견이 동등하게 존중받지 못한다고 생각하는 비건의 감정과, 비건이 자신의 '편견'을 강요한다고 생각하는 논비건의 감정까지 포함한다.

## 충분히 많은 사람이 행동을 바꿀 때

시스템의 힘을 염두에 둘 때 더 균형 잡힌 삶을 살고, 안정적이고 교감하는 관계를 만들려면 무엇을 해야 할까? 시스템 심리학자 해리엇 러너Harriet Lerner는 시스템의 일부가 되려면 상대와 같은 노래에 맞춰 같은 동작으로 춤을 춰야 한다고 설명한다.[2] 우리가 추는 춤이 탱고라면 왈츠를 추는 파트너와는 춤을 출 수 없다. 물론 여기에서 동작이란 사람들이 속한 시스템의 역할과 규칙을 말한다.

러너는 자신이 추는 춤이 마음에 들지 않으면 동작을 바꿔야 한다고 말한다. 달리 말해 자신이 맡은 역할과 그에 따르는 규칙을 바꿔야 한다. 이를테면 데이트 상대에게 논비건 음식을 보는 게 힘들다고 분명히 밝혔는데도 상대가 어김없이 논비건 음식을 주문한다면 외식을 하는 동안 말다툼을 하기보다는 논비건 음식을 주문하는 한 저녁 식사 데이트는 더 이상 하지 않겠다고 말할 수 있다. 당신의 경계를 지키겠다는 결정 때문에 관계가 끝난다면 앞으로 펼쳐질 고통에서 자신을 구한 셈이다. 그가 당신의 욕구를 존중할 마음이 없든, 능력이 없든 그는 당신에게 맞는 상대가 아니다.

당신이 동작을 바꿨을 때 상대에게는 세 가지 선택지가 있다. 당신과 함께 동작을 바꾸거나 예전에 추던 춤으로 당신을 도로 끌고 가거나 당신과 춤추기를 멈추는(즉 관계를 끝내는) 것이다. 비교적 열린 시스템이라면 상대는 변화를 수용하고 건강한 변화를 위해 노력할 것이다. 비교적 닫힌 시스템이라면 예전의 상태로 되돌리려 하거나 어쩌면 관계를 끝낼 수 있다.

시스템의 변화에 얼마나 영향을 미칠 수 있는지는 시스템의 크기와 당신이 그 시스템 안에서 가진 힘의 양에 따라 다르다. 예컨대 두 사람으로 구성된 시스템에서 모든 것이 평등하다면 당신이 시스템에 영향을 미칠 확률은 50퍼센트다. 당신이 아주 작은 일부를 차지하는 사회 시스템에서 일으킬 수 있는 변화는 그보다 훨씬 더 작을 것이다. 그러나 건강하지 않은 시스템의 규칙과 역할을 거부할 때마다 당신은 건강하지 않은 시스템을 강화하는 대신 그 시스템에 저항하는 셈이다. 일반적으로 억압 시스템에 변화가 일어나는 것은 변화를 일으키기에 충분히 많은 사람이 모여 동작을 바꿀 때다. 그것이 시민권 운동이나 비거니즘 같은 사회정의 운동의 목표다.

흥미롭게도 억압 시스템을 유지하는 방법 중에는 시스템에 저항하는 사람들에게 수치를 심는 서사를 만드는 방법도 있다. 따라서 사회정의 운동은 지지자들의 자부심을 키우려고 애쓴다. 예를 들어 블랙 프라이드Black Pride 운동은 흑인들이 그들을 억압하는 외부 권력 구조를 변화시킬 자신감을 갖도록 흑인의 경험을 바꾸고자 한다. 그리고 비건 프라이드Vegan Pride 운동은 동물을 억압하는 권력 구조를 변화시키기 위해 노력하는 비건들의 신념과 믿음을 뒷받침하고자 한다.

점점 성장하며 당신은 시스템이 당신과 함께 성장하도록 영향을 미칠 수도 있고, 시스템이 자신에게 더는 맞지 않는다는 사실을 깨달을 수도 있다. 시스템과 함께 성장하는 것만이 바람직해 보이지만 꼭 그렇지는 않다. 가족 시스템 전문가 어니 라슨Ernie Larsen은 성장하는 과정에서 어떤 시스템에 더 이상 맞지 않게 되는 경험을 뒤틀어진 시계에 빗대어 설명한다.[3] 시계 안을 들여다봤더니 모든 부품이 일그러지고 뒤틀어져 있었다고 상상해보라. 그런데 모든 부품이 서로 합이 맞는 방식으로 뒤틀어져서 시계가 움직이고는 있다. 당신이 부품 가운데 하나를 들어 바로 잡는다면 그 부품은 한때 순응했던 일그러진 시스템에 더 이상 맞지 않을 것이다. 시스템도 마찬가지다. 그러므로 당신이 속한 시스템 중 몇몇이 더 이상 맞지 않는다고 해서 뭔가 잘못된 것은 아니다. 아마 다른 곳에 당신과 맞는 다른 시스템이 있을 것이다.

# 5

# 육식주의

비건-논비건 관계의 보이지 않는 침입자

영화 〈매트릭스〉에서 등장인물들은 자신이 평범한 삶을 살고 있다고 믿지만, 실제로 그들을 포함한 거의 모든 인간의 정신은 기계에 연결된 채 구속되어 있다. 그들이 보고 느끼고 인지하는 모든 것은 그들의 체열을 에너지원으로 이용하는 기계들에게 반란을 일으키는 것을 막기 위해 가상으로 창조된 현실이다. 등장인물들은 매트릭스에 연결된 플러그를 뽑아야만 가상현실에서 벗어나 진짜 현실을 볼 수 있다. 생각의 자유를 되찾을 때 선택의 자유도 되찾을 수 있다. 그제야 그들은 더 강한 집단의 이익을 위해 이용되길 멈추고 자신의 개인적 가치와 진정성에 따라 행동할 수 있다. 착취에 기반한 시스템을 거부하고 인류의 정의와 자유를 위해 싸우게 되는 것이다.

# 동물을 먹는 선택

사람들은 영화 〈매트릭스〉의 세계와 놀랄 만큼 비슷한 방식으로 정신을 길들이는 시스템 속에서 태어난다. 이 시스템은 눈에 보이지 않는 신념으로 구성되므로 사람들은 어떻게 자신이 자신과 타자들의 이익에 반하는 방식으로 생각하고 느끼고 행동하도록 길들여졌는지 깨닫지 못한다. 자신이 물려받은 사고방식이 자신과 타자들이 경험하는 진실을 보지 못하게 막는다는 것을 모르는 것이다. 게다가 이 사고방식에는 방어기제가 내장되어 있어서 진실을 드러내거나 도전하기가 특히 힘들다.

이 시스템은 육식주의carnism라 불린다. 육식주의는 특정 동물을 먹도록 사람들을 길들이는, 눈에 보이지 않는 신념 체계이자 이념이다. 육식주의는 4장에서 다루었던 억압적이고 닫힌 시스템에 속한다. 또한 주류 시스템이기도 하다. 너무 광범위하게 퍼져 있어서 신념의 체계로 여겨지지도 않는다는 말이다. 사람들은 육식주의의 바다에 워낙 깊이 빠져 있어서 자신이 물속에 있다는 것조차 깨닫지 못한다.

육식주의는 비거니즘의 반대지만 눈에 보이지 않기 때문에 비거니즘과 달리 정의되지 않는다. 사람들은 비건(과 채식인)들만 식탁에 자신의 신념을 올려놓는다고 생각한다. 그러나 요즘처럼 생존을 위해 동물을 꼭 먹어야 하는 게 아닐 때, 육식은 선택의 문제가 된다.

그리고 선택은 늘 신념에서 나온다.' 많은 사람이 돼지는 먹지만 개는 먹지 않는 것은 바로 동물을 먹는 것에 대한 신념 체계를 갖고 있기 때문이다. 육식주의를 의식하지 못하기 때문에 동물을 먹을 때 우리에게 선택권이 있다는 것을 인식하지 못할 뿐이다.

육식주의를 인식할 때만 선택의 자유를 되찾을 수 있다. 육식주의를 인식하지 못할 때 자유로운 선택이란 없다. 그리고 육식주의를 인식할 때에야 사람들은 비로소 자신과 타자들에게서 자신을 단절하는 대신 연결할 수 있다.


## 나와 너, 육식주의 사이의 삼각관계

육식주의는 비건-논비건 관계에서 일어나는 모든 문제 중 가장 큰 문제다. 육식주의는 논비건과 비건 모두에게 깊은 영향을 미치며 만성적인 혼란과 좌절, 단절의 원인이 된다. 육식주의는 사람들의 지각을 왜곡하고, 감정을 차단하며, 합리적으로 생각하거나 연민을 갖고 행동하지 못하게 막는다.

육식주의는 관계의 보이지 않는 침입자로 관계를 방해하며, 안

---

／ 동물을 먹는 것에 대해 선택권을 가질 수 없는 두드러진 예외는 경제적 이유나 지리적 이유 때문에 식단을 자유롭게 선택할 수 없는 사람들의 경우다.

정과 교감을 해치고 긴장과 혼란을 일으킨다. 육식주의는 관계를 삼각관계로 만든다. 삼각관계는 심리학자들이 두 사람의 관계에 제3의 방해 요소가 더해질 때 생기는 역학을 묘사하기 위해 사용하는 용어다. 이 제3의 요소는 다른 사람일 수도 있고(파트너가 바람을 피우는 경우), 중독일 수도 있으며, 두 사람의 관계 역학을 부정적으로 바꾸는 요소는 무엇이든 될 수 있다. 육식주의는 관계에 강력한 영향을 미치며 두 사람의 관계를 자신과 파트너, 육식주의 사이의 삼각관계로 바꿔 버린다.

## 왜 어떤 동물은 먹고 어떤 동물은 먹지 않는가

사람들은 왜 어떤 동물은 먹고 어떤 동물은 먹지 않는지 결코 묻지 않는다. 왜 소의 살은 맛있지만 개의 살은 역겹다고 생각하는지, 왜 집에서 키우는 고양이와는 교감하지만 돼지나 닭과는 교감하지 않는지. 묻지 않고도 평생을 살 수 있다. 사람들은 대체로 개와 소, 고양이와 돼지가 그렇게 다르지 않다는 것을 어느 정도는 안다. 그렇다면 어떤 동물에게는 마음을 열고, 다른 동물에게는 마음을 닫게 만드는 것은 무엇일까?

그것이 바로 육식주의다. 육식주의는 모순적인 사고방식을 만든다. 사람들은 특정 동물을 먹는 데는 죄책감을 느끼지만 다른 동물을 소비하면서는 즐거움을 느낀다. 동물의 고통을 담은 이미지를 접하면 몸을 움츠리지만 하루에도 여러 번 그들의 몸을 먹는다. 사람들은 개는 사랑하고 돼지는 먹지만 그 이유는 모른다.

거의 모든 사람이 이처럼 모순적인 사고방식을 갖고 있기 때문에 사람들은 이런 사고방식을 정상적이라고 여기며 이 문제에 대해 생각하는 일이 없고, 설령 있다 해도 드물다. 그리고 이 문제에 대한 생각은 권장되지도 않는다. 어린 시절 당신에게 동물을 먹기를 원하는지, 동물을 먹는 느낌이 어떤지, 동물을 먹어야 한다고 믿는지 물어보는 사람은 없었을 것이다. 이 일상적인 관행이 깊은 윤리적 의미를 지니며 개인에게 큰 영향을 미치는데도 말이다. 동물을 먹는 것은 그냥 '세상 이치'다. 이런 사고방식은 어떤 음식을 왜 선택하는지 성찰하지 못하게 막는다. 아이들이 자신이 먹는 고기와 동물을 연결하면서 슬퍼할 때면 주변 어른들이 아이들을 달래며 육식주의에 의문을 품지 않도록 만든다. 아무리 비합리적인 사고방식이라도 일단 광범위하게 퍼지고 나면 당연한 것으로 받아들여지고 도전을 받지 않는다.

동물을 먹는 문제에 관한 한 사람들은 자기 성찰을 하지 않도록 길들여졌다. 동물을 먹는 일을 성찰하다 보면 축산업의 토대를 이루는 시스템 자체에 의문을 품게 되기 때문이다. 대부분의 사람은 합리적이다. 그들은 단지 믿도록 학습된 것이 아니라 합리적 사고를 기반으로 선택하길 원한다. 그리고 대부분의 사람은 동물들에게 마음을 쓰며 동물이 고통받기를 원치 않는다. 특히 그 고통이 극심하고 전적으로 불필요하다면 말이다. 그러므로 육식주의는 합리적이고 인정 많은 사람들이 자신들이 무엇을 하고 있는지 깨닫지 못한 채 비합리적이고 해로운 관행을 지지하도록 만들고, 자신들이 먹는 음식을 돌아보라는 요청을 받을 때마다 방어적으로 반응하게 만든다.

## 진실을 차단하는 심리적 방어기제

육식주의는 연민과 공정 같은 주요 가치들을 거스르기 때문에 심리적 방어기제, 즉 인지 왜곡을 이용해 심리적·정서적으로 육식의 진실을 차단한다. 이런 육식주의의 방어기제 때문에 사람들은 햄버거를 한때 살아 있던 동물이 아니라 음식으로 여기며, 역겨움 대신 식욕을 느낀다. 만약 햄버거가 개고기로 만들어졌다면 사람들의 지각과 느낌이 크게 달랐을 것이다. 개처럼 '비식용' 동물을 먹는 것에 대한 생각과 느낌을 차단하도록 길들여지지는 않았기 때문이다. 육식주의의 방어기제 때문에 사람들은 동물에 대한 불필요한 폭력에 관해 느꼈을 도덕적 불편함을 느끼지 않을 수 있다. 달리 말하자면 인간은 원래 동물에게 공감을 느끼며 동물이 고통받는 것을 원치 않는 존재이기 때문에, 육식주의는 그들에게 육식에 대한 자연스러운 반감과 양심을 거스를 도구를 쥐어주어야 한다. 그런 방어기제가 없다면 노부가 대단히 불쾌하게 여길 시스템을 지키도록 말이다.

## 보지도 듣지도 말하지도 말라

육식주의의 일차 방어기제는 부정이다. 문제가 있다는 것을 부정하면 그 문제에 대해 아무것도 할 필요가 없다. 부정은 대체로 비가시성을 통해 표현된다. 육식주의를 눈에 보이지 않는 상태로 유지하는 한 가지 방법은 이름을 달지 않는 것이다. 육식주의에 이름을 붙이지 않으면 동물을 먹는 것은 당연한 일로, 신념 체계에 기반하지 않으며 도덕과는 무관한 행동으로 보인다. 육식주의라는 시스템을 보지 못할 때는 동물을 먹거나 먹지 않는 것에 선택권이 있다는 사실을 깨닫지 못하기 때문에 시스템에 의문을 품거나 도전할 수 없다.

육식주의의 비가시성을 유지하는 또 다른 방법은 희생자를 시야에서 배제하고, 대중의 의식에서 제거하는 것이다. 예를 들어 단 한 주 동안 살해되는 사육동물의 수는 역사상 모든 전쟁에서 살해된 인간의 총합보다 더 많다.[1] 게다가 고개를 돌리는 곳마다 그들의 신체 부위가 있지만 사람들은 이 동물들이 살아 있는 모습을 거의 본 적이 없다. 농장 동물들은 거의 상상조차 할 수 없게 고통스러운 운명을 겪는다. 강제로 임신되거나 거세되며 아무런 통증 완화 조치도 없이 부리와 뿔, 꼬리를 잘린다.[2] 대다수의 농장 동물은 창도 없는 창고에, 가끔은 너무 작아서 꼼짝도 할 수 없는 상자에 갇혀 평생을 보낸다. 의식이 있는 상태에서 목을 베거나 산 채로 끓는 물에 빠뜨리

는 경우도 드물지 않다.[3]

음식이 되는 동물들은 사람들이 친구와 가족으로 여기는 동물과 그리 다르지 않다. 몇몇 연구에 따르면 돼지는 개보다 더 똑똑하고(세 살짜리 인간만큼 똑똑하다고 말하는 사람도 있다) 다른 존재와 공감도 한다.[4] 닭은 반려동물로서 함께 살며 이름을 알아듣고 사람과 친밀하게 유대감을 형성하기도 한다. 최근 연구에 따르면 닭은 사람들이 흔히 생각하는 것보다 인지적·사회적으로 더 복잡한 존재다.[5] 심지어 과학자들은 닭들이 다른 닭들을 보호하기 위해 자기 목숨을 건다는 사실도 발견했다. 소들은 '가장 친한 친구'를 만들며, 유대감을 형성한 사람과 떨어지면 스트레스를 받는다.[6] 최근 연구들은 몇몇 어류와 갑각류에게도 통증 수용체와 지능이 있다는 것을 보여준다. 이를 근거로 어류와 갑각류에게 고통을 가하는 행위를 불법으로 정한 지역들도 있다.[7] 육식주의가 지속되려면 이런 개체들이 겪는 엄청난 고통을 부정해야 한다. 부정하지 않으면 그들을 계속해서 먹는 것이 매우 힘들어지기 때문이다.


## 육식주의를 정당화하는 신화들

또 다른 육식주의의 방어기제는 정당화다. 육식주의는 사람들에게 동물을 먹는 관행을 정당화하도록 가르친다. 고기와 알, 유제품에 관한 신화를 사실로 믿도록 가르치는 것이다. 육식을 둘러싼 수많은 신화는 모두 '정당화의 3N'에 포함된다. 바로 육식은 정상적이며normal, 자연스럽고natural, 필요하다necessary는 생각이다. 물론 이와 같은 신화는 노예제부터 남성 지배에 이르기까지 인류 역사 내내 폭력적인 관행을 정당화하는 데 이용되었다.

## 1. 동물을 먹는 것은 정상적이다

동물을 먹는 것은 사회규범이다. 사회적으로 허용되며 정당하다고 여겨지는 행동이라는 뜻이다. 사회규범은 순응을 강요한다. 사회규범에 동조할 때 삶이 더 쉬워지고 사람들은 '정상'의 범주에 포함된다. 예를 들어 동물을 먹는다면 어디를 여행하든 음식을 찾는 일이 힘들지 않을 테고, 주류 집단의 일부로서 대다수의 사람과 달라 보이지 않을 것이다. 그러나 사람들이 '정상'이라 부르는 것은 주류 문화의 믿음과 행동일 뿐이다. 사회의 진화에 따라 사회규범도 달라진다. 이를테면 한때는 아프리카인 노예를 거느리거나, 불륜 혐의가 있는 여성에게 돌을 던지는 것이 정상적이며 용인할 만한 일이었다.

육식주의가 사회규범이기 때문에 육식주의라는 시스템의 비합리성은 좀처럼 보이지 않는다. 모든 사람이 참여하고 있을 때는 그 일이 어떻게 비합리적인지 알아차리기 힘들다. 예를 들어 많은 사람이 '인도적'(때로는 '유기농organic'이나 '바이오bio'라는 딱지가 붙는) 도살이라는 개념을 선한 의도로 지지한다. 그들은 동물에 대한 잔혹 행위를 지원하지 않기 위해 더 많은 돈을 지불할 의사가 있다. 시스템에 긍정적인 변화를 만들기를 바라며 소비를 통해 의견을 표현한다. 그러나 '인도적'으로 도살된 동물이라는 생각은 육식주의의 상자 밖으로 나가는 순간 비합리적이 된다. 많은 사람은 건강하고 행복한 골든레트리버를 허벅지 맛이 좋다는 이유로 도살하는 일을 잔인하다고 생각할 것이다. 그러나 같은 일이 다른 종의 동물에게 벌어질 때 사람들은 그것을 관대함이라 여기도록 배운다. 육식주의가 워낙 정상으로 여겨지다 보니 사람들은 '인도적 도살'이라는 말 자체가 모순적이라는 것을 느끼지 못한다. '인도적'으로 도살된 동물이라는 개념은 육식 산업이 이윤을 유지하기 위해 만들어낸 홍보 전략이다. '인도적으로' 도살된 대다수의 동물은 죽음의 과정뿐 아니라 삶의 과정에서도 끔찍한 고통을 겪는다.

육식주의는 전 세계적인 규범이다. 세계 곳곳에서 사람들은 그 문화권에서 식용으로 분류된 동물종을 불편한 감정 없이 먹는다. 나머지 동물은 먹을 수 없고 먹기에 역겹거나(중동의 돼지고기처럼) 심지어 비윤리적(미국의 개와 소나 인도의 소처럼)이라고 여겨진다. 그리고 자기 문화권의 분류만이 합리적이며 다른 문화권의 분류는 역겹거나 불쾌하다고 비판한다. 그리하여 식용으로 소비되는 동물의 종류는 문화마다 다르지만 사람들의 육식 경험은 육식 문화 전반에 걸쳐 비슷하다.

## 2. 동물을 먹는 것은 자연스럽다

사람들이 '자연스럽다'고 학습하는 것은 사실 주류 문화의 역사 해석일 뿐이다. 육식주의의 경우 '자연스럽다'는 것은 인류의 역사가 아니라 오히려 육식의 역사를 반영한다. 달리 말해 우리는 육식주의 의 관점에서 역사를 배운다.

육식주의의 렌즈로 역사를 볼 때 사람들은 현재의 육식 관행을 정당화하는 데 필요한 만큼만 과거를 돌아보도록 배운다. 예를 들어 인류에게 자연스러운 식단을 정의하는 기준점으로 채식인이던 초기 선조들보다 육식인인 그들의 후손에 주목한다.[8] 살인과 강간도 육식 만큼 오래되었고, 따라서 자연스럽다고 할 수 있지만 누구도 이런 관 행이 오래됐다는 이유로 그런 행동을 정당화하지 않는다.

육식이 자연스럽다는 정당화는 최근 들어 지역 농축산물로 구 성한 식단이 가장 자연스러운(그리고 지속 가능한) 식단이며, 동물성 식품이 이런 식단의 중요한 부분을 차지한다는 생각으로 하여금 더 욱 힘을 얻고 있다. 그러나 인간의 영양에 대한 연구는 이런 주장을 뒷받침하지 않는다.[9]

지역 농축산물로 구성된 육식주의 식단을 지지하는 사람들이 육식이 자연스럽다고(또는 육식을 하지 않는 것은 자연스럽지 않다고) 말 할 때 사용하는 또 다른 주장은, 원래 사냥은 광범위하고 오래된 관 행인데 현대의 식량 생산 방식이 사람들을 (자연적인) 도살 과정으로 부터 멀어지게 해 동물을 해치는 것에 사람들이 지나치게 민감해졌다는 것이다. 이런 주장의 문제는 다른 존재를 해치고 싶지 않은 마음을 이상한 것으로, 폭력에 대한 민감성을 부자연스럽고 부정적인 것으로 가정한다는 데 있다. 이런 사고방식에 따르면 비건들은 자연에서 단절되어 도시에 살며 동물을 사랑하는 감상주의자들이다. 물론 비건이든 아니든 대부분의 사람이 동물을 키우고 죽이는 과정을 더 이상 가까이에서 접하지 않고, 따라서 그런 과정에 더 민감해진 것은 사실이다. 하지만 마찬가지로 사람들은 더 이상 공개 교수형이나 검투사 경기를 지켜볼 일이 없고, 그래서 다른 인간을 해치는 것에 더 민감해지기도 했다.

인간은 본래 다른 존재와 공감하도록 태어났으므로 공감은 자연스러운 현상이다. 그러므로 동물의 고통에 '민감해졌다'라고 말하기보다는 '무감해지기'를 멈췄다고 말하는 것이 맞다. 공감과 연민, 공정을 넘어서야 할 한계가 아니라 키워야 할 자질로 본다면 모두가 살고 싶은 세상을 만들 가능성이 더 커질 것이다.


### 3. 동물을 먹는 것은 필요하다

사람들이 필요하다고 여기도록 학습한 것들은 실은 주류 문화를 유지하기 위해 필요한 것일 때가 많다. 육식주의 문화를 유지하려면 계속해서 동물을 먹어야 한다. 그러나 지리적으로나 경제적으로나 먹을거리를 자유롭게 선택할 수 있는 현대의 사람들에게는 더 이상 생존이나 건강을 위해 동물을 먹을 필요가 없다. 요즘에는 육류 없는 식단이 매우 건강하다는 것을 입증하는 증거가 대단히 많다. 심지어 육식 식단보다 더 건강에 좋다는 결과도 많다.[10] 과거 영양학자들은 근력을 위해 동물성 단백질이 필요하다고 믿었지만 이제 사람들은 식물성 단백질이 많은 면에서 더 우수하다는 것을 안다.[11] 운동선수들 중에서도 기량을 향상하거나 최적의 건강 상태를 유지하기 위해 식물 위주 식단이나 비건 식단을 선택하는 사람이 늘고 있다(지구상에서 가장 튼튼한 동물에 속하는 코끼리와 코뿔소 같은 동물들이 초식동물인 것을 생각해보라).

## 육식주의 렌즈로 보는 세상

육식주의는 제도화되었다. 의료와 법, 교육, 비즈니스를 비롯한 모든 주요 사회제도가 육식주의를 지탱하고 장려한다는 말이다. 달리 말해 육식주의는 사회구조 자체에 내장되어 규범과 법, 전통, 삶의 방식을 형성한다. 하나의 시스템이 제도화되면 그 신념과 관행이 하나의 의견이 아니라 기정 사실로 알려지며 당연하게 받아들여진다. 예를 들어 과거에 정신의학계를 비롯한 의학계는 동성애를 정신병으로 분류했다. 동성 커플은 결혼이 허락되지 않았고 이성애만이 정상적이며 자연스럽고 필요한 삶의 방식으로 여겨졌다. 마찬가지로 동물을 먹는 관행도 사회제도에 의해 지탱된다. 의사와 영양학자들은 동물 섭취를 권장한다. 연구 자료에 따르면 동물성 식품을 섭취하는 것이 건강에 필요치 않으며, 사실 건강에 나쁠 때가 더 많은데도 그렇다. 사육동물은 법적으로 재산으로 분류되므로 그들의 권리를 법적으로 주장하는 일은 불가능하다. 물론 동물을 먹는 일은 정상적이고 자연스러우며 필요하다고 여겨진다.

육식주의처럼 제도화된 시스템에서 태어난 우리에게는 이러한 시스템의 편견이 좀처럼 보이지 않는다. 그러므로 우리는 영양학자들이 연구하는 영양이 육식주의의 영양이라는 것을 깨닫지 못한다. 사람들은 시스템의 논리를 내면화하여 자신의 논리로 흡수한다. 육식주의의 렌즈로 세상을 보는 법을 배우는 것이다.


## 대상화된 동물들


육식주의는 일련의 방어기제를 통해 사람들의 인식을 왜곡한다. 그래서 사람들은 먹을거리라고 생각하도록 배운 동물들에게 심리적·정서적으로 거리를 두게 된다. 예를 들어 육식주의는 사육동물을 사물로 보도록 가르친다. 사람들은 추수감사절 요리로 대접되는 접시 위의 칠면조를 그가 아니라 그것이라 부르도록 배운다. 또한 육식주의는 사육된 동물을 추상적 대상으로 보도록 가르친다. 개성이나 성격이 없는 존재로 인식하도록 하는 것이다. 예를 들어 사람들은 돼지는 돼지일 뿐이며 모든 돼지가 똑같다고 믿도록 배운다. 또한 육식주의는 사람들이 동물을 마음속의 여러 범주에 나누어 집어넣도록 가르친다. 그래야 서로 다른 동물종에 대해 매우 다른 감정을 품고 매우 다른 행동을 할 수 있다. 개와 고양이는 가족이고 닭과 소는 음식인 것처럼 말이다.

## 폭력을 가능케 하는 사고방식

육식주의의 눈으로 세상을 볼 때는 육식주의 시스템의 부조리함을 알아차릴 수 없다. 돼지가 자신이 요리될 불구덩이 위에서 칼을 흔들며 즐겁게 춤을 추는 광고를 보면서도 불쾌감을 느끼지 않는다. 사람들은 동물을 죽여 이익을 얻는 회사들이 숨겨진 공장에서 해를 가하지 않고 동물들을 사육한다는 주장을 믿는다. 하지만 일반인들은 그런 공장에 접근하거나 심지어 멀리서 사진을 찍는 것조차 불법으로 규정될 때가 많다.

볼테르가 말한 것처럼 "부조리한 것들을 믿을 때 우리는 잔혹 행위를 저지르게 된다". 육식주의는 안타깝게도 인류 역사의 일부를 구성하는 수많은 잔혹 행위와 폭력적인 이데올로기 중 하나일 뿐이다. 희생자 집단의 경험은 각기 다르지만 시스템 자체는 늘 비슷하다. 폭력을 가능케 하는 사고방식은 같기 때문이다. 이런 사고방식은 누군가 만든 것이 아니라 물려받은 것이다. 그리고 육식주의 사고방식의 실상을 깨달을 때 사람들은 동물을 먹는 관행이 단순히 개인적인 윤리의 문제가 아님을 이해할 수 있다. 그것은 억압 시스템에서 형성된 최종 산물이다.

## 비거니즘, 육식주의의 대항 시스템

사회 진보는 억압 시스템이 창조한 매트릭스에서 걸어나와 시스템에 의문을 제기하고 도전하는 사람들이 충분히 많이 모일 때 일어난다. 이런 과정에서 억압 시스템에 대항하는 신념 체계가 형성되고 사회정의 운동으로 진화한다. 물론 억압 시스템은 반격하며 변화에 저항한다. 역사를 돌이켜보면 지금은 합리적이고 윤리적이며, 사회가 제대로 기능하려면 꼭 필요하다고 인정받는 많은 신념들이 한때 무시당하고 조롱받으며 심지어 격렬한 반감에 부딪히기도 했다는 것을 알 수 있다. 예컨대 유색인이 백인과 같은 시설을 사용하거나 여성이 대학에 다니는 것이 어이없고 불쾌한 일로 여겨지던 때가 있었다.

지난 여러 해 동안 육식주의에 의문을 제기하는 사람이 점점 늘었고, 새로운 대항 시스템인 비거니즘이 등장해 사회정의 운동으로 진화했다. 비건 운동은 사회의 모든 구성원이 자신과 동물, 자연을 위해 무엇을 먹을지 선택할 수 있도록 육식주의 매트릭스의 플러그를 뽑으려 한다. 많은 사람이 육식주의 뒤에 숨은 진실에 마음을 열 때 비건 운동은 성공할 수 있을 것이다.

대부분의 사람은 동물에게 마음을 쓰고 그들이 더 건강하게 살기를 바라므로 가슴과 머리로 비거니즘에 동조하지만 많은 사람이 육식주의의 진실을 듣지 않으려 하는 것도 사실이다. 육식주의가 우리에게 육식주의 매트릭스의 플러그를 뽑게 할 만한 정보에 저항하도록 만들기 때문이다. 그중 한 가지는 이런 정보를 들고 오는 사람들, 바로 비건들을 거부하게 만드는 것이다. 육식주의는 비합리적이고 폭력적인 신념 체계를 인식하고 생각과 선택의 자유를 되찾게 하려는 목표를 가졌을 뿐인 사람들에 대한 수많은 편견과 오해를 퍼뜨린다. 그래서 비건들은 육식주의의 방해가 아니었다면 당연히 연대자가 됐을 사람들과 대립하게 된다.

## 비거니즘을 무력화하려는 시도들

육식주의가 살아남기 위해서는 비건 운동보다 힘이 세야 한다. 그래야 힘의 저울이 뒤집히지 않는다. 이런 힘의 불균형을 유지하기 위해 육식주의는 방어기제를 이용한다. 앞에서 다룬 것은 1차 방어기제다. 1차 방어기제는 육식주의를 정당화한다. 동물을 먹는 일이 옳다고 믿게 만드는 것이다. 육식주의는 다른 방어기제, 즉 2차 방어기제도 이용한다. 2차 방어기제는 비거니즘을 무력화하는 방법으로, 동물을 먹지 않는 일이 잘못됐다고 믿게 만든다. 육식주의의 2차 방어기제는 비건 운동과 비건, 비건 이념이나 신념이 틀렸다고 말함으로써 비거니즘을 무효화하려 한다.

1차 방어기제처럼 2차 방어기제도 내면화되어 깨닫지 못하는 사이에 사람들의 의식에 자리 잡는다. 비건들도 이런 방어기제 중 일부를 이미 내면화한 상태일 때가 많다. 그래서 혼란과 좌절, 절망을 느낄 수 있다. 육식주의가 누군가의 태도와 일상적 행동에 엄청나게 부정적인 영향을 끼친다는 점과, 비건과 논비건 모두 이런 영향을 의식하지 못한다는 점을 고려할 때, 비건-논비건 관계에서 생기는 오해와 대립, 단절은 거의 불가피하다.

## 2차 부정

2차 부정은 2차 방어기제의 하나로 사람들이 비거니즘이 근거 있는 신념 체계이고, 비건 운동이 타당한 사회정의 운동이라는 사실을 부정하게 만든다. 이를테면 비거니즘이 하나의 트렌드 혹은 비주류 문화이며, 비건 운동은 자신들의 신념을 다른 이들에게 강요하려는 급진주의자와 히피들로 구성된 작은 무리일 뿐이라고 믿게 만든다. 2차 부정은 비건 운동이 다른 주요 사회운동과 같은 원칙에 기반하며, 세계에서 가장 빨리 성장하는 사회정의 운동 가운데 하나라는 사실을 숨긴다.

2차 부정은 1차 부정의 논리를 따른다. 이는 모든 주류 신념 체계가 사용하는 부정의 논리다. 주류 집단(논비건)과 비주류 집단(비건)이 존재하지 않는다고 가르치는 것이다. 달리 말해 논비건과 비건 사이에 존재하는 힘의 불균형을 보이지 않게 만든다(4장에서 다룬 것처럼 주류 집단의 구성원은 비주류 집단 구성원보다 더 많은 힘을 가진다).

## 육식주의 서사

육식주의가 만드는 힘의 불균형은 육식주의 서사에서 비롯한다. 4장에서 다룬 것처럼 서사는 사람들이 자기 자신과 타자, 세상에 대해 믿도록 배운 이야기다. 주류 서사는 자신이 태어난 사회의 주류 시스템에서 물려받은 이야기로, 주류 시스템의 신념을 반영하고 강화하며 다른 서사보다 더 큰 힘을 갖는다. 실제로 더 정확하지 않을지라도, 저절로 더 믿을 만하게 여겨지고, 더 타당해 보인다는 뜻이다. 따라서 동물을 먹는 관행이 정상적이고 자연스러우며 필요하다는 육식주의(주류)의 3N 서사를 믿는 논비건은 그 서사에 도전하는 비건보다 자동적으로 더 신뢰할 만한 사람으로 인식된다.

논비건은 힘을 요구한 적도 없고, 그런 힘이 자신들에게 있다는 것을 알지도 못한다. 그렇다고 힘의 불균형이 존재한다는 사실이 달라지지는 않는다. 그리고 이런 불균형은 한 사람은 비건이고, 상대는 비건이 아닌 관계에 중대한 영향을 미친다.

사람들이 욕구와 관계를 맺는 방식에는 기질과 개인사 같은 다양한 요소도 영향을 미치지만 사회의 지배 서사도 중요한 몫을 한다. 억압 시스템에서는 자신의 욕구를 지나치게 중요하게 여기거나(자신이 상대보다 더 많은 힘을 지닐 때) 충분히 중요하게 여기지 않도록(자신이 상대보다 더 적은 힘을 지닐 때) 배운다.

육식주의 서사는 논비건의 욕구를 더 중요하게 여기도록 가르친다. 이를테면 비건이 저녁을 같이 먹기로 한 논비건에게 비건 식당에 가자고 제안할 때, 논비건 상대는 흔히 이렇게 답하곤 한다. "거기 가면 내가 먹을 게 없는데." 마치 논비건들은 고기 없는 식사를 하지 않고, 할 수도 없다는 듯이 말이다. 그러나 이렇게 말한 논비건은 아마 비건 메뉴가 매우 제한적이고(또는 아예 없고) 비건이 불편하게 여길 논비건 요리가 나오는 식당에서 비건과 함께 식사하는 것에 아무 문제가 없다고 가정할 것이다. 심지어 비건 식당에 가자는 비건의 제안을 부당하다고 생각하며 불만과 분노를 느낄지도 모른다.

자신의 욕구를 충분히 중요하게 보지 않는 데 길들여지면 애초에 그 욕구를 인식하는 것조차 어려워진다. 그리고 간신히 욕구를 인식한다 해도 말로 표현하기가 어려울 것이다. 상대가 화를 내거나 까다롭게 군다고 생각할까 봐 두렵기 때문이다. 그런 모든 어려움을 헤치고 욕구를 표현했지만 자신의 요구가 옳지 않고 부당하다는 상대의 서사를 신뢰하면서 결국 죄책감과 수치심을 느끼게 될 수도 있다.

그리고 한편으로는 분노를 느낄 것이다. 마음 한구석에서는 관계에 힘의 불균형이 존재하고, 자신이 약한 쪽에 서 있다는 것을 알기 때문이다.

비건의 흔한 경험을 예로 들어보자. 추수감사절 식사에서 비건들은 칠면조 요리 전통은 지키되 칠면조를 해체하는 것만은 식탁이 아닌 다른 곳에서 해달라는 요청을 하곤 한다. 비건으로서는 추수감사절 전체를 망칠 만한 불편한 광경을 보고 싶지 않은 욕구에서 나온 요청이다. 하지만 이런 비건의 요청은 부당한 요구로 받아들여지기 쉽다. 정서적 안전감을 느끼고픈 비건의 욕구는 전통적인 상차림을 고수하려는 논비건의 욕구보다 덜 중요하게 여겨진다. 비건은 식탁 말고 다른 곳에서 칠면조를 해체해 달라거나, 동물성 재료가 들어가지 않은 요리를 한두 개 준비해 달라거나, 샐러드에 치즈를 얹지 말고 옆에 곁들여 달라는 단순한 요청을 하면서도 집주인에게 '폐'를 끼쳐 미안하다며 사과를 하게 된다.

육식주의 서사는 자신의 욕구를 밝히는 비건의 요청을 특별한 의도가 없는 부탁이 아니라 다른 사람을 통제하려는 강요로 보이게 만든다. 예를 들어 비건이 집에 동물성 제품을 두지 말았으면 좋겠다고 말하면 논비건은 이런 요청을 상대의 중요한 욕구로 여기고 양쪽이 편안하게 느낄 만한 해결책을 찾는 것이 아니라 자신을 통제하려는 시도라고 생각하는 경우가 많다. 그러나 집에 동물성 제품을 두겠다는 논비건의 고집은 상대를 통제하려는 시도로 여겨지는 경우가 드물다.

마찬가지로 자녀를 비건으로 키우는 부모는 비거니즘을 자녀에게 강요한다고 생각되는 반면 논비건 부모가 자녀에게 육식주의를 강요한다고 생각하는 사람은 거의 없다. 한편 다른 측면에서 사람들은 부모라면 당연히 자신의 신념에 따라 자녀를 키운다는 사실을 받아들인다. 기독교도가 자녀를 무신론자로 키우거나 민주당 지지자가 자녀를 공화당 지지자로 키우리라고는 기대하지 않는다. 또한 비건은 어떤 식으로 의견을 표현하든 주변 사람을 통제하려는 것처럼 비치기 쉽다. 직접적으로 표현하면 대놓고 이래라저래라 한다고, 간접적으로 표현하면 교묘하게 조종한다고 여긴다.

## 정당한 분노를 폄하하기

분노는 불의에 도전하게 하는 감정이므로 불의를 토대로 하는 시스템에는 위협이 된다. 그런 시스템에 분노를 인지하고 표현하는 사람이 충분히 모이면 시스템이 흔들리기 시작한다. 그러므로 주류 서사는 우리의 분노 인식을 왜곡할 필요가 있다.

억압 시스템에 도전하는 사람이 분노를 표현할 때는 그 분노가 실제보다 훨씬 더 격렬한 강도로 인식된다. 억압 시스템은 시스템을 향한 분노에 내성이 아주 약하기 때문이다. 더 나아가 분노를 표현하는 사람은 어떤 현상에 화를 내를 사람이 아니라 원래 '화난 사람'이라는 누명을 쓰게 된다. 분노를 일으키는 외적 환경이 아니라 개인의 내적인 문제로 초점이 옮겨간다. 이를테면 여성들이 성차별에 대해 말할 때 조금이라도 분노를 표현하면 저돌적인 공격으로 여겨진다. 억압 시스템은 이런 여성들에게 '나쁜 년bitch'이라거나 혹은 더 나쁜 딱지를 붙임으로써 그들의 분노가 불의를 보고 느끼는 정당한 정서적 반응이 아니라 개인적인 성격 문제처럼 보이게 한다. 마찬가지로 비건들이 대량 동물 착취에 분노를 표현하면 흔히 '히스테릭하다'는 소리를 듣는다. 또한 비건의 비판은 훨씬 부정적인 관점에서 인식되곤 한다. 이를테면 사회적으로 용납할 수 없는 인간 착취에 분노를 표현하는 인권 활동가들에 대한 인식에 비해 훨씬 부정적이다.

## 비건의 견해는 신뢰할 수 없다는 가정

육식주의 서사는 비건보다 논비건의 견해를 더 중요하게 여기게 한다. 그래서 견해가 다를 때는 대개 비건이 자신의 견해가 왜 옳은지를 입증해야 한다. 예를 들어 비건은 논비건보다 비거니즘에 대해 훨씬 잘 안다. 게이와 레즈비언, 트랜스젠더가 젠더 문제에 대해 시스젠더cisgender✦보다 훨씬 잘 아는 것과 비슷하다. 그런데도 비거니즘이 화제가 되면 논비건은 비건의 견해를 열성적으로 반박하며 비건이 비거니즘의 주요 생각과 실천을 잘못 이해하고 있다고 주장한다. 더 나아가 비건이 영양과 음식, 식사에 대한 정보를 공유하면 편

✦ 타고난 생물학적 성별과 젠더 정체성이 일치하는 사람.

향된 정보로 비치고, 논비건의 견해는 가치중립적으로 받아들여진다. 그리고 자신이 제시한 정보가 옳다는 것을 입증해야 하는 사람은 논비건이 아니라 비건일 때가 많다.

## 육식주의의 편견과 조롱

비건이 비주류 집단이라는 것을 인식하지 못한다면 비건들이 육식주의의 편견 때문에 어떤 고통을 받는지 알아차리기 힘들다. 비건에 대한 부정적인 편견은 부당한 대우로 이어진다. 안타깝게도 비건을 비하하며 놀리는 일은 널리 퍼져 있다. 다른 사람들 앞에서 비건의 신념을 깎아내리며 공격하는 농담도 흔하다. 스테이크가 나올 때 '음매' 소리를 내는 장난부터 비건을 '밤비 애호가'라 부르는 것까지 형태도 다양하다. 이런 농담에 함께 웃지 않으면 유머 감각이 없다고 여겨진다. 그러면 고고한 척하는, 지나치게 심각한 도덕론자라는 비건에 대한 부정적인 고정관념이 강화된다. 아마 다른 비주류 집단의 구성원을 그렇게 조롱하는 일은 생각조차 할 수 없을 것이다. 그러나 눈에 보이지 않는 육식주의의 영향 때문에 비건이든 논비건이든 편견에서 비롯한 이런 조롱이 얼마나 무신경한 행동인지 깨닫지 못한다.

# 비건이라는 스테레오타입

아마도 가장 흔한 2차 방어기제는 투사projection일 것이다. 이는 사실과 다른 부정적인 생각을 비건에게 투사하여 비건이 전달하는 메시지가 틀렸음을 입증하려는 방법이다.* 투사는 전령을 쏘아 죽이는 일과 비슷하다. 전령을 죽이면 그들이 전달한 소식의 의미를 심각하게 받아들일 필요가 없다.

투사는 비건에 대한 부정적인 스테레오타입을 통해 표현될 때가 많다. 이런 스테레오타입을 믿으면 비건이 알려주는 정보에 더욱 거부감을 느끼게 될 뿐 아니라 주변의 비건들과 교감하기도 힘들어진다. 스테레오타입은 사람을 평면적인 캐리커처로 변형시키며, 부정적인 면을 강조하여 교감하기 힘든 사람처럼 보이게 한다. 예를 들어 비건이 비이성적으로 동물을 사랑하는 사람이라고 생각하는 논비건은 비건 파트너가 자신의 의견을 공유하기도 전에 이미 판단을 마친 상태일 것이다. 비건 파트너는 자신의 경험과 생각을 그에게 말하려고 노력하겠지만 그의 선입견과 거부감에 부딪혀 더욱 감정적이 될 수 있다. 자신이 들리지도 보이지도 않는 존재가 된 느낌이 들테니 말이다. 스테레오타입은 또한 특정 집단에 속한 모든 사람이 비

---

* 육식주의의 투사는 무의식적 충동이나 특징을 다른 사람(또는 사람들)에게 투사하는 것을 포함할 때도 있지만, 여기에서는 투사라는 용어를 프로이트적인 의미에서 사용하지는 않는다.

숫할 것이라 가정하게 만든다. 그러니까 비건은 단순히 비건일 뿐이며 모든 비건은 똑같다고 가정하게 한다. 이러한 가정 때문에 사람들은 스테레오타입에 간힌 집단의 구성원들이 주류 집단의 구성원만큼이나 다양할 수 있다는 사실을 이해하지 못한다.

비건 역시 몇몇 부정적인 비건 스테레오타입을 내면화하고 관계에 문제를 일으킬 수 있다. 예를 들어 많은 비건은 자신들이 지나치게 예민하다는 스테레오타입을 믿는다. 동물의 고통에 대한 민감성을 부끄럽게 여기기도 한다. 자신이 느끼는 슬픔과 비애, 분노가 사실 육식주의라는 잔혹 행위에 대한 정상적이며 건강하고 합당한 반응이라는 것을 깨닫지 못하고 감정을 숨기거나 축소하려 한다. 그러나 육식주의가 길들인 마비와 무감각이 훨씬 큰 문제다. 동물의 고통에 관한 한 세상은 더 많은 감정을 느껴야 한다. 그리고 비건이든 아니든 관계를 맺고 있는 상대에게 자신의 감정과 생각을 숨겨야 한다고 느낀다면 서로 교감하기 힘들다.

지나치게 예민한 비건이라는 스테레오타입은 육식주의가 비건 메시지의 신빙성을 떨어뜨리는 매우 효과적인 방법이다. 지나치게 감정적인 사람은 말 그대로 비이성적이며, 비이성적인 사람의 말은 들을 가치가 없다는 결론에 이른다. 물론 이런 스테레오타입은 다른 억압 시스템에 도전한 사람들에 대한 신뢰를 떨어뜨릴 때도 쓰였다. 노예제 폐지론자들은 '감상주의자'들이라 불렸고, 여성의 투표권을 위해 싸운 여성 참정권론자들은 히스테릭하다고 묘사되었다.

가끔 비건은 반-인간적anti-human이라는 스테레오타입을 얻기도 한다. 이런 고정관념은 주로 인간과 동물에 동시에 연민을 느낄 수 없다는 가정에 토대를 둔다. 하지만 사실은 그 반대다. 연민은 연민을 낳는다. 삶에서 연민에 더 많은 자리를 내줄수록 더 많은 연민을 느낄 가능성이 높아진다. 그리고 축산업은 동물만이 아니라 사람과 환경도 착취하므로 비건이 되는 일은 다양한 형태의 폭력을 줄이는 일이다.[12] 비건은 반-인간적이라는 프레임은 육식주의를 향한 비건의 위협을 효과적으로 줄이는 방법이다. 비건이 인간에게 반감을 갖고 있다고 믿는 사람이 많다면, 비건 운동은 육식주의를 약화시킬 만큼 지지자를 끌어모으기가 쉽지 않을 것이다.

육식주의가 쓰는 또 다른 투사는 전능한 비건이라는 스테레오타입이다. 비건들은 불가능한 이상에 맞춰 살아야 하고, 살 수 있다는 것이다. 이를테면 비건들은 비거니즘에 대해 이야기할 때마다 육식주의의 모든 문제에 해답을 내놓기를 기대 받는다. 농업경제학("그 모든 공장들이 문을 닫으면 어떻게 되나요?")과 환경 생명 윤리("분뇨 거름이 없으면 농작물에 어떻게 거름을 주나요? 지역에서 구입할 수 없는 농산물 수송에 들어가는 화석 연료는 어떤가요?"), 동물 윤리("동물을 인도적으로 죽인다면 어떨까요?"), 역사("동물을 먹었기 때문에 인간의 뇌가 크게 발달할 수 있었던 게 아닌가요? 동물을 더 이상 먹지 않으면 인간은 바보가 될 거예요") 등 다양한 분야의 전문가가 되어야 한다. 그리고 비건이 쏟아지는 모든 질문에 해답을 내놓지 못하면 비거니즘 전체가 의문시된다.

마찬가지로 비건들은 절대 아프지도 말아야 한다. 비건이 코감기에 걸리면 사람들은 동물을 먹지 않아서 그렇다고 생각해버린다. 그러나 논비건이 심장 발작을 일으키면 사람들은 유전적 소인을 먼저 떠올린다. 비건들은 도달하기 힘든 도덕적 이상에도 부응해야 한다. 예를 들어 양모 옷을 입으면 위선자로 보이고, 입지 않으면 극단주의자로 보일 수 있다.

때때로 비건에게는 섭식 장애가 있다는 스테레오타입이 따라붙기도 한다. 예를 들어 젊은 여성이 비건이 되기를 선택하면 사람들은 섭식 장애를 감추려는 구실로 비거니즘을 이용한다고 흔히 짐작해버린다. 그 여성이 자신의 가치관에 따라 진정성을 실천하기 위해 건강한 선택을 내릴 수 있는데도 말이다. 억압 시스템에 도전하는 사람들을 병적인 존재로 묘사하는 것은 새롭지 않다. 노예제 폐지 이전 미국에서는 탈출을 시도했던 노예들에게 '도망증drapetomania'이라는 정신병 진단을 내리기도 했다.

또한 비건은 식성이 까다로운 사람들이라는 스테레오타입도 있다. 이를테면 미트볼을 걷어낸 파스타를 먹으려 하지 않거나, 치킨스톡이 들어갔다는 이유로 채소 수프를 먹지 않을 때 까다롭다는 소리를 듣는다. 이런 스테레오타입이 널리 퍼진 이유는 육식주의가 육식을 도덕적 문제로 인식하지 못하도록 가로막기 때문이다. 그러므로 까다롭게 구는 것처럼 보이는 행동이 실제로는 심리학자들이 도덕적 혐오moral disgust라 부르는 정상적인 심리 반응이라는 것을 깨닫지 못한다. 도덕적 혐오란 우리가 도덕적으로 반대하는 것을 접할 때 느끼는 역겨움이다. 논비건도 파스타에서 개로 만든 미트볼을 골라내야 한다거나 고양이 스톡으로 만든 수프를 먹어야 한다면 아마 역겨울 것이다.

## 주류 시스템의 반격

1차 정당화는 동물을 먹는 일이 정상적이며 자연스럽고 필요하다는 신화를 가르친다. 2차 정당화는 동물을 먹지 않는 것이 비정상적이고 부자연스러우며 불필요하다고 가르친다. 이런 신화는 민권 운동과 성소수자 권리 운동 같은 다른 사회정의 운동과 대항 신념 체계에 대한 불신을 조장하기 위해서도 이용되었다.

2차 정당화는 2차 방어기제와 마찬가지로 비거니즘에 대한 백래시backlash의 일부다. 백래시는 억압적인 주류 시스템이 자신의 지위를 위협받을 때 취하는 반격으로, 잃어버린 권력을 되찾으려는 시도다. 억압 시스템 자체가 이미 신화에 바탕을 두고 있는데도, 시스템에 도전하는 사람들의 주장을 다른 사람들이 진지하게 받아들이지 못하게 막기 위해 새로운 신화들이 만들어진다.

# 소극적 방관자에서 적극적 증인으로

육식주의는 전 지구적 현상이다. 모든 사람은 좋든 나쁘든 이 시스템에 참여한다. 참여하느냐 마느냐는 선택할 수 없다. 어떻게 참여할지를 선택할 뿐이다. 문제가 아니라 해결에 힘을 보태고 싶다면 깨어 있기 위해 애써야 한다. 의식을 유지하고 성장시켜야 한다는 말이다. 육식주의 같은 억압 시스템은 사람들을 무지의 보호막 속으로 다시 끌어당기도록 만들어졌기 때문이다. 깨어 있기 위해 끊임없이 눈과 귀를 열어야 하고, 깨어 있기 위해 애쓰는 다른 사람들과 교류해야 한다. 깨어 있을 때 사람들은 자기 자신(의 진정한 경험)과 다른 존재들에게 마음을 쓸 수 있다. 소극적 방관자가 아니라 적극적 증인이 될 수 있다.

의식을 갖고 깨어 있을 때 사람들은 동물을 먹는 일과 관계를 맺을지, 맺는다면 어떻게 맺을지를 선택할 수 있다. 비거니즘의 가치를 믿고 육식주의를 더 이상 지지하지 않는다면 동물 먹기를 멈추고 비건이 될 수 있다. 비거니즘의 가치를 믿지만 아직 비건이 될 준비가 되지 않았다면 육식주의에 참여하는 일을 천천히 줄이기 위해 애쓸 수 있다. 육식주의-비거니즘 스펙트럼에서 어느 지점에 있는가보다 중요한 것은 어느 방향을 향해 가는가다. 물론 비건-논비건 관계에 있는 두 사람이 스펙트럼에서 가까운 거리에 있을수록 이 문제와 관련된 관계 역학이 덜 복잡할 것이다.

# 한 사람의 연대가 만드는 변화

아직 비건이 아니라 해도 비거니즘을 지지하는 비건 연대자가 될 수 있다. 때때로 비건 연대자는 개인적·전문적 영향력을 활용해 비건 운동을 장려하는 대변자들이기도 하다. 예를 들어 비건 단체에 기부를 하거나, 언론인이라면 육식주의에 대한 각성을 높이는 기사를 쓸 수 있다. 또는 비건들을 그냥 지지할 수도 있다. 당신이 비건의 연대자가 될 때, 우리는 힘을 합쳐 관계에 부정적인 영향을 미치는 육식주의라는 침입자에게 맞설 수 있다. 또한 비건의 경험과 투쟁을 이해할 수 있다. 비건 투쟁은 모든 투쟁이 그렇듯 힘든 투쟁이며 그 자체로 고유하다. 비건의 눈으로 보는 세상이 어떤지 알지 못한다면 당신 곁의 비건과 진정으로 교감하기 힘들 것이다.

비건이 된다는 것은 매트릭스에서 깨어나는 것과 같다. 〈매트릭스〉 시나리오는 비건이 아닌 사람들이 비건의 관점을 이해하는 데 도움이 된다. 어느 날 아침 잠에서 깨었더니 육식주의 매트릭스와 연결된 플러그가 뽑혀 있었다고 상상해보라. 갑자기 주변의 모든 고기와 알, 유제품이 당신이 알던 대로 돼지와 닭과 소에게서 나온 것이 아니라 개와 고양이에게서 나왔다는 사실을 알게 된다. 플러그를 뽑은 사람이 '진짜 세상'을 안내하며 동물들이 사육되고 살해되는 공장들을 보여준다. 당신은 동물들의 고통을 보고, 날카롭게 울부짖는 소리와 신음과 비명을 듣는다. 새끼 고양이가 산 채로 분쇄되고, 강아지들이 울부짖는 어미 개에게서 강제로 떨어뜨려지며, 동물들이 의식이 있는 채로 가죽이 벗겨지고 끓여지는 모습을 목격한다. 나중에 차를 몰고 출근하면서 당신은 동물들이 트럭에 가득 실려 도살장으로 향하는 모습을 보게 된다. 트럭 옆면의 널판 틈으로 동물들의 눈과 코가 보인다. 당신은 시선을 돌리며 할 수 있는 한 둔감해지려고 애쓴다. 그들을 구할 수 없다는 것을 알기 때문이다.

나중에 집으로 돌아오니 여전히 매트릭스에 연결된 가족들이 저녁 식사로 스테이크를 차리고 있다. 스테이크를 보자 그날 목격했던 끔찍한 기억들이 덮쳐와 감정을 감당할 수 없다. 당신은 감정을 억누르려고 애쓰며 당신이 알게 된 것을 가족들에게 설명하려 한다. 그러나 그들은 당신이 본 것을 보지 못한다. 가족들은 당신이 조금 이상해졌다고 생각한다. 당신은 당신의 눈으로 보는 세상을 그들에게 알려주고 싶은 절박함에 강한 어조로 말한다. 그러나 당신의 강한 어조와 어조에 실린 강렬한 감정 때문에, 그리고 가족들이 여전히 연결되어 있는 육식주의 매트릭스가 작동시키는 방어기제 때문에 가족들은 자신들이 비난당한다고 느낀다. 가족들은 당신의 가치를 강요하지 말라는 말로 대화를 끝내버린다. "너에게는 너의 선택이 있고, 우리에게는 우리의 선택이 있어."

많은 비건이 육식주의 매트릭스 밖으로 걸어 나온 후 당연히 경험하게 되는 감정들을 어떻게 다뤄야 할지 모른다. 그리고 육식주의의 문제를 해결하려고 애쓸 때 부딪히게 되는 저항을 어떻게 이해해야 할지도 모른다. 그렇다면 비건 연대자로서 당신의 중요한 역할은 당신 곁의 비건이 심리적으로 무척 힘든 상황을 감당하기 위해 최선을 다하고 있음을 이해하는 것일지 모른다. 그들이 다른 존재에 마음을 쓰기 때문에, 그리고 더 나은 세상을 만들고 싶어 하기 때문에 직면하게 된 상황을 견디기 위해 애쓰고 있음을 이해하는 것이다.

당신이 비건의 삶을 지켜보는 증인이 되어 그들을 있는 그대로 바라보고, 비건이 되는 것이 그들에게 어떤 의미인지 이해한다면 관계에서 겪는 많은 갈등이 사라질 것이다. 비건이 항상 느끼는 슬픔과, 늘 오해받고 무시당하는 좌절감 속에서 어떻게 용기와 헌신으로 견뎌내는지 비로소 알 수 있을 것이다. 모두가 좋다고 여길 만한 세상을 만들기 위해 필요한 일을 설명하고 대변하며 그들이 겪는 압박감에 공감하게 될 것이다.

비건이 아니던 사람이 육식주의 매트릭스 밖으로 걸어 나오는 경험은 세상이 근본적으로 달라지는 일이다. 누군가 세상에서 완전히 혼자라고 느낄 때 다른 한 사람이 일으킬 수 있는 변화는 결코 작지 않다. 그것은 치유의 순간이고, 우리를 무엇보다 친밀하게 엮어주는 교감의 실이 된다.

# 6

비건이 된다는 것

논비건 세상에서 지속 가능하게 살며 관계 맺기

비건이 되는 것은 많은 면에서 대단한 자부심을 느끼게 하는 경험이다.[*] 비건들은 비건이 되는 경험을 통해 세상에 대해 생각하고, 세상과 관계 맺는 방식 자체가 달라졌다고 말한다. 자신들의 진정한 생각과 감정에 더 깊이 연결되고, 삶을 더 능동적으로 사는 것 같다고 말이다. 그리고 비거니즘은 연민과 정의를 중심에 두는 신념이므로 자신이 중요하게 여기는 가치에 더 맞게 사는 느낌이 든다. 비건이 되는 것은 곧 진정성을 실천하는 강력한 방법이다.

그러나 비건이 되는 일에는 도전이 따른다. 세상은 육식주의에 기반하기 때문에 비거니즘이 무엇이고, 비건들이 세상을 어떻게 경험하는지에 대한 이해가 부족하다. 오히려 비거니즘과 비건에 대한 오해와 부정적인 추측이 많이 퍼져 있다. 그래서 비건으로서 마주하는 도전을 이해하고 타개할 방법을 안내할 길잡이가 무척 적다. 또한

---

[*] 이 장의 정보 중 많은 부분은 채식인의 삶에도 적용된다.

상대의 방어기제를 건드리지 않고, 지속적인 갈등을 유발하지 않는 방식으로 비거니즘에 대해 이야기하는 법에 대한 안내도 흔치 않다.[1] 비건의 길에 첫발을 내디딘 사람들의 환호는 혼란과 좌절, 심지어 절망으로 바뀌기 쉽다. 육식주의 매트릭스 밖으로 걸어 나온 비건은 곧 자신이 새롭게 찾은 자유와 각성이 또 다른 고통스러운 시스템에 자신을 내려놓았음을 깨닫게 된다. 바로 인간관계에서 길을 찾기가 어렵거나 불가능해 보이는 시스템이다.

비건이 되는 것은 패러다임의 전환을 경험하는 일이다. 비건은 다른 것을 보는 게 아니다. 같은 것을 다르게 본다. 비건이 겪는 변화가 어떤 것인지는 군인들 사이에 전해지는 말로 잘 표현할 수 있다. "일단 전쟁에 나간 사람은 절대 집으로 돌아올 수 없다." 일단 경험하고 나면 세상을 이전과 같은 방식으로 볼 수 없다는 말이다. 순수함이 상실되고, 그 자리를 트라우마가 대신한다. 비건은 참전 군인은 아니지만, 비건이 되는 과정에서 겪는 패러다임의 전환에도 순수의 상실이 뒤따른다. 자신의 세계관에 중대한 영향을 미치는 일종의 트라우마를 경험하게 되는 것이다.

어떤 잔혹 행위든 그것의 잔혹성을 일단 인식하고 나면 세상에 대한 도덕적 감각이 뒤집히는 듯한 느낌이 들 수 있다. 잔혹 행위를

비건과 참전 군인의 경험이 동등하다는 게 아니다. 전투를 경험한 사람들이 겪는 심각한 트라우마를 과소평가하려는 것도 아니다. 단지 잔혹 행위가 인간의 마음에 미치는 공통적인 영향의 몇몇 측면을 강조하기 위해 트라우마라는 용어를 사용했다.

나의 친애하는 비건 친구들에게

목격할 때 사람들은 삶의 의미와 존재의 의미를 되묻게 된다. 과연 이토록 잔혹한 일들이 벌어지는 세상에도 어떤 질서가 있을까? 혹은 절망할 수도 있다. 주변에 고통이 가득하고 상황이 달라질 기미라곤 보이지 않는데 어떻게 미래에 희망을 품을 수 있을까? 낙관주의는 어느새 비관주의에 자리를 내주고 우리는 인간의 어두운 면만을 바라보게 된다. 이렇게 잔인한 일을 저지르는 인간들을 어떻게 신뢰할 수 있을까? 세상에 존재하는 고통에 마음이 무거워져서 그 고통을 덜기 위해 힘닿는 한 무엇이든 해야 한다고 느낄 수도 있다. 다른 사람들이 내가 본 것을 볼 수 있게 하고, 잔혹 행위에 더 이상 참여하지 않게끔 해야 한다고 말이다.

그러나 육식주의의 잔혹성에 대해서라면 논비건은 자동적으로 방어적인 입장이 된다. 게다가 비건들은 이런 방어 심리를 피해 소통하는 법에 대한 연습이 부족하다. 그러다 보니 이 문제에 대한 각성을 높이기가 쉽지 않다. 결국 비건들은 변화를 위해 애쓰다가 무력감을 느끼며, 사회 변화의 주체로서 자신감을 잃게 된다.


## 비건이 겪는 트라우마와 2차적 외상 스트레스

앞에서 다루었듯 육식주의는 비건-논비건 관계에 끼어드는 눈에 보이지 않는 침입자다. 그러나 비건은 패러다임 전환 과정에서 육식주의의 부산물인 또 다른 보이지 않는 침입자를 관계에 불러온다. 바로 잔혹 행위에 노출된 경험에서 생기는 트라우마다. 전형적인 트라우마 반응을 보이는 비건도 있고, 그리 심하지 않은 '준임상적' 반응을 보이는 비건도 있다. 그러나 잔혹 행위를 목격한 거의 모든 비건이 어느 정도는 지각 왜곡과 감정 조절 이상을 겪는다.

비건이 논비건과 더 안정적이고 교감하는 관계를 만들고, 비건으로서 더 지속 가능하고 균형 잡힌 삶을 살려면 육식주의라는 침입자뿐 아니라 육식주의에서 비롯되는 부수적 피해인 트라우마 경험을 이해하는 것이 중요하다.

많은 사람이 외상 후 스트레스 장애post-traumatic stress disorder(PTSD)에 대해 알고 있다. 외상 후 스트레스 장애는 참전 군인처럼 폭력에 직접 노출되었거나 폭력의 직접적인 희생자가 된 사람들이 경험하는 심리적 외상 상해다. 외상 후 스트레스 장애의 증상으로는 플래시백과 수면 장애, 불안, 우울 등이 있다. 한편 2차적 외상 스트레스secondary traumatic stress(STS)에 대해서는 잘 알려져 있지 않다. 때로 2차적 외상 스트레스 장애secondary traumatic stress disorder(STSD)라 불리기도 하는 2차적 외상 스트레스는 폭력의 목격자를 비롯해 간접적으로 폭력에 노출된 사람들에게 영향을 미친다는 점을 제외하면 외상 후 스트레스 장애와 같다.

2차적 외상 스트레스는 구급 대원과 경찰을 비롯한 긴급 구조 인력 사이에 흔하다. 또한 트라우마 피해자를 치료하는 상담가들도

많이 겪는다. 잔혹 행위를 목격한 사회정의 운동 참여자들도 2차적

외상 스트레스의 영향을 받곤 한다. 그러므로 비건들에게 2차적 외

상 스트레스가 흔한 것은 놀랍지 않다. 대다수 비건은 동물들의 고통

과 도살을 묘사하는 충격적인 자료를 접한 경험이 있고, 그 트라우마

의 여파를 끊임없이 경험한다. 어디를 가든 고기와 알, 유제품을 마

주치기 때문이다.

모든 비건이 2차적 외상 스트레스를 겪지는 않으며, 2차적 외상

스트레스를 겪는 사람의 경험이 모두 똑같지도 않다. 하지만 많은 비

건이 2차적 외상 스트레스를 겪으며, 2차적 외상 스트레스를 겪는

대부분의 사람은 어느 정도 비슷한 경험을 한다. 2차적 외상 스트레

스를 겪는 사람들은 앞에서 언급했던 외상 후 스트레스 장애 증상을

비롯해 다음과 같은 증상을 경험한다. 침투 사고intrusive thoughts(자신이

목격한 고통에 대한 생각이나 이미지가 불쑥 떠오르거나 '침투'하는 것), 자신

이 아무리 노력해도 부족하다는 느낌, 다른 사람의 고통을 과소평가

하는 것(이를테면 동물의 고통에 비하면 별것 아니라고 생각하는 것), 해리

dissociation(자기 자신 또는 다른 사람, 세상과 단절된 느낌), 자기 방임(자신

---

PTSD와 STS(D)를 구분하는 법에 대해서는 논쟁이 더러 있다. 몇몇 임상의학자들은
폭력의 목격자도 PTSD를 경험하며, 사람들이 STS라 부르는 것은 폭력을 목격하는
것이 아니라 타자에게 가해진 폭력에 대한 이야기를 듣거나 정보를 간접적으로 접할
때 나타나는 결과라고 주장한다. 이 글에서 내가 'PTSD'가 아니라 'STS'를 선택한 이
유는 비건들이 육식주의의 2차적·간접적 회생자이기 때문이다. 또한 STS가 더 이해
하기 쉬운 용어인 까닭도 있다.

의 욕구를 중요하게 생각하지 않고 소홀히 여김), 감정을 '지나치게' 혹은 '부족하게' 느끼거나 양극단을 오가는 상태, 인간 혐오, 거대자신감, 일중독, 비건 운동을 잠시도 쉬지 못하거나 다른 존재가 고통받는 동안 자신이 즐겁게 지내는 것에 대해 죄책감을 느끼는 상태.*

트라우마는 극도로 두렵거나 끔찍한 일을 경험할 때 불가피하게 일어나는 생리적·심리적 반응으로, 특히 자신에게 상황을 통제할 힘이 없다고 느낄 때 일어난다. 2차적 외상 스트레스는 나약함의 표시가 아니다. 트라우마의 영향을 받지 않는 사람은 아무도 없다.

2차적 외상 스트레스는 개인과 관계뿐 아니라 비건 운동에도 위험하다. 비건 활동가들이 번아웃이 올 때까지 일에 매달리다가 활동을 그만두는 주요한 이유이기 때문이다. 이는 비건 운동의 효율성을 크게 감소시킨다. 많은 직원이 잠깐 일하다 떠나는 회사와 오래 머무는 회사를 비교해보면 알 것이다.

좋은 소식은 2차적 외상 스트레스의 원인과 증상, 치료법을 알면 트라우마를 겪을 가능성을 줄이고, 자신의 삶과 관계, 비건 운동의 질을 개선할 수 있다는 것이다.

* 더 포괄적인 목록은 부록 2를 보라.

# 트라우마 서사를 끊어내기

트라우마 시스템

잔혹 행위를 맞닥뜨렸을 때 사람들은 트라우마에 기반한 세계 관, 즉 트라우마 서사를 발달시키기도 한다. 트라우마 서사에서 세상은 하나의 거대한 트라우마 시스템이 된다. 이런 세상에는 오직 세 가지 역할만 존재한다. 희생자와 가해자, 영웅."

트라우마 서사는 관계를 멀어지게 한다. 비건-논비건 관계에서 일어나는 대부분의 힘든 갈등 밑에는 비건의 트라우마 서사가 있다. 비건이 자연스럽게 논비건을 가해자로 보게 된다는 말이다. 애초에 동물을 소비하는 일이 비건에게 심리적 외상을 안긴 일이자, 비건이 변화시키려고 애쓰는 바로 그 잔혹 행위에 힘을 보태는 일이기 때문이다. 상대를 가해자의 자리에 놓을 때 사람들은 아무리 애써도 그들과 교감을 느끼기 힘들다. 이런 현상을 이해하려면 당신이 매우 안타깝게 느끼는 문제를 하나 떠올려보라. 어쩌면 전쟁고아나 길거리 폭력에 희생되는 노숙인에 관련한 문제일 수 있다. 자, 이번에는 당신과 아주 가까운 사람이 당신이 무척 안타깝게 여기는 고통을 만드는 데 일정 부분 기여하는 회사의 이사라고 상상해보라. 당신은 그가 좋은

---

" 카프만의 드라마 삼각형Karpman drama triangle에도 다소 비슷한 역할들이 등장한다. 카프만의 드라마 삼각형은 대인 관계에서 나타날 수 있는 파괴적인 상호작용을 묘사하기 위해 정립된 모형이다.

사람이라는 것을 알고 있지만 마음 한구석에서는 그가 폭력에 일조한다는 사실이 불편할 것이다. 혹시 당신에게 2차적 외상 스트레스가 있다면 당신의 뇌는 그라는 사람과 가해자의 역할을 분리하지 못할지도 모른다.

트라우마를 겪는 비건은 논비건들과 함께할 때 보이지 않는 존재가 된 듯한 느낌을 받으며 더욱 단절감을 느낀다. 보이지 않는 존재라고 느낄 때 사람들은 자신의 경험이 주목받을 만한 가치가 없으며 인정받지 못한다는 메시지를 받는다. 인정받지 못하는 사람은 다른 사람들이 자신을 존중과 공감으로 대하지 않는다고 느끼므로 희생자가 된 느낌을 받는다. 희생자가 됐다고 느낄 때 사람들은 상대를 가해자로 본다. 개 도살 장면을 접하고 트라우마를 겪는 논비건 역시 자신과 가까운 사람이 개고기를 계속 먹으면서 왜 당신이 그 상황을 그토록 힘들어하는지 이해하지 못한다면 아마 같은 느낌이 들 것이다.

특히 트라우마 경험처럼 취약한 부분에서 보이지 않는 존재가 된 듯한 느낌을 받을 때 정서적 교감을 하기 힘들다. 자신에게 중요한 부분을 공유할 수 없기 때문이다. 당신이 퇴근길에 끔찍한 차 사고를 간신히 피했고, 피 흘리며 죽어가는 피해자들이 병원으로 이송되는 모습을 충격에 휩싸여 지켜봤다고 가정해보자. 그러나 집에 돌아왔을 때 당신이 무엇을 보았는지(또는 그 광경이 당신에게 어떤 영향을 미쳤는지) 가족들에게 이야기할 수 없다고 느껴서, 그냥 혼자만 그 경험을 간직한 채 평소처럼 평범한 일과에 대한 대화만 주고받으려 애쓴다면 어떤 느낌이 들겠는가?

많은 비건이 힘들어하는 이유는 아무리 애를 써도 가까운 논비건들을 더 이상 소중한 교감을 나눌 수 있는 사람으로 보기 힘들기 때문이다. 그러면 비건은 다시 교감을 나누기 위해 동물을 그만 먹도록 논비건들을 설득하려 들 것이다. 단절의 원인처럼 보이는 것을 제거하려는 시도다. 그러나 비건의 이런 시도가 논비건에게는 스트레스를 주기 쉽고, 결국 관계가 더 서먹해진다. 사람들은 강요받는다고 느낄 때(상대의 요청을 거부하면 자신이 있는 그대로의 모습으로 받아들여지지 못하리라 느낄 때) 상대에게 휘둘린다고 생각한다. 그리고 휘둘린다고 생각할 때 사람들은 대개 상대의 요청에 저항한다. 그러므로 많은 논비건이 비건들과의 관계에서 느끼는 긴장과 스트레스는 동물을 먹지 않겠다는 비건의 강한 도덕적 신념 때문만이 아닐 때가 많다. 건강한 관계의 생명줄인 안정감과 교감의 상실에 대한 비건의 대응 방식도 관계에 긴장과 스트레스를 낳는 요인으로 작용한다.

비건들은 동물 소비가 육식주의 유지에 일조하는 것이 사실이지만, 그렇다고 논비건들을 가해자로만 볼 수 없다는 것을 알 필요가 있다. 사람은 복잡하고 미묘하며, 동시에 여러 역할을 수행한다. 가령 동물 학대에 항의하는 집회에서 팻말을 들고 있는 비건 시위자는 어쩌면 아동들의 불법 노동으로 생산된 운동화를 신고 있을지도 모른다. 그러면 그는 가해자인가? 영웅인가? 그가 어느 범주에 속하는지 어떻게 판단할 수 있을까?

트라우마의 렌즈로 세상을 볼 때 마음은 인간 행동의 복잡성을 포용하지 못한다. 선한 사람들이 해로운 관행에 참여하기도 한다는 (사람들은 모두 유죄이자 무죄이며 몇몇 문제의 가해자이자 다른 문제의 피해자이며 다양한 의미에서 영웅이라는) 것을 인지하기보다 개인들을 완전히 선하거나 악한 평면적 인물로 구분하거나 무죄 아니면 유죄로 단순화시켜버린다. 그리고 이런 분류에 따라 사람들을 대한다. 가해자는 혐오하고 영웅은 찬양한다. 사람들은 이런 분류가 정작 현실에서 그 사람이 누구이며, 어떤 일을 하는지보다 자기 자신이 그들에게 투사한 역할과 더 관계되어 있을 수 있다는 것을 알아차리지 못한다.

### 트라우마 서사의 함정, 환원론적 사고

트라우마 서사는 환원론적 사고 reductive thinking를 중심으로 구성된다. 환원론적 사고를 할 때 사람들은 한 사람을 한 가지 행동이나 일련의 행동들로 환원하며, 이런 행동의 영향을 과잉 해석하여 실제보다 훨씬 더 큰 영향을 미친다고 가정한다. 예를 들어 당신은 비건이고 파트너는 동물을 먹을 때, 당신은 파트너가 동물을 먹어서 축산업이 유지된다고 생각할 수 있다. 파트너가 동물을 먹는 모습을 보면 예전에 봤던 동물 도살 영상이 떠오르고 이런 생각을 하게 되는 것이다. "바로 너 때문에 동물들이 죽는 거야!" 환원론적 사고를 하면 통계적 관점에서 한 사람이 가끔 동물을 먹는 행위는 극히 미미한 영향을 미칠 뿐이라는 것을 잘 알면서도 실제로는 그 행동을 꽤 다르게 받아들일 수 있다.

마찬가지로 트라우마 서사는 한 명의 비건이 실제보다 더 많은 영향을 미친다고 생각하게 만들 수 있다. 우리는 비건보다 영향력이 훨씬 큰 비건 연대자는 비판하면서, 어떤 사람은 비건이라는 이유만으로 찬양할 수도 있다. 하지만 수백만 명의 독자가 읽는 기사를 써서 육식주의에 대해 알리는 논비건 언론인이나, 비건 단체에 기부금을 내서 비건 활동가들의 활동을 돕는 페스코 베지테리언이 얼마나 많은 동물을 구하는지 생각해보라. 또한 비건의 영향력을 과장해서 인식하다 보니 비건 한 사람(특히 비건 운동의 지도부에 있는)의 문제적 행동 때문에 비건 운동 전체가 몰락할까 봐 겁을 먹기도 한다.

환원론적 사고를 할 때 사람들은 다른 사람의 개별성을 제대로 인식하지 못한다. 예를 들어 논비건은 다 비슷하다고 가정하기 쉽다. 그러나 당신은 다른 비건보다 몇몇 논비건과 공통점이 더 많을 수도 있다. 환원론적 사고는 모든 사람을 (비건이든 논비건이든) 몇 가지 역할 안에 가둬버리므로 궁극적으로는 자신의 삶과 세상에 긍정적인 변화를 일으킬 능력을 옭맬 수 있다.

## 완벽주의 신화의 역효과

트라우마 서사는 영웅이 아니면 가해자라는 신화를 키운다. 이런 완벽주의는 비합리적인 동시에 역효과를 낳는다. 비합리적인 이유는 늘 완벽하게 비건으로 사는 일이 불가능하기 때문이다. 살아가다 보면 안타깝게도 그 과정에서 동물에게 해를 끼칠 수 있다(그냥 길을 걷기만 해도 곤충을 밟게 되니까). 완벽주의 신화가 역효과를 낳는 이유는 실현 불가능한 이상을 제시하고(자전거 바퀴에 묻은 자국까지 꼼꼼히 살펴야 한다면 비건의 삶에 매력을 느낄 논비건이 몇이나 될까?) 비건의 삶을 지속 가능하지 않게 만들기 때문이다. 완벽주의는 번아웃의 원인이자 트라우마를 강화하는 사고방식이다. 트라우마 서사는 '완벽한' 비거니즘을 실천하지 못할 때 감당하기 힘든 죄책감을 느끼게 하는데, 죄책감은 2차적 외상 스트레스의 주요 원인이 될 수 있다.

## 생존자의 죄책감

생존자의 죄책감은 다른 사람에게 해를 입힌 사고를 자신은 비켜갔을 때 느끼는 죄책감이다. 예를 들어 지진이나 선박 사고, 전쟁에서 살아남은 사람들은 다른 이들이 죽을 때 자신은 살아남았다는 것만으로도 깊은 죄책감을 느낄 수 있다. 잔혹 행위의 목격자들도 생존자의 죄책감을 갖게 될 수 있다. 특히 자신들이 언젠가 그 잔혹 행위에 기여한 적이 있다면(즉 가해자였던 적이 있다면) 더욱 그러하다.

또한 트라우마 서사는 사람들로 하여금 자신의 행동을 자기 가치와 뭉뚱그려 보도록('나쁜' 일을 하면 '나쁜 사람'이라고 생각하도록) 만들기 때문에 죄책감이 수치심으로 번지기 쉽다. 수치심을 느낄 때 사람들은 관계의 회복 탄력성을 지키기 힘들고, 안정적이고 교감하는 관계를 유지할 만한 방식으로 행동하기 어렵다.

자신이 느끼는 생존자의 죄책감을 의식하지 않을 때 사람들은 고통의 진짜 원인을 해결하기보다 문제를 일으킬 만한 대응 기제를 이용하게 된다. 죄책감은 무언가 잘못된 일을 하거나 자신을 가해자라고 여길 때 느끼는 감정이다. 그러므로 사람들은 '좋은' 사람이 되는 일에 집착하며, 자기 자신에게(그리고 다른 이들에게) 자신이 가해자가 '아님'을 증명할 만한 일이라면 무엇이든 한다. 또한 자신이 선하지 않을지 모른다는 어떤 암시에도 지나치게 민감해진다. 자신이 나쁜 사람일 수 있다는 생각이 들 때마다 죄책감을 느끼게 되기 때문이다.

생존자의 죄책감은 사람들로 하여금 잔혹 행위의 희생자를 구하는 일에 지나치게 매달리게 만들며 자신의 기본적 욕구를 돌보지 않게 만들기도 한다. 잔혹 행위를 변화시키는 일에 적극적으로 나서는 것은 고귀하고 의미 있는 일이지만 내면의 도덕적 나침반이 아니라 생존자의 죄책감에 휘둘린다면 결국 트라우마가 자신에게도 영향을 미치게 된다. 트라우마에서 야기된 행동은 다른 사람과의 상호작용을 해칠 수 있다. 또한 비건 운동의 효율성을 떨어뜨리고, 비건의 삶과 관계를 불안하게 만들 수 있다. 생존자의 죄책감은 비건 활동가들에게 유행병처럼 퍼진 일중독의 원인 중 하나다. 비건 활동가들은 일을 잠시라도 내려놓으면 (가해자가 된 것처럼) 죄책감을 느끼기도 한다.

혹은 '죄가 더 많은' 다른 사람들에게 주목함으로써 생존자의 죄책감을 덜어보려 할 수도 있다. 자신의 죄가 비교적 덜하게 느껴지도록 말이다. 그러나 이런 방법은 트라우마 서사를 부추기고 트라우마 증상을 강화할 뿐이다. 예를 들어 논비건을 이기적이고 무신경하다고 묘사하는 모임이나 집회에 참가할수록 비건들은 자신의 트라우마 서사에서 가해자로 캐스팅된 가까운 논비건들을 비판적으로 보게 되고 점점 교감하기 힘들어진다. 충분히 비건으로 살지 않는다며 다른 비건을 비난할 수도 있다. 그러면 비난받은 사람이 생존자의 죄책감을 느낄 테고, 그로 인해 역효과를 일으키는 행동을 보일 수 있다.

비건이든 논비건이든 타인을 가해자나 영웅으로 환원하고 인간됨의 복잡성과 트라우마의 역학을 이해하지 못할 때, 소통은 수치심을 안겨주고 트라우마 서사를 부추기며 비건과 논비건뿐 아니라 비건들 사이까지 분열시킨다.

## 비건 운동에 가장 좋은 것

트라우마 서사는 객관적 사고와 판단을 어렵게 만든다. 자신과 관계, 소중히 여기는 가치에 지속적인 이득이 되는 것보다는 그 순간에 좋은 것, 고통을 잠시 덜어주는 것에 매달리게 만들 수 있다. 이를테면 비건은 가까운 사람이 비건이 되도록 설득하는 일에 엄청난 시간과 에너지를 쏟아부을 수 있다. 그러나 가족과 친구들은 낯선 사람보다 영향을 미치기가 더 힘들다. 관계에 이미 자리 잡은 힘의 역학과 해묵은 문제들이 건설적인 소통을 방해하기 때문이다. 그보다는 비건의 메시지에 마음을 열 만한 다른 사람들에게 에너지를 쓰는 편이 더 나을 것이다.

합리적 사고로 전환하는 한 방법은 어떤 행동들이 자신의 행복과 관계, 비건 운동에 좋은 영향을 미칠지 묻는 것이다. 대개 셋 중 어느 하나에 좋은 것은 나머지 둘에도 좋은 영향을 미친다. 그러다 보면 가까운 논비건 몇 사람이 동물을 그만 먹도록 만드는 것보다 자신의 지속 가능성(비거니즘을 지속적으로 실천하고 알리는 능력)이 더 중요하다는 것을 이해하게 된다.


## 관계의 안전을 위협하는 트라우마

가슴 아픈 경험과 트라우마 경험의 차이는 사람들이 느끼는 안전감이나 안정감, 교감과 관련이 있다. 트라우마를 경험할 때 사람들은 근본적인 불안과 단절을 느낀다. 무척 큰 슬픔을 겪는 와중에도 트라우마가 없다면 마음 한구석으로는 자신이 괜찮아지리라는 것을 알며, 자신이나 다른 사람과도 계속해서 어느 정도 교감할 수 있다. 하지만 트라우마 경험은 다르다. 관계에서 가장 근본적인 욕구는 안전의 욕구이므로, 안전을 느끼지 못할 때는 진정으로 교감할 수 없다.

2차적 외상 스트레스가 있는 사람은 대개 자신이 안전하지 않다고 느끼며, 이런 불안의 느낌을 관계 속으로 가져간다. 그들이 안전

하지 않다고 느끼는 이유는 관계에서 트라우마 트리거traumatic trigger✦
를 피할 수 없을 거라 생각하기 때문이다. 트라우마 경험을 상기시키
고 그것과 연관된 감정을 자극하는 뭔가에 노출되지 않을까 우려하
는 것이다. 예를 들어 전쟁 난민들에게는 갑작스러운 굉음이 트라우
마를 자극하는 트리거일 때가 많다. 그래서 난민 인구가 많은 독일의
몇몇 도시에서는 불꽃놀이 행사를 열지 않는다.

　비건들에게 트라우마 트리거는 대체로 고기와 알, 유제품이다.
이런 동물성 식품은 그들 주변, 심지어 집에도 있다. 또한 비건을 깎
아내리는 논평과 행동도 트리거가 될 수 있다. 비거니즘과 비건을 무
시하는 말들이 여기에 포함된다. 이를테면 비거니즘을 비주류 문화
로 묘사하거나, 비건을 '편식쟁이'나 '까다로운 사람'이라고 부르는
표현들이다. 트라우마 전문가에 따르면 다른 사람들이 트라우마 트
리거를 별것 아닌 것으로 여기거나 무시하거나 심지어 놀림거리로
삼을 때 트라우마 반응이 일어날 가능성이 더 커진다.[2]

　비건은 이해받지 못한다고 느낄수록 안전하지 않다고 느낀다.
그들의 트라우마를 깨우는 트리거가 무엇인지 다른 사람들이 이해
하지 못한다면 트라우마 경험이 되돌아오는 것을 막을 도리가 없기
때문이다. 상대가 비건의 트리거가 무엇인지 뻔히 알면서도 트리거
를 자극하는 행동을 계속한다면 안전감이 훨씬 더 줄어들 것이다. 트

---

✦　과거의 트라우마 경험을 재경험하도록 만드는 자극.

라우마 트리거가 작동할까 봐 두려울 뿐 아니라 상대가 자신을 안전하게 보호하고 배려하리라 신뢰할 수 없기 때문이다. 물론 이런 패턴이 거듭 반복되면 상대가 자신을 괴롭힌다는 느낌이 들 테고 상대를 가해자로 보는 관점이 굳어지게 된다. 알코올중독자가 있는 가정에서 성장한 기억 때문에 술을 보면 예민해지는 사람이 있다고 해보자. 친구가 이런 예민함을 이해하지 못한다면 그의 트리거를 자극할 말과 행동을 무심코 할 수 있을 것이다. 친구가 그의 예민함을 알면서도 주의하지 않거나 배려하지 않는다면 훨씬 더 큰 불안을 느끼고 어쩌면 배신감마저 들지 모른다.

트리거는 뇌의 전전두피질(뇌의 이성적 부분)을 우회해서 편도체(투쟁-도피-경직 반응을 담당하는 부분)를 활성화해 사람을 과잉 각성, 즉 높은 경계 태세로 몰아넣는다. 심장이 두근거리고, 호흡이 빨라지며, 안전하지 못하다는 느낌과 위협을 느낀다. 안전하지 않다고 느낄 때 사람들의 유일한 관심사는 위협에서 벗어나 안전한 곳으로 돌아가는 것이다. 트라우마를 깨우는 트리거에 반응하는 것은 잔혹 행위나 트라우마를 경험한 사람들에게 흔한 반응이며, 나약하거나 정신질환이 있다는 것을 뜻하지 않는다. 또한 트리거가 반드시 트라우마와 관련이 있는 것은 아니다. 정서적 예민함 같은 다른 요소도 트리거와 연관이 있을 수 있다. 이 문제는 7장에서 다루겠다. 원인이 무엇이든 트리거가 작동할 때 사람들을 움직이는 주된 동인은 안전감을 되찾는 것이다.

전쟁이나 강간, 잔혹 행위 목격처럼 모두에게 트라우마를 주는 사건도 있지만, 모든 사람은 고유하며 한 사람에게 트라우마를 일으키는 사건이 반드시 다른 사람에게도 트라우마를 일으키는 것은 아니다. 관계에서 가장 해로운 가정은 역할을 바꿔 내가 그들이라면 그렇게 느끼지 않을 테니 그들도 그렇게 느껴서는 안 된다고 결론 내리는 것이다. 그 상황에 실제로 놓이기 전에는 자신이 어떻게 반응할지 결코 알 수 없을 뿐더러 상대의 경험을 인정하지 않는 것(그들의 경험이 잘못됐다고 말하거나 그들의 감정이나 생각을 두고 그렇게 느끼거나 생각해서는 안 된다고 말하는 것)은 관계에 독이 된다. 이러한 불인정 invalidation은 안정감을 약화시키고 교감을 방해한다.

## 트라우마의 작동 방식

비건과 논비건 사이에서 트라우마가 작동하는 방식은 대개 예측가능하다. 비건인 엘리자베스와 그의 논비건 파트너 조애너의 일화를 예로 들어보자.

엘리자베스에게 트라우마 반응을 일으키는 트리거는 고기나 알, 유제품을 보는 것이고, 특히 그와 정서적으로 가까운 조애너가 그런 음식을 먹는 모습을 보는 것이다. 그러나 엘리자베스는 조애너에게 자기 앞에서 그런 음식을 먹지 말아 달라고 요청할 권리가 없다

고 느낀다. 조애너가 통제당하는 느낌을 받아 방어적으로 나오리라
는 것을 직감할 뿐 아니라 그 역시 비건인 자신의 욕구가 논비건인
조애너의 욕구보다 덜 중요하다는 육식주의 신화에 붙들려 있기 때
문이다. 그래서 엘리자베스는 하고 싶은 말을 꾹 참는다.

　이런 상황에서 엘리자베스는 불안과 단절을 느낀다. 안전감과
교감을 회복해야 한다고 느끼긴 하지만 그 깊숙한 욕구를 제대로 인
식하지는 못한다. 조애너의 행동이 자신을 슬프고 화나고 불안하게
한다는 것을 알 뿐이다. 그러나 기분이 나아지려면 트라우마 트리거
에 대한 노출을 줄여야 한다. 그리고 그의 경우에 트라우마 트리거는
동물성 식품이다. 또한 엘리자베스는 의식하지 못하겠지만 조애너
를 가해자로 보는 일을 멈춰야 한다.

　엘리자베스는 조애너가 육식주의 때문에 비거니즘에 대해 왜곡
된 인식을 갖고 있고, 동물을 먹는 문제에 대해서 방어적으로 반응하
리라는 것을 안다. 그러므로 솔직한 소통이 불가능하다고 느낀다. 그
래서 간접적으로 의사를 표현한다. 안전과 교감에 대한 욕구를 우회
적으로 전달하는 것이다. 이를테면 동물성 식품이 식탁에 올라올 때
자신의 눈에 띄지 않게 배치하거나 시선을 피한다. 축산업이 환경에
미치는 영향에 대한 통계를 가볍게 언급하기도 하고("최근 UN 보고
서가 우리 모두 비건이 돼야 한다고 말한 거 알아?") 조애너의 건강에 대해
언급하거나("새해엔 더 건강하게 먹을 거라고 하지 않았어?") 두 사람 사이
의 교감이 부족한 것에 대한 실망을 넌지시 드러내기도 한다("메리와

프레드(비건 커플)는 너무 행복해 보여. 삶의 열정을 공유하니 참 좋을 거야").

조애너는 엘리자베스의 말에 실린 감정을 알아차리고 심기가 불편해진다(한 사람의 트리거가 작동하면 다른 사람의 트리거도 작동한다). 조애너는 엘리자베스가 말하는 것과 엘리자베스가 실제로 느끼고 원하는 것 사이의 불일치를 감지하고 불신을 갖기 시작한다. 그리고 자신이 휘둘리고 있다고 느낀다. 엘리자베스가 실제로 상황을 통제하려고 하기 때문이기도 하고, 다른 한편으로는 육식주의의 영향 때문에 사람들이 실제로 그렇지 않을 때도 비건들이 자신을 통제하려 든다고 인식하기 때문이기도 하다.

## 취약한 순간을 치유와 변화의 순간으로

이 복잡한 역학을 다루는 열쇠는 양쪽 모두 연민의 마음으로 서로를 지켜보며 상대의 안전을 보장하겠다고 분명하게 약속하는 것이다. 그래도 기울어진 운동장을 인식하는 것이 중요하다. 육식주의와 트라우마는 상당한 힘의 불균형을 초래한다. 앞에서 언급한 것처럼 육식주의의 영향으로 비건이든 논비건이든 비건의 욕구를 논비건의 욕구보다 덜 중요하게 여긴다. 그리고 논비건이 다른 어떤 관계의 역학 때문에 자극받지 않는 한(이를테면 갈등을 겪거나 다른 사람을 실망시키는 일에 정서적으로 예민해서 그런 상황에 불안을 느끼지 않는 한) 안전에 위협을 느끼는 사람은 비건일 가능성이 크다.

생산적인 대화가 이루어지려면 양쪽 모두 대화하기 안전한 환경에 있다고 느껴야 한다. 트라우마를 겪은 비건에게는 이런 환경이 특히 중요하다. 자신이 이해받고 있으며, 자신의 정서적 반응 탓에 비난받지 않을 거라고 느낄 수 있어야 한다. 트라우마가 되살아난 사람에게 그들이 힘들어하는 문제가 그리 심각한 게 아니라거나, 지나치게 예민하게 굴지 말라거나, 트라우마 트리거를 감내하며 살아가는 법을 배워야 한다고 말하는 것은 관계를 재앙으로 몰아가는 지름길이다. 그런 말은 그들의 불안을 증폭하고 신뢰를 뒤흔든다.

그리고 논비건에게는 자신을 있는 그대로 드러내도 비난받지 않을 것이며, 비건이 될 준비가 되지 않았다고 해서 '부족한' 사람이나 나쁜 사람이라고 여겨지지 않으리라 믿을 수 있는 환경이 필요하다. 사람들은 가까운 사람들이 자신이 취약한 순간에, 자신의 안전에 진심으로 마음을 쓴다고 신뢰할 수 있기를 원한다. 누군가 취약해지는 순간은 고통 속으로 더 깊이 무너져 내리는 민감한 순간이다. 이런 순간들은 제대로 반응한다면 치유와 변화가 일어나는 신성한 순간들이기도 하다.

연민의 마음으로 지켜보기는 트라우마의 해독제다. 감정적으로

●  물론 젠더와 인종 같은 요소도 서로의 욕구를 얼마나 중요하게 여기는지에 영향을 미친다.

동요된 상태더라도 상대가 자신을 진심으로 지켜보고 이해하고 배려한다고 느끼면 트라우마 반응은 바람 빠진 풍선처럼 오므라든다. 일단 트라우마 반응이 진정되고 두 사람이 안전과 교감을 위해 서로에게 필요한 것을 토로하는 깊은 대화가 이루어지면, 실질적인 문제 해결 과정이 시작될 수 있다. 그러나 서로가 완전히 안정감을 느낄 만한 해결책을 찾는 데 전적으로 헌신하겠다는 태도와 해결에 이를 때까지 기꺼이 대화하려는 마음이 있어야 한다.

협상하는 과정 동안 자신을 최대한 많이 들여다보는 것도 중요하다. 자신의 욕구가 안전과 관련된 것이 아니라면 그 욕구를 위해 상대의 안전지대를 확장해 달라고 부탁해서는 안 된다. 이를테면 논비건이 비건에게 자신은 원하는 것을 마음대로 먹을 수 있을 때 안전감을 느낀다고 말한다면 이런 요구가 진짜 안전에 관한 것인지, 어쩌면 누가 관계의 주도권을 쥐느냐에 관한 것은 아닌지 되짚어봐야 한다. 앞으로 이어질 장들에서는 갈등을 최소화하면서 비건과 논비건이 욕구에 대해 이야기하는 방법을 구체적으로 다루겠다.

## 트라우마는 어떻게 전염되는가

트라우마를 겪은 사람들 곁에 있을 때 다른 사람도 트라우마를 경험할 수 있다.[3] 트라우마가 전염되는 한 이유는 트라우마 서사가 다른 사람에 대한 생각과 감정, 행동을 이끌기 때문이다. 당신이 상대를 가해자로 여긴다면 그들을 가해자로 대할 테고, 그들의 생각과 감정, 행동이 이에 대한 반응에서 비롯될 것이다. 당신이 그들을 공격하고 비난한다고 느낄 때 상대는 희생자가 되었다고 느끼며 당신을 가해자로 인식한다. 또는 당신의 서사를 믿게 되어(특히 당신의 서사가 주류 서사라면) 죄책감과 수치심을 느낄지도 모른다. 또는 체념에 빠져 옳은 일을 하려는 시도를 그만두고 그냥 가해자의 역할을 받아들일지 모른다. 어느 쪽이든 상대는 당신의 트라우마 서사를 공유하고, 그에 따라 느끼고 행동하게 될 수 있다.

트라우마가 전염되는 또 다른 이유는 트라우마를 겪은(또는 겪지는 않았지만 트라우마에 '걸리기'가 얼마나 쉬운지 모르는) 사람들이 다른 이에게 미칠 영향을 생각하지 않고 트라우마를 유발할 만한 자료를 퍼트리곤 하기 때문이다. 예를 들어 사육동물의 고통을 널리 알리는 일은 중요하지만 논비건들이 그런 이미지에 노출되는 방식은 트라우마를 일으킬 만하다. 이런 방식은 문제를 해결하기보다는 더 많은 문제를 일으킬 수 있다. 사람들은 괴로움을 피하기 위해 동물의 고통을 외면하는 경향이 있기 때문에 비건들은 무방비 상태의 사람들에게 생생한 이미지를 제시하는 충격 요법을 사용하기도 한다. 이것이 좋은 의도에서 나온 방법이라 해도 이럴 때 논비건은 고통을 목격하겠다는 사전 동의 없이 기습을 당했다고 느낀다. 그 이미지 때문에 트라우마를 겪고 비건들의 희생자가 되었다고 느끼기기도 한다. 그러므로 응당 분노를 표출할 대상(동물 착취 산업)이 아니라 그들이 가해자라고 인식하는 비건들에게 분노한다. 이런 문제를 피하기 위해 트라우마를 일으킬 만한 자료를 제시하기 전에는 상대의 동의를 얻는 것이 좋다.

또한 비건은 서로에게 트라우마를 안기기도 한다. 한 비건이 자신이 목격한 끔찍한 이야기를 할 때 그것을 듣는 다른 비건은 몸서리치며 경악할 수 있다. 여기에서도 단순한 해결책은 다른 사람들이 무심코 폭력의 목격자가 되지 않게 하는 것이다. 그리고 누군가 당신에게 그런 이야기를 들려주기 시작할 때 멈추라고 요청하는 것이다.

마지막으로 비건들은 필요치 않을 때도(동물의 고통을 줄이는 데 직접 도움이 되지 않을 때도) 동물의 고통을 목격하기를 선택함으로써 자신에게 트라우마를 안기기도 한다. 당신이 이미 비건이라면 더 많은 트라우마 상황을 목격할 이유가 없다. 그런 선택은 오히려 회복탄력성을 해치고 비건들 사이에 만연한 트라우마를 더 늘릴 뿐이다.

자신과의 관계에서든, 다른 비건이나 논비건과의 관계에서든 경계를 지키는 일은 중요하다. 트라우마에서 자신을 보호하기 위해서나, 다른 사람과 건강한 관계를 맺기 위해서나 건강한 경계를 지키는 일은 모두에게 중요하다.

# 경계를 분명히 표현하기

경계란 개인의 공간을 지키기 위해 물리적·심리적·정서적으로 자기 주위에 긋는 선이다. 도로를 달리는 운전자들로 관계가 구성된다면 그 경계는 차선이다. 개인의 공간을 침범하는 행동은 무엇이든 경계를 침범하는 것으로 받아들여진다. 누군가 옆에 바싹 달라붙어서 당신의 물리적 공간을 침범할 때 어떤 느낌이 드는지 떠올려보라.

사람들은 무심코 서로의 경계를 넘곤 한다. 사람마다 경계가 다르고, 다른 사람의 보이지 않는 경계가 어디인지 항상 직관적으로 알아차릴 수는 없기 때문이다. 고기와 알, 유제품에 노출되는 문제에 관한 한 많은 논비건이 비건들의 경계를 알아차리지 못한다. 비건과 같은 경계를 갖고 있지 않기 때문이다. 그러므로 논비건은 왜 비건 앞에서 동물을 먹기만 해도 비건들이 경계를 침범한다고 느끼는지 이해하지 못할 수 있다. 그러므로 경계를 존중받기 위해 자신에게 무엇이 필요한지 알고 표현하는 것은 경계를 자주 침범당하는 비건들의 몫이다.

당신의 경계가 무엇인지 알기 위해 자신에게 다음과 같은 질문을 던져볼 수 있다. 상대가 어떤 행동을 했을 때 단절된 느낌이 드는가? 내가 안전하지 않다고 느끼게 하는 행동은 무엇인가? 어떤 상황에서든 경계선 침범에 해당하는 행동들이 있다. 이를테면 비난이나 당신이 재미있다고 여길 수 없는 유머 같은 것들이다. 그러나 누군가에게는 경계선 침범이지만 다른 사람들에게는 그렇지 않은 행동도 많다. 자신의 경계를 알고 다른 사람에게 분명히 알려주는 것, 그렇게 함으로써 자신을 보호하고 다른 사람들에게 당신의 욕구를 존중할 기회를 주는 것은 당신의 몫이다.

## 회복 탄력성을 키우는 8가지 방법

심리-정서적 면역 체계가 튼튼할 때 사람들은 회복 탄력성을 지니며, 스트레스를 견뎌내고 회복할 수 있다. 회복 탄력성이 있는 관계에서 사람은 안정과 교감을 느낀다. 개인에게 회복 탄력성이 있을 때 사람들은 자신과 심리적·정서적으로 더 많이 교감하며 삶에서 안정감을 느낀다. 비건에게는 개인적 회복 탄력성을 키우는 일이 중요하다. 미래에 경험할 수 있는 외상 스트레스를 견뎌내고, 이미 경험한 트라우마를 치유하는 데 꼭 필요하기 때문이다.

트라우마를 겪은 사람에게는 회복 탄력성을 키우는 일이 특히 중요하다. 과거에 트라우마를 경험했고, 특히 트라우마가 적절하게 처리되지 않았다면 잔혹 행위를 목격할 때 돌봄이 필요한 오랜 상처가 다시 벌어질 수 있다. 회복 탄력성을 키운다는 말은 자신을 돌보는 일에 마음을 다한다는 말이기도 하다. 그러려면 치유가 필요한 과거의 트라우마를 보살펴야 한다. 개인적인 트라우마를 겪은 사람들이 잔혹 행위가 일어나는 현실을 변화시키겠다고 마음먹는 경우가 많다는 것을 이해하면 도움이 된다. 희생자였던 경험에서 나온 공감이 다른 폭력의 희생자들을 보호하려는 노력의 동인이 되는 것이다.

회복 탄력성을 키우는 첫걸음은 회복 탄력성 키우기를 최우선 과제로 삼고 실천에 옮기는 것이다.

## 자신의 욕구를 돌보기

에너지를 소모하는 만큼 흡수하거나, 더 많이 흡수할 때 사람들은 회복 탄력성을 지닌다. 삶의 각 영역별로(물리적·정서적·사회적·영적) 한정된 양의 에너지가 저축된 에너지 계좌가 있다고 생각해보라. 에너지를 계속 쓰기만 한다면 결국 파산하게 될 것이다. 에너지 계좌에 적자가 생길 때마다 회복 탄력성(당신의 심리-정서적 면역 체계)이 흔들릴 테고, 삶에서 마주하는 문제들에서 트라우마를 경험하거나 부정적인 영향을 받게 될 것이다. 몸의 면역 체계가 제대로 기능하지 않을 때 병에 걸릴 위험이 높아지는 것과 같다.

관계의 회복 탄력성의 토대인 안정과 교감을 만들려면 서로의 욕구에 귀 기울이고 반응해야 하는 것처럼, 개인의 회복 탄력성을 키우려면 자신의 욕구에 귀 기울이고 반응해야 한다. 즉 자기 자신을 돌봐야 한다. 가령 잘 자고 잘 먹고 운동을 해서 건강을 유지할 뿐만 아니라 삶의 현실적 영역들(주거와 재정 등)에서도 안정감을 느낄 수 있도록 애써야 한다. 또한 정신이 활력을 유지하고 고갈되지 않도록 마음의 양식을 공급하고 감정을 존중하며, 다른 사람과 건강한 교감을 유지하고 자신의 영적 욕구를('영적'인 것을 어떻게 정의하든) 만족시켜야 한다.

이렇게 자신의 욕구를 돌보려면 자기 인식이 필요하다. 자신이 무엇을 필요로 하며, 욕구를 채우는 데 무엇이 도움이 되는지 알아야 한다. 또한 자신의 욕구를 평가하거나 하찮게 여기지 않도록 자신을 연민의 마음으로 지켜봐야 한다. 자신의 욕구를 돌보는 것은 이기적인 것이 아니다. 사람들은 자신의 욕구를 돌볼 때 더욱 회복 탄력성 있는 개인이 될 수 있다. 그럴 때 사람들은 자신이 소망하는 대로 관계와 세상에 좋은 영향을 미칠 수 있다.

회복 탄력성은 비건 개인뿐 아니라 그들이 맺는 관계의 건강에도 중요하다. 또한 영향력 있는 비건 운동을 만드는 데도 필수적이다. 그러나 대부분의 비건 활동가는 회복 탄력성을 우선시하지 않는다. 이러한 자기 방임이 일어나는 한 가지 이유는 회복 탄력성이 문화적으로 중요시되는 가치가 아니기 때문이다. 많은 문화는 사람들이 과로하고, 처방 없이 약을 찾아 먹고, 자신을 방치하며 자기 욕구를 무시하도록 부추긴다. 또 다른 이유는 2차적 외상 스트레스가 비건에게 회복 탄력성을 과소평가하도록 만들기 때문이다. 예를 들어 생존자의 죄책감을 더 많이 느낄수록 비건은 더 열심히 일에 몰두하며, 잠시라도 쉴 자격이 없다고 느낀다. 그렇게 일에 매달릴수록 2차적 외상 스트레스에 취약해지므로 악순환이 일어난다. 2차적 외상 스트레스는 자기 방임의 원인이자 결과다.

게다가 많은 비건 활동가가 자신들이 속도를 늦추다가 아예 멈추게 될까 봐 두려워한다. 이런 두려움은 트라우마로 인한 왜곡일 때가 많은데, 트라우마가 비건 활동의 원동력인 경우에 주로 나타난다. 비건들은 트라우마 반응에 이끌린 강박적 행동을 중단하면 선한 싸움을 이어갈 만한 동력이 줄어들까 봐 걱정하기도 한다. 그러나 자신과 교감하고 현존하며 비건 운동에 참여할 때 더 효과적이고 지속 가능하게 활동할 수 있다. 트라우마를 동인으로 이루어지는 행동은 본질적으로 지속 가능하지 않다. 트라우마를 동력으로 움직이는 활동가들은 결국 자신을 소진하고, 그 과정에서 다른 사람들도 함께 끌어내리곤 한다. 트라우마를 내려놓는 일은 자신과 비건 운동 모두에게 선물이 된다.

## 완벽주의를 내려놓기

완벽주의는 회복 탄력성을 떨어뜨리기 때문에 2차적 외상 스트레스의 증상인 동시에 원인이 될 수도 있다. 완벽주의는 자신과도, 다른 사람들과도 덜 안정적이고 덜 교감하는 방식으로 생각하고 느끼고 행동하게 만든다.

완벽주의는 이분법적 사고를 부추긴다. 성공하거나(완벽하거나) 실패하거나, 선하거나(완벽하거나) 못되거나 둘 중 하나다. 완벽주의 사고방식으로 생각할 때 사람들은 좀처럼 다다를 수 없는 불가능한 기준을 좇게 된다. 완벽주의는 목표가 아니라 과정에 초점을 두기 때문이다. 완벽주의자는 자신과 타자, 세상과 관계를 맺는 특정한 방식에 중독되어 있다. 완벽주의자를 움직이는 것은 목표라기보다는 목표에 도달하려고 집착적으로 애쓰는 과정이다. 목표는 완벽을 추구할 대상을 갖기 위한 구실일 뿐이다. 완벽을 좇아 달리는 사람은 미래의 목표에 집중하거나 과거에 대한 후회에 갇혀 현재에서 뿌리 뽑히게 된다. 그런데 현재는 당신이 회복 탄력성 있는 삶과 관계를 창조하기 위해 반드시 발붙이고 있어야 하는 곳이다.

비건은 완벽주의에 붙들리기 쉽다. 비거니즘을 둘러싼 완벽주의적이며 건강하지 못한 메시지에 자주 노출되기 때문이다. 이를테면 비건 유명 인사가 완벽한 비건 생활 방식에서 조금이라도 벗어난 행동을 하면 그를 깎아내리며 분노하는 비난의 말들이 날아든다. 이런 말들은 완벽주의를 조장할 뿐 아니라 비건들을 분열시키고 논비건들을 비거니즘에서 등 돌리게 만드는 근본주의적 사고방식을 반영한다. 그러므로 '완벽한 비건'보다는 '지속 가능한 비건'이 되려고 애쓰는 편이 더 좋다. 지속 가능한 비건이 되는 것은 완벽주의에 집착하지 않고, 자신에게 필요한 회복 탄력성을 포기하지 않으면서 최대한 비거니즘을 실천하는 것이다. 늘 비건으로 살 수 있는 비건도 많지만 그렇지 않은 비건도 있다. 비합리적이고 지나치게 비판적인 완벽주의는 회복 탄력성을 갉아먹고, 번아웃을 조장한다. 그런 완벽주의를 내려놓는다면 비건 자신과 그들이 맺는 관계뿐 아니라 세상에도 분명 더 좋은 영향을 미칠 것이다.

논비건을 대할 때도 완벽주의를 피하는 것이 중요하다. 한 가지 방법은 육식주의와 비거니즘이 하나의 스펙트럼 위에 존재한다고 생각하는 것이다. 중요한 것은 스펙트럼의 어느 지점에 있느냐가 아니라 어느 방향을 향하는가다. 대부분의 사람은 하루아침에 비건이 되지 않는다. 비건이 되는 것에 거부감을 느끼는 사람도 많지만, 대부분은 비건의 핵심 가치를 지지하며 비건에 더욱 가까워지면 좋다는 것을 이해한다. 다른 사람들이 최대한 비건에 가까워지도록 용기를 주는 것이 비거니즘을 위한 더 현실적이고 정중하며 효과적인 방법이다. 사회운동은 사회의 모든 사람이 열혈 지지자가 될 때가 아니라 충분히 많은 사람이 충분히 지지할 때 성공하는 법이다. 그렇다고 비건이 될 각오가 된 사람들을 말려야 한다는 말은 아니다. 그보다는 신념에 인간의 복잡한 심리가 끼어들지 않는 것처럼 접근하는 것이 비효율적이고 비생산적이라는 것을 이해해야 한다는 말이다. 어떤 신념 체계와 삶의 방식을 제안할 때는 당신이 손을 내미는 사람들의 심리적 처지와 욕구를 헤아리는 것이 필요하다.

비건이 완벽주의를 추구하기 쉬운 또 한 가지 이유는 대체로 사회운동에 끌리는 사람들이 높은 성실성을 갖춘 유형일 가능성이 높기 때문이다. 성실성은 완벽주의적 성향을 증가시키는 성격 특성이다. 그리고 마지막으로 비건들이 완벽주의 성향이 되기 쉬운 또 다른 이유는 육식주의 문화가 비건들에게 자신이 비건 운동의 '상징'인 것처럼 느끼도록 만들기 때문이다. 비건들은 비건 운동의 대표자로서 비건 운동에 해가 되지 않도록 아프거나 도덕적으로 일관성 없는 행동을 해서는 안 된다고 느낀다(물론 모든 사람은 아프기 마련이고 도덕적으로도 일관성이 없다).

완벽주의를 상쇄하는 한 가지 방법은 당신이 뒤죽박죽인 세상을 물려받았음을 이해하는 것이다. 어쩌다 들어선 이 난장판은 대체로 당신이 만든 것이 아니라 물려받은 것이다. 그러므로 사람들은 이상적인 세상에서 내렸을 선택과는 꽤 다른 선택을 하며 살아간다. 바라는 세상이 아니라 있는 그대로의 현실과 관계를 맺을 때 사람들은 무거운 짐을 내려놓을 수 있다. 불완전한 인간으로서 자신을 받아들일 때 자신을 온전히, 뒤죽박죽인 부분까지 전부 포용할 수 있다. 그렇게 할 때 사람들은 완벽해지는 일에 덜 집착하고, 진정한 나로 현재를 살 수 있다. 또한 '그건 잘 모르겠어요'라고 말하는 법을 배우고 모든 질문에 항상 대답을 내놓아야 한다고 느끼지 않을 수 있다. 당신은 늘 대답을 갖고 있지도 않고, 갖고 있을 수도 없다.

### 비거니즘과 육식주의에 관해 공부하기

비거니즘과 육식주의에 관해 당신이 모든 답을 갖고 있지 않다는 걸 인정하는 것은 중요하지만 그래도 몇몇 문제에 대한 답을 아는 것은 도움이 된다. 특히 회복 탄력성을 높이는 데 도움이 될 정보는 알아두면 좋다. 아는 것은 힘이다. 다음은 알고 있으면 더 자신감을 느끼고, 감정적으로 동요할 만한 일이 적어질 정보의 목록이다.

- 2차적 외상 스트레스의 증상과 원인
- 육식주의가 비건과 논비건에게 미치는 영향
- 안정적이고 교감하는 관계를 만드는 원칙
- 효과적인 의사소통의 기초
- 비거니즘에 관한 기본 지식(몇 가지 비건 '응답 매뉴얼'을 포함)

이 책은 네 번째 정보까지 제공한다. 목록의 마지막에 있는 비거니즘에 관한 기본 지식은, 비거니즘의 철학과 비거니즘이 인간의 행동과 동물 복지, 환경에 미치는 영향, 그리고 비건 식단의 영양과 기본적인 식생활 등의 정보를 말한다. 이를 안다면 비거니즘이 주제가 됐을 때 자신의 신념과 의견을 더 명료하게 표현하고 답답함이나 막막함을 덜 느끼게 될 것이다. 그리고 비건 '응답 매뉴얼', 즉 비건이 흔히 접하는 질문과 반론에 대한 짧은 대답을 익힌다면 동물을 먹는 관행을 두고 길고 무의미한 논쟁을 벌이는 일을 피할 수 있다.

### 비건 공동체 만들기

여러 연구에 따르면 사회적 연결은 회복 탄력성의 핵심 요소다.[4] 그러나 트라우마는 다른 사람과의 관계와 자신과의 관계를 모두 단절시킨다. 그러므로 트라우마를 예방하고 치유하려면 사회적 연결을 만들고 유지하는 것이 중요하다.

　비건에게는 생각이 비슷한 사람들과 공동체를 구성하는 일이 매우 중요하다. 작은 공동체라도 괜찮다. 비슷한 관점을 지닌 한두 사람이 회복 탄력성에 엄청난 차이를 만들 수 있다. 늘 오해받고 상처받는 육식주의 문화에서 비건으로 살아가는 데는 심리적·정서적 대가가 따른다. 또한 자신이 고립되어 있고, 혼자라는 느낌을 받을 수 있다. 자신의 믿음을 이해하고 공유하는 다른 사람들이 있다는 사실은 대단히 큰 힘을 준다. 요즘에는 이런 목적을 위한 비건 단체나 모임이 많다. 지역사회에 비건 단체나 모임이 없다면 온라인에서 다른 사람들과 교감하는 방법을 고려해보라.

### 개별성을 인정하기

　비건이 되는 과정에서 겪는 패러다임의 전환이 워낙 급격하다 보니 비건은 자신에게도 비건이 아니던 때가 있었다는 사실을 잊기도 한다. 햄버거를 먹는 사람을 보면서 어떻게 저런 걸 먹을 수 있을까 의아해하는 식이다. 몇 달이나 몇 년 전이었다면 그 사람이 바로 자신이었을 수도 있는데 말이다. 그러므로 비건들이 논비건 사이에서 소외감을 느낀다면 그 이유 중 하나는 자신이 속했던 육식주의에 대해 잊는 경향이 있기 때문일 것이다. 비건 운동가인 토바이어스 리나르트Tobias Leenaert가 언급한 '비건 기억상실증vegan amnesia'[5]은 비건이 다른 사람과 교감하고 비거니즘에 관해 소통하는 데 방해가 된다.

비건은 육식주의와 비거니즘 모두를 이해하는 이중 언어 사용자다. 이 점을 염두에 둔다면 논비건들과 훨씬 더 효율적으로 관계를 맺고 소통할 수 있을 것이다.

반대로 가끔 비건은 논비건을 충분히 다르게 보지 못하기도 한다. 유독 비건에게만 이런 태도가 있는 것은 아니다. 이런 태도는 모두에게 정상적이며 피할 수 없는 일이다. 사람들은 자신과 관계를 맺는 사람들, 특히 연인이나 배우자처럼 친밀한 상대를 자신의 연장선으로 보는 경향이 있다. 자신이 일체감을 느끼는 자동차나 집 같은 대상처럼 느끼는 것이다.

다른 사람을 자신의 연장으로 볼 때 사람들은 그들의 행동을 자신의 투영으로 여긴다. 그러므로 그들이 나의 가치관과 맞지 않는 일을 하면 어찌된 일인지 내가 나의 가치관을 거스르는 행동을 한 듯한 느낌이 든다. 예를 들어 당신은 멋진 옷과 사회적 격식을 중시하는데 파트너가 낡고 해진 옷을 입는 데다 사회성이 부족하다면, 마치 그의 행동이 당신의 가치관을 훼손하는 것처럼 느껴질 수 있다. 물론 어떤 면에서 파트너의 행동이 당신을 투영하는 것은 맞다. 어쨌든 그 사람과 관계를 맺기로 결정한 사람은 당신이니까. 그러나 그런 투영은 당신이 짐작하는 것만큼 강력하지 않다. 그리고 안정적이고 교감하는 관계를 키우기 위해서는 상대를 있는 그대로 인정하는 법을 배울 필요가 있다. 상대를 평가하거나 다른 사람의 비판을 믿지 말고 상대를 있는 그대로 볼 줄 알아야 한다(당신과 상대의 차이가 너무 중대해서 편안하게 받아들이기 힘들 정도라면 그 차이에서 길을 찾는 방법을 탐색할 수 있다. 이 문제는 이어지는 장들에서 다루겠다).

상대를 자신의 연장으로 보려는 경향은 자제할수록 더 좋다. 일반적인 경향이라고 해서 항상 건강한 것은 아니다. 관계하는 사람과 물건들이 다른 사람 눈에 어떻게 보이느냐가 자신의 정체성을 결정한다고 생각할 때, 사람들은 자신과 상대의 행복을 제한한다. 자기애적 성향을 지닌 부모가 자신이 성공했다고 느끼기 위해 자녀에게 자기 뜻대로 하기를 강요하는 상황을 생각해보라. 그런 관계에서는 부모도 아이도 결국 길을 잃고 말 것이다.

자신이 상대를 투영해서 본다는 것을 깨닫지 못한다면 사람들은 불필요하게 좌절감을 느끼고 동요할 수 있다. 예를 들어 비건은 비건이 아닌 사람과 사귐으로써 자신의 가치를 굽히고 있다고 느끼게 될지 모른다. 자신이 변절자나 다름없다고 느낄 수도 있고, '적과의 동침'으로 자신의 가치관을 저버렸다고 느낄 수도 있다. 파트너가 동물을 먹을 때마다 자신이 동물을 먹는 것처럼 수치심을 느낄지도 모른다. 또는 다른 비건들에게 가장 가까운 사람에게조차 비거니즘을 이해하고 받아들이게 하지 못하는 '패배자'처럼 보일까 봐 걱정할 수도 있다. 이런 투사가 언제 일어나는지 알고, 다른 사람의 시선을 의식하느라 가까운 논비건을 존중과 교감으로 대하지 못하는 일이 없도록 조심하는 것이 중요하다. 이 점을 기억해두면 좋다. 사람들은 그들이 갖고 있는 신념 이상의 존재다. 그리고 관계는 이상을 공유하는 것보다 더 많은 것을 토대로 한다.

## 감사하기

연구에 따르면 감사는 사람들의 기분과 심리적 건강 전반에 직접적이고 중대한 영향을 미친다. 감사하는 태도는 회복 탄력성을 키우는 일의 중요한 일부가 될 수 있다. 감사하기는 하루에 한 가지씩 감사한 일을 큰 소리로 말하거나 감사 일기를 쓰는 방법으로 실천할 수 있다.[6]

## 자기 인식과 마음챙김

자신과 회복 탄력성 있는 관계를 유지하는 데 도움이 되는 가장 중요한 실천은 자기 인식과 마음챙김이다. 자신을 더 잘 인식할수록(자신의 생각과 느낌, 욕구를 알면 알수록) 자기 방임이 줄어든다. 마음챙김을 실천할수록(지금 여기에 존재할수록) 2차적 외상 스트레스의 결과이자 원인인 파괴적인 사고방식과 관계 방식에 끌려 다닐 위험이 줄어든다. 물론 자기 인식과 마음챙김은 별개의 실천이 아니다. 자신을 인식하면 할수록 마음챙김 상태를 더 잘 유지할 수 있고, 마음챙김 상태를 잘 유지할수록 자신을 더 잘 인식할 수 있다.

자기 인식과 마음챙김을 위해서는 삶에 여유를 만드는 것이 중요하다. 끊임없이 이 일에서 저 일로 뛰어다니고, 이 생각에서 저 생각으로 건너뛰는 동안 마음은 어수선해진다. 마음이 어수선할 때는 내면의 깊은 소리를 들을 수 없다. 텔레비전과 라디오를 켜놓고 통화를 하면서 창밖의 새소리를 들으려고 애쓰는 것과 같다. 시간과 관심을 차지하는 것을 제거하고 어수선하지 않은 시간을 만들어서 당신은 삶에 공간을 낼 수 있다. 이 시간을 이용해 긴장을 풀고 휴식을 취하는 데 도움이 되는 일을 하라. 달리거나 책을 읽을 수도 있고 가족을 위해 요리를 할 수도 있다. 달리 말해, 매일 잠깐 멈춰 숨 돌릴 시간을 가져라.

비건에게는 비거니즘을 홍보하거나, 비거니즘에 대해 이야기하는 일로부터의 휴식도 필요하다. 비건은 기회가 있을 때마다 비거니즘을 알려야 한다고 생각하기 쉽다. 그러나 비거니즘 홍보에 나서지 말아야 할 때를 아는 것도 중요하다. 가끔은 모임을 그냥 즐길 필요도 있다. 굳이 비거니즘 홍보 대사가 되려고 애쓰지 않아도 된다. 늘 '활성화' 상태에 있는 것은 당신을 지치게 하고, (늘) 비거니즘의 홍보 대사가 되어야 한다는 생각은 당신이 개인으로서 다른 사람들과 교감하는 것을 방해할 수 있다.

또한 자기 내면의 대화에 귀 기울이고 주목하는 연습을 하는 것도 중요하다. 내면의 대화란 자신과 나누는 대화를 말한다. 이 대화는 8장에서 다루겠다. 연구에 따르면 자신과 이야기하는 방식은 자아 개념과 기분, 성취, 전반적인 심리 건강에 영향을 미친다.[7] 그리고 대부분의 사람은 다른 사람이 그랬다면 결코 참지 못할 방식으로 자신과 대화하며, 끊임없이 자신을 비난하고 모욕한다. 자기 대화 방식을 인식하고 바꾼다면 삶을 변화시키고 회복 탄력성에 큰 영향을 미칠 수 있다.

마음챙김은 훈련이자 존재 상태다. 마음챙김을 연습하면 더 차분한 마음으로 지금 여기에 존재할 수 있게 된다.[8] 마음챙김을 연습하는 방법은 다양하지만 가장 흔한 방법은 명상이다.[9] 많은 연구가 마음챙김 명상의 이점을 연구했고 마음챙김 명상이 심리와 신체 건강 개선에 대단히 긍정적인 영향을 미친다는 것을 보여주었다.[10] 마음챙김 명상의 혜택을 누리기 위해 긴 시간 명상해야 할 필요는 없다. 하루 10분으로도 달라질 수 있다.

## 희망을 붙들기

희망을 놓지 말아야 할 이유가 있음을 아는 것도 중요하다. 육식주의 같은 잔혹 행위를 끝내기 위해 애쓰는 사람들은 절망에 빠지기 쉽다. 문제가 너무 크고, 너무 압도적이고, 너무 가망 없어 보이기 때문이다. 육식주의는 생활 속에 깊이 배어 있고, 육류 산업에 의존하는 많은 주류 미디어는 희망적인 보도를 하지 않는다. 그러므로 비건의 성공 소식은 좀처럼 듣기 힘들다. 절망은 회복 탄력성을 해치고 더 나은 미래가 가능하다고 믿는 비건의 신념과 에너지를 빨아먹는다.

희망은 절망의 해독제다. 비거니즘에 관한 한 희망을 품을 것이 많다. 비건 운동은 세계에서 가장 빨리 성장하며, 그 성장이 둔화될 조짐이 없는 사회정의 운동 가운데 하나다. 사회 변화의 역사를 돌이켜보면 육식주의 역시 무너져 내린 다른 이데올로기의 경로를 정확히 따라가고 있음을 알 수 있다.

어떤 행동이 당위가 아닌 선택의 문제가 되면 그 문제는 윤리적 관점에서 예전과는 전혀 다른 차원을 띠게 된다. 억압 시스템이 유지되려면 사람들이 자신의 가치를 거스르는 관행에 참여할 수밖에 없도록 만들어야 한다. 이를테면 그들의 국가나 인종, 인류가 살아남기 위해 불가피한 일이라고 말하는 것이다. 사람들은 이러한 과정을 통해 그런 관행을 자기 방어의 문제라고 여기게 된다. 타자를 해치지 않으면 자신을 해치게 될 거라고 말이다. 오늘날 사람들은 '동물을 먹는 일이 필요하다'라는 주장을 더 이상 신뢰할 수 없게 됐다. 축산업에 윤리적으로 불편함을 느끼는 사람들이 점점 많아지고, 세상은 점점 비건 친화적이 되고 있다. 모든 지표가 비거니즘이 주류 이데올로기로서 육식주의를 대체할 미래를 가리키고 있다.

⌣

비건이든 논비건이든 비건이 되는 경험, 특히 2차적 외상 스트레스 경험을 이해하지 못할 때 관계의 안정과 교감이 흔들릴 수 있다. 당신은 비건이 되기 전에는 안정적이고 교감하는 관계를 가졌을 수도 있고, 어쩌면 이미 힘든 관계였는데 비거니즘이 어려움을 더했을 수도 있다. 어느 쪽이든 일단 2차적 외상 스트레스가 안정과 교감으로 가는 길을 막고 있다는 것을 깨달으면, 건강한 관계 방식을 더 쉽게 찾을 수 있다. 또한 자신의 안녕과 회복 탄력성도 개선되므로 지속 가능한 비건 생활을 할 수 있다고 느끼며, 개인적으로도 더 큰 자신감을 얻게 될 것이다.

트라우마는 삶에 아름다움과 깊이, 진정성과 힘을 선사하기도 한다. 많은 사람이 외면하는 어둠을 기꺼이 증언하는 일에는 대가가 따르지만 선물도 함께 온다. 당신이 고통을 덜어주기 위해 애쓰는 존재들뿐 아니라 당신 자신과 당신의 관계에도 선물이 된다. 어니스트 헤밍웨이가 《무기여 잘 있거라》에서 쓴 것처럼 "세상은 모두를 부서뜨리지만, 사람들은 부서진 곳에서 강해진다".

# 갈등 해결하기

갈등을 예방하고 관리하는 법

갈등 관리는 모든 사람이 배워야 하는 필수적인 기술이며, 특히 비건-논비건 관계에 있는 사람에게 꼭 필요하다. 그러나 갈등을 능숙하게 관리하는 교육을 받은 사람은 아주 드물다.

사람들이 관계 관리를 교육받는 정도로만 운전 훈련을 받고 차를 몬다고 상상해보자. 운전대를 잡아도 될 나이가 되면 알아서 운전하라는 소리를 듣는다. 도로에서 지켜야 할 규칙도 배운 적이 없다. 그냥 다른 사람들이 운전하던 모습을 기억하려 애쓰며 더듬더듬 운전을 해야 한다. 그러나 다른 사람들도 운전 훈련이라고는 받은 적이 없다. 그렇게 운전을 배우는 과정에서 나쁜 습관이 생긴다. 드디어 차를 몰고 도로로 나간다. 그러나 첫 운전부터 당신은 줄줄이 불운을 겪는다. 운이 좋아야 당신(과 당신이 친 사람들)에게 일시적 부상을 입히는 작은 충돌을 일으킬 테고, 최악의 경우에는 영구적 손상을 입히는 대형 사고를 칠 것이다. 게다가 안전벨트를 매지 않거나 추월 금지 구간에서 추월을 하는 등의 나쁜 습관은 반복할 때마다 몸에 밸

것이다. 그뿐 아니라 교통 규칙을 숙지하지 않아서 자신이 규칙을 위반해 놓고선 남을 비난하거나, 남이 위반했는데 자신을 탓하게 된다. 그리고 두려움이 늘 떠나지 않는다. 잊을 수 없는 과거의 사고 때문에 두렵고, 자신을 안전하게 지킬 능력이 없어서 두렵다. 고속도로처럼 위험한 곳에는 감히 들어가지 않을지도 모른다. 다시 다치는 것이 너무 두렵기 때문이다.

사람과 사람 사이의 갈등은 둘 중 한 사람이나 두 사람 모두의 욕구가 충족되지 않을 때, 특히 안정과 교감의 욕구가 충족되지 않을 때 생긴다. 관계가 안정적일수록 갈등은 능숙하게 관리되며, 오히려 더욱 안정과 교감을 느끼도록 만들어 준다. 반면 관계가 안정적이지 않을 때 갈등은 서로의 안정감과 교감을 떨어뜨린다. 안정적인 관계에서는 갈등이 드문 편이지만 갈등은 어느 관계에서나 일어난다. 중요한 것은 관계에서 갈등을 경험하느냐 아니냐가 아니라 갈등을 어떻게 경험하고 관리하느냐다.

갈등의 본질을 이해하지 못하고, 갈등의 가치를 제대로 평가하지 못할 때, 그리고 갈등을 효과적으로 관리하는 법을 배우지 않았을 때 갈등은 자신과 다른 사람들에게 큰 고통을 안겨줄 수 있다. 그러나 갈등의 본질을 알고, 갈등의 중요성을 인정한다면 꼭 필요한 갈등 외의 다른 갈등을 막을 수 있다. 그뿐 아니라 당신이 겪는 갈등 하나하나를 기회로 삼을 수 있다. 진정성 있는 태도로 갈등에 대응할 때 서로에 대한 신뢰가 깊어지며, 관계의 안정과 교감도 함께 커진다.

# 교감을 파괴하는 만성적 갈등

대개 관계에서 문제를 일으키는 것은 한 번으로 그치거나 잠깐 지나가는 갈등이 아니라 만성적 갈등이다. 만성적 갈등은 단순하거나 짧은 갈등을 관리하거나 해결하지 못할 때 생긴다. 그럴 때 갈등은 더 복잡하고 문제적인 형태로 커질 수 있다. 많은 비건-논비건 관계에서 신념의 차이가 만성적 갈등으로 이어진다.

만성적 갈등은 너무 자주 반복되어 해결이 불가능하다고 느껴지는 고통스러운 형태로 나타난다. 반복될 때마다 새로운 오해와 상처가 쌓이며, 원래의 문제가 복잡해지고, 혼란이 가중된다. 예를 들어 파트너 가족의 휴일 만찬에 당신은 비건 요리를 들고 가고 싶어 하지만 파트너는 가족의 전통에 따라 평소처럼 논비건 요리를 들고 가고 싶어 한다고 해보자. 이 단순한 의견 차이에서 시작된 갈등이 지뢰밭으로 변할 수 있다. 가령 당신이 더 중요한지, 그의 가족이 더 중요한지를 따지는 말다툼이 벌어질 수 있다. 각자 욕구를 얼마나 자주 양보하는지를 놓고 서로 다른 기억이 충돌하고, 당신의 비건 가치가 더 중요한지 가족의 전통적 가치가 더 중요한지에 대한 논쟁이 이어질 것이다.

공격이 계속되고 해결책은 보이지 않는 상황에서 사람들은 갈수록 상처받고 분노하고 과민해진다. 그래서 더 쉽게 발끈하고, 더 강렬하게 반응한다. 또한 상대에게 자신을 배려할 마음이 있는지 의

심하게 된다. 그 결과 상대와 생각과 감정을 공유하는 일이 줄어들고, 관계가 단절되고 불안정해진다.

갈등을 풀려다 실패한 시도들이 쌓일수록 사람들은 정신적·감정적으로 진이 빠지고 절망을 느낀다. 피로감과 절망감이 쌓인 상황에서는 갈등의 불씨가 될 만한 것은 무엇이든 피하려 할 것이다. 그렇게 만성적 갈등에 노출된 사람들은 얼음 같은 휴전 상태에 갇혀 관계의 언저리를 맴돌며 교감으로 뛰어들지 못하게 된다.

대부분의 가까운 관계, 특히 낭만적 관계에서는 한 가지 이상의 만성적 갈등이 반복되는 경향이 있다. 만성적 갈등은 관계에서 흔한 현상이므로, 만성적 갈등이 반드시 관계의 종말을 뜻하지는 않는다. 그리고 기본적인 갈등 관리 기술을 익힌다면 아무리 해묵은 갈등 패턴이라도 중단할 수 있다. 만성적 갈등은 뒤엉킨 실타래와 같다. 많은 실이 뒤죽박죽 꼬여 있는 것처럼 보이지만 사실은 긴 실 한 가닥이 워낙 구불구불하게 꼬여서 풀 수 없다고 느껴질 뿐이다. 일단 만성적 갈등 패턴을 반복하게 만드는 구체적인 태도와 행동을 알고 나면 엉킨 실타래를 풀고, 더 탄력적인 새로운 실타래를 만들 수 있다.

## 갈등을 일으키는 4가지 원인

갈등의 원인은 다음 4가지 중 하나일 때가 많다.

- 경합하는 욕구
- (근본적으로 문제가 있을 수도 있고 아닐 수도 있는) 행동들
- 1차적 감정과 신체-정서 상태
- 서사(사람들이 어떤 행동이나 감정, 상황에 대해 자신에게 들려주는 이야기들)

갈등의 원인이 무엇이든 관계에서 드러나는 갈등의 표면 아래에는 안정과 교감을 느끼고픈 욕구가 있다. 상대가 자신의 욕구에 귀 기울이고 반응한다고 느끼고 싶은 것이다. 달리 말해 갈등의 원인이 무엇이든 더 깊은 차원으로 들어가면 상대에게 자신이 중요하다고 (소중하게 여겨지며 보호받는다고) 느끼고 싶은 욕구가 있다.

## 경합하는 욕구

나의 욕구가 상대의 욕구 충족을 방해하거나, 그 반대일 때 경합하는 욕구를 지녔다고 할 수 있다. 경합하는 욕구가 자주 갈등으로 이어지는 이유는 그 자체로 문제가 있기 때문이 아니라 사람들이 경합하는 욕구에 대해 가진 믿음이 문제를 일으키기 때문이다.

서로의 욕구가 경합하므로 한 사람만 욕구를 충족할 수 있다고 믿거나, 자신의 욕구가 관계의 욕구(서로에게 좋은 해결책을 찾는 것)보다 더 중요하다고 믿는다면 자신이 원하는 것을 얻을 때까지 싸우게 된다. 그 과정에서 아마도 상대를 희생시킬 테고 관계는 그 대가를

치르게 될 것이다. 또는 상대의 욕구를 '잘못된' 것으로 본다면(나와 다른 점을 결함으로 보고 비난한다면) 나의 태도는 상대에게 수치와 분노를 안겨줄 테고 상대는 방어적이 될 것이다(만약 당신의 욕구보다 상대의 욕구를 더 중요시한다면 자신의 욕구를 존중하지 못하거나, 상대가 당신의 욕구를 존중하게 만들지 못할 것이다. 그러면 당신은 점점 분노와 단절을 느끼게 된다).

반대로 두 사람 모두 행복하지 않는 한 각자가 행복할 수도 없다고 믿는다면 서로에게 좋은 해결책(또는 서로 만족할 만한 해결책)을 자연스럽게 찾게 될 것이다. 예를 들어 당신과 논비건 파트너가 휴일 만찬을 같이 준비해야 하는데 논비건 파트너는 가족의 '평화를 지키고 싶은' 욕구 때문에 전통적인 논비건 요리를 준비하고 싶어 하고, 당신은 집에 동물성 식품을 들이지 않는 것을 중요하게 여길지 모른다. 그럴 때 당신은 파트너의 욕구가 '잘못됐다'고 비난하는 대신 그의 욕구를 존중하면서 함께 대안을 찾아볼 수 있다. 이를테면 당신의 집이 아닌 다른 사람의 집에 만찬을 차리는 방법을 제안할 수 있다.


### 갈등을 일으키는 행동들

갈등을 일으키는 행동은 능동적일 수도 있고 수동적일 수도 있다. 당신이 한 행동이 갈등을 일으킬 수도 있고, 하지 않은 행동이 갈등을 일으킬 수도 있다. 그것은 부정적인 의도가 없거나 본질적으로는 문제될 것이 없는 무해한 행동일 수도 있고, 비관계적 행동일 수도 있다.

무해한 행동에는 악의 없는 실수와 오해가 포함된다. 예컨대 데이트 상대인 논비건이 비건 인증을 받지 않은 와인을 들고 저녁 약속에 나타난다면 비건은 그가 자신을 존중하지 않는다고 해석할 수 있지만 정작 논비건인 상대는 모든 와인이 비건이 아니라는 사실을 몰랐을 수도 있다.

비관계적 행동이란 근본적으로 상대를 존중하지 않는 행동들이다. 비난과 부당한 요구, 투사, 담쌓기(상대에게 중요한 소통에 호응하지 않는 것)를 비롯해 본질적으로 공감과 연민을 반영하지 않는 모든 행동을 포함한다.

### 1차적 감정과 신체-정서 상태

1차적 감정은 자연스럽게 느껴지는 본능적인 감정들이다. 이를테면 위험한 공격자를 마주쳤을 때 느끼는 공포는 1차적 감정이다. 1차적 감정이 갈등을 유발하는 이유는 단순하다. 1차적 감정을 느낄 때 사람들은 합리적인지 아닌지 생각할 겨를 없이 반사적으로 행동하기 때문이다.

1차적 감정을 2차적 감정과 혼동해서는 안 된다. (아래에서 다룰) 2차적 감정은 갈등 사슬의 일부지만 1차적 감정 이후에 나온다. 그러므로 2차적 감정은 1차적 감정에 대한 반응일 수 있다. 공격자에 대한 공포가 분노로 변할 때를 생각해보라. 이 경우에 분노는 자신을 보호할 능력을 주는 2차적 감정이다. 2차적 감정은 1차적 감정이나 상황에 대한 해석의 결과로 등장할 수도 있다. 예를 들어 우연히 마주친 낯선 사람이 위험한 공격자일 수도 있지만 실제로 어떤 사람인지는 확신할 수 없을 때, 당신은 1차적 감정으로 공포를 느낀 자신을 비판하며 2차적 감정으로 수치심을 느낄 수 있다. 또는 비건이 아닌 엄마에게 크리스마스 선물로 비건 식품 바구니를 선물했다고 가정해보자. 선물을 받은 엄마는 당신이 자신에게 비거니즘을 강요한다고 해석해 화를 낼 수도 있고, 좋은 경험을 공유하려는 마음에서 선물을 했다고 해석해 고마움을 느낄 수도 있다.

신체-정서 상태는 생리적 영향에서 나오는 감정 상태다. 예컨대 호르몬 불균형 때문에 우울이나 불안, (조증으로 인한) 도취감을 느낄 수 있다. 또는 동물의 고통을 목격한 경험 때문에 2차적 외상 스트레스가 있다면 그 트라우마를 떠올리게 하는 것, 이를테면 동물들을 도살장으로 싣고 가는 트럭을 볼 때 즉각적으로 강렬한 감정적 반응이 일어날 수 있다. 이런 감정 상태는 갈등을 유발하는 행동을 초래하거나 갈등을 유발하는 서사(자신의 상황에 대한 이야기)를 만들게 함으로써 갈등을 점화할 수 있다. 예컨대 우울할 때는 상대의 말에 귀 기울이기가 힘들고, 비판에 지나치게 민감해지며, 성관계에 관심을 잃게 될지 모른다. 그리고는 상대의 말에 귀 기울이고 싶지 않고 성관계에도 흥미가 떨어지는 것을 보니 이제 더 이상 상대를 사랑하지 않게 된 것 같다는 서사를 만들 수 있다.

사람들은 서사의 영향을 강하게 받는다. 서사란 어떤 경험이나 상황에 대한 해석을 토대로 구성한 이야기다. 예컨대 당신이 동물 도살 장면이 생생히 담긴 자료를 논비건 부모님께 보여드렸는데 부모님이 계속 동물을 먹는다면 그 상황에 대한 당신의 해석은 무한히 다양할 수 있다. 식단을 바꿀 만큼 동물에게 마음을 쓰지 않는다고 생각해서 부모를 이기적이라 판단할 수도 있고, 동물에게 마음은 쓰지만 신념을 실천할 용기는 없다고 생각해서 부모를 유약하다고 판단할 수도 있다. 혹은 전통적인 식단을 워낙 오래 고수했기 때문에 식단을 바꾸는 일이 부모에게는 엄두가 안 날 만큼 불가능한 일이라 생각하며 마음에 들지는 않지만 부모의 선택을 받아들일 수도 있다. 어떻게 해석하든 그 해석이 부모와 상황에 대한 당신의 감정을 결정할 것이다.

서사는 때로 갈등의 근본 원인이 된다. 가끔은 모든 것이 괜찮은데도 마음속에 자신을 힘들게 하는 이야기를 만들고, 그 이야기에 반응하기도 한다. 예를 들어 퇴근길에 촛불을 밝힌 아늑한 식당을 지나치다가 갑자기 비건-논비건의 차이를 둘러싸고 파트너와 겪는 긴장 때문에 낭만적인 식사를 즐길 수 없다는 사실을 아쉬워하게 될지 모른다. 그러면 파트너에게 화가 나고 관계가 실망스럽게 여겨질 테고, 집에 도착할 무렵에는 이미 갈등을 일으킬 준비가 끝날 것이다. 서사는 갈등의 원인이 아닐 때도 갈등의 강도를 높이고 유지하는 핵심 요인이 된다. 갈등의 사슬 어딘가에서는 늘 서사가 등장하기 마련이다.

서사 때문에 곤란해지는 이유는 주로 서사를 서사로 보지 않기 때문이다. 사람들은 흔히 자신의 서사가 머릿속에서 구성된 이야기가 아니라 하나의 사실이라고 가정한다. 자신이 만든 서사를 무조건 믿는 것은 감정적으로 민감한 문제를 다룰 때 특히 위험하다. 감정이 고조된 상태거나 자신이 취약한 상황에 처했다고 느낄 때는 뇌의 이성적 부분을 덜 사용하게 되고 객관적으로 생각하기가 힘들기 때문이다. 좋은 소식은 서사를 인식하는 법을 배우면 서사를 통제할 수 있다는 것이다.

갈등 서사는 대면한 갈등에 관해 자신이 만들어낸 이야기다.[1] 예컨대 당신은 시간을 잘 지키고 정리 정돈을 잘하며 계획적인 성향인 반면 파트너는 자주 늑장을 부리고 물건을 잘 잃어버리는 사람일 수 있다. 두 사람이 커플로서 시간과 일상을 조직하려면 많은 협상이 필요할 것이다. 이런 협상이 잘 풀리지 않으면 만성적 갈등으로 번지기 쉽고, 그 갈등에는 일을 어떻게 처리해야 하는지에 대한 일상적인 힘겨루기가 반영될 것이다. 그러면 당신은 그 갈등에 대한 서사를 구성하게 된다. '우리는 잘 지낼 수 없어'일 수도 있고, '나는 옳고, 너는 틀렸어. 네가 나와 비슷해지지 않으면 함께 지낼 수 없어'라는 서사일 수도 있다.

다른 모든 서사와 마찬가지로 갈등 서사도 어느 정도 맞는 편이다. 그것은 혼자만의 서사일 수도 있고, 두 사람이 공유하는 서사일 수도 있다. 어떤 갈등 서사를 갖고 있느냐에 따라 각자가 갈등을 어떻게 느낄지, 어떻게 갈등을 해결하려고 할지가 달라진다. 문제를 규정하는 방식에 따라 해결책도 달라지는 법이다.

## 세상을 보는 마음의 틀, 스키마

스키마schema는 색안경처럼 사람들이 보는 모든 것을 물들이는 마음의 틀이다. 스키마는 특정 사람이나 집단, 상황에 대한 신념과 가정, 이미지를 포함한다. 인간은 인지 처리 과정을 단순화하기 위해 범주를 만드는 과정에서 자연스럽게 스키마를 만든다. 예컨대 간호사를 떠올리면 아마 하나의 이미지가 즉각 떠오를 것이다. 대개는 간호사복을 입고 환자를 보살피는 의학을 잘 아는 여성의 이미지다. 당신이 이 모든 정보를 즉시 얻을 수 있는 것은 '간호사'에 대한 스키마를 갖고 있기 때문이다.

자신과 상대에 대해 갖고 있는 스키마는 관계 방식을 결정하는 데 중요한 영향을 미친다. 사람들은 대부분 자신이 스키마를 갖고 있다는 것조차 인식하지 못하지만 이 정신적 구성체들은 사람들의 생각과 느낌, 행동에 많은 영향을 미친다.

## 서사와 감정을 창조하는 자기 스키마

자기 스키마self-schema는 사람들이 자신에 대해 갖고 있는 스키마로, 자신의 서사와 감정을 창조하는 일련의 신념들로 구성된다. 사람들은 보통 직업과 부모, 특정 단체 지지자처럼 자신이 수행하는 다양한 역할을 중심으로 몇 개의 자기 스키마를 갖는다.

스키마 치료schema therapy라 불리는 새로운 형태의 심리 치료는 관계에 부정적인 영향을 미치는 구체적인 자기 스키마를 점검한다.[2] 때때로 이런 문제적인 스키마가 비건-논비건의 차이를 둘러싼 갈등을 일으키거나 강화하기도 한다. 문제적인 스키마는 자신과 상대, 그리고 관계에 대한 파괴적이고 잘못된 믿음에 기초한다. 파괴적인 믿음은 왜곡된 서사와 격렬한 감정적 반응, 방어적 행동(때로는 방어 전략이라 불리는)의 동인이 되는 핵심 공포core fear를 창조한다. 방어 전략은 공포가 실현되는 것을 막기 위한 것이지만 오히려 두려워하는 것을 현실로 만드는 경우가 많다.

예를 들어 '버림받음의 스키마'가 있는 사람은 자신이 사랑받을 수 없으며 다른 사람들이 결국 자신을 버릴 거라는 믿음을 갖고 있다. 사람들에게는 가까운 사람에게 버림받는 것에 대한 핵심 공포가 있다. 그러므로 연인이 전화에 즉시 응답하지 않거나 무뚝뚝하게 굴면 사람들은 그가 자신을 버릴 거라고 해석하는 서사를 창조한다. 이런 서사는 공포와 분노 같은 강렬한 감정으로 이어질 수 있다. 그러면 사람들은 고통을 줄이기 위한 방어 전략에 착수한다. 거부당하기 전에 거리를 두며 상대를 거부하거나 열렬히 쫓아다니며 억지로 더 가까워지려 한다. 이런 전략은 그들이 실현될까 봐 두려워하며 피하려고 애쓰는 일을 실제로 일어나게 할 때가 많다. 상대는 휘둘리거나 비난받는 느낌을 받으며 그들에게서 멀어지고, 그러면 자신이 사랑받을 자격이 없으며, 결국 버림받으리라는 파괴적 믿음은 더욱 견고해진다.

모든 갈등이 부정적인 자기 스키마 때문에 생기지는 않으며, 모든 부정적인 자기 스키마가 과거 경험에서 생긴 조건화의 결과인 것

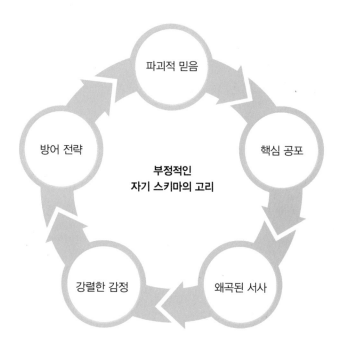

그림 4 부정적인 자기 스키마의 고리.

갈등 해결하기

도 아니다. 부정적인 자기 스키마는 우울이나 불안 같은 심리적 문제 때문에 생기기도 한다. 또한 모든 문제적인 자기 스키마가 반드시 부정적인 믿음에 기초하는 것도 아니다. 어쩌면 자신이 다른 사람보다 우월하다고 믿는 자기 스키마를 갖고 있을 수도 있다. 아니면 자신이 다른 사람보다 원칙을 더 잘 지키고 자기 관리가 철저하다는 자기 스키마를 갖고 있을지도 모른다. 혹은 서로가 다른 원칙을 갖고 있으며, 각자 관리를 잘하는 삶의 영역이 다를 뿐임을 깨닫지 못하고 있을 수도 있다.

### 상대를 묘사하는 타자 스키마

사람들은 또한 다른 사람들에 대한 스키마도 갖고 있다. 물론 이런 스키마는 자기 스키마만큼 뿌리 깊지는 않다.[3] 타자 스키마other-schema는 상대가 누구이며 왜 그들이 그렇게 행동하는지에 대해 사람들이 갖고 있는 믿음과 서사다. 자기 스키마와 마찬가지로 사람들은 다른 사람들에 대해서도 몇 가지 스키마를 갖고 있다. 그리고 보통 갈등과 관련해서도 상대를 묘사하는 특정 스키마를 한두 개쯤 갖고 있다. 상대도 마찬가지다. 이를테면 비건은 논비건 형제에 대해 이기적이라거나 게으르다거나 의지가 약하다는 스키마를 갖고 있을 수 있고, 논비건 형제는 비건에 대해 엄격하고 비판적이며 융통성 없다는 스키마를 갖고 있을 수 있다.

스키마는 확증 편향confirmation bias을 만든다. 확증 편향이란 각자의 스키마에 부합하는 사실들만 주목하고 기억하며, 그것들을 스키마를 부정하는 것들보다 더 가치 있게 생각하는 경향을 말한다. 예를 들어 당신은 논비건 파트너에 대해 갖는 확증 편향 때문에 상대의 동물성 제품 소비가 눈에 띄게 감소한 것은 알아채지 못하면서 그가 비건 음식을 먹지 않는 것에만 주목할 수 있다.

확증 편향은 갈등 서사와 자기 스키마에도 영향을 미친다. 만성적 갈등이 반복될 때마다 자신과 상대에 대한 서사와 스키마가 과장되고 견고해진다. 서로를 거의 캐리커처 속 인물처럼 보게 될 수도 있다.

갈등 서사와 스키마의 부정적인 영향을 줄이려면 자신의 갈등 서사와 스키마를 반증할 만한 증거들을 적극적으로 찾아보라. 파트너가 비건 음식을 먹었던 일을 떠올려보거나, 파트너가 왜 비건 음식을 선택하지 않는지에 대해 다른 설명을 찾아본다면 갇힌 패턴을 깨고 더 유연하고 객관적으로 사고할 수 있다.

## 암묵적인 기대와 늘어나는 좌절

사람들은 관계에 무수히 많은 기대를 하지만 그중 많은 기대를 인식하지 못하고, 대부분의 기대는 표현하지 않는다. 이런 암묵적인 기대는 당연하게 가정되는 삶의 방식들로, 관계와 관계 당사자들이 어떻게 행동해야 하는지에 대한 과거의 경험과 자신의 믿음에서 나온다. 이를테면 당신이 항상 모든 가족과 함께 저녁 식사를 하는 가정에서 자랐다면 당신은 아마 배우자와 자녀들도 그렇게 하기를 기대할 것이다. 그러나 이런 기대를 대놓고 말하는 경우는 거의 없다. 이유는 단순하다. 상대도 당연히 그렇게 생각할 거라고 여기기 때문이다. 사람들은 대개 어떤 기대가 채워지지 않아 갈등이 생기기 전까지는 자신이 그런 기대를 갖고 있다는 사실조차 인식하지 못한다.

상대에게 존중받기를 기대하는 것처럼 몇몇 기대는 건강하고 필요하다. 반면 관계에 대해 비현실적이거나 부당한 기대를 갖고 있거나, 자신의 기대가 상대에게 도움이 되지 않을 때조차 '마땅히' 부응하기를 바란다면 문제가 생긴다. 예를 들어 파트너가 사교 모임에서 당신과 함께 여러 사람들과 어울리기를 원한다고 해보자. 이때 파트너가 구석에서 한 사람과만 오래 이야기하거나, 심지어 책을 읽는다면 당신은 파트너의 행동이 비사회적이며 무례하다고 해석하며 좌절할 수 있다.

기대 때문에 만성적 좌절과 실망, 갈등에 빠지지 않도록 기대를 있는 그대로 인식하는 것이 중요하다. 좌절과 실망은 기대에 비례해 늘어난다. 기대가 충족되지 않을 때 사람들은 실망하고 좌절한다. 맑은 날을 기대했는데 비가 올 때, 편안한 여행길을 기대했는데 차가 막힐 때, 가장 친한 친구가 축산업의 진실을 알게 된 뒤에도 비건이 되지 않을 때 사람들은 대개 좌절하고 실망한다. 이런 결과를 조금이라도 예상한다면 그 결과가 마음에 들지 않아도 심하게 괴롭지는 않을 것이다. 그러나 관계에서 기대가 끊임없이 좌절되면 사람들은 극심한 좌절감을 느낄 수 있다. 이때는 식기세척기에 포크를 바로 놓느냐 뒤집어 놓느냐 같은 사소한 문제조차 전면적인 힘겨루기로 커질 수 있다.

관계에서 좌절이나 실망을 느낄 때는 당신의 어떤 기대가 충족되지 않았는지 자신에게 물어보라. 그러면 그 기대를 살펴볼 수 있다. 이를테면 화장지를 어느 방향으로 걸어야 하는가 같은 사소한 기대인가? 혹은 가족이 당신의 비거니즘을 진지하게 받아들이는가 같은 중요한 문제인가? 당신과 관계에 도움이 되는 기대인가? 당신이 관계에서 안정과 교감을 느끼기 위해 꼭 필요한 욕구를 반영하는가?

일단 당신의 기대를 분명하게 이해하고 나면 그 기대에 대해 상대와 대화를 나눌 수 있다. 기대를 꺼내놓고, 객관적으로 살펴보고, 솔직하게 이야기하는 것은 관계의 안정과 교감을 유지하는 데 꼭 필요하다.

# '까다로운' 파트너가 만드는 건강한 관계

많은 사람이 (좋은) 관계는 편해야 한다는 신화를 믿기 때문에 관계의 건강을 돌보지 못한다. 흔히 사람들은 애써 노력해야 굴러가는 관계라면 맞지 않는 관계라고 믿는다. 이런 가정은 모든 관계에 존재하지만 특히 낭만적 관계에서 흔하다. 이런 믿음은 로맨스 소설과 할리우드 영화의 영향에 더해, 대부분의 사람이 건강한 관계를 위해 필요한 것이 무엇인지 교육받지 않았다는 사실까지 합쳐져 계속 유지된다. 안정적이고 교감하는 관계에는 시간과 노력이 들어간다. 또한 오해와 상처받은 감정, 갈등을 해결하려는 의지가 필요하다.

보통 관계에서는 둘 중 한 사람이 더 '관계지향적'이다. 한 사람이 관계의 욕구를 더 예민하게 포착하고 반응한다는 뜻이다. 대체로 이런 사람이 관계를 건강하게 관리하고 지키는 일에 더 많은 노력을 쏟는다. 관계의 문제를 드러내는 증상이 나타나면 그가 먼저 깃발을 들어 신호를 보낼 것이다. 이를테면 정서적 교감이 부족하다든가, 서로의 가족이 관계에 끼어들어 삼각관계가 되었다든가 하는 증상들이 나타날 수 있다.

관계에서 분업이 이루어지는 것은 정상적이다. 내가 잘하는 일은 내가 더 많이 맡고, 상대가 잘하는 일은 상대에게 더 많이 맡기게 된다. 예를 들면 관계가 어려운 시기에는 더 안정적인 애착 유형의 파트너가 낙관주의를 유지하는 역할을 맡을 것이고, 집 곳곳의 문제는 손재주가 좋은 파트너가 더 많이 고칠 것이다. 각자의 장점을 소중히 여기고 서로의 노력을 인정할 때 더 안정적이고 교감하는 관계를 만들 수 있다.

특히 상대에게 관계를 지속 가능하고 건강하게 유지하려고 애쓰는 장점이 있다면 그 점을 높이 평가하는 것이 중요하다. 그런데도 관계에는 노력이 필요하지 않다는 흔한 가정 때문에 사람들은 관계 지향적인 사람을 인정하기는커녕 비난할 때가 많다. 예를 들어 상대가 문제에 대해 이야기하면 그런 걱정을 무시하기 쉽다. 심지어 상대가 문제의 근원이라고 치부할지도 모른다. "당신이 그 문제를 꺼내기 전까지는 다 괜찮았어. 그냥 잊어버리면 안 돼?" 또는 "난 행복해. 우리 관계는 괜찮아. 왜 있지도 않은 문제를 만들려고 해? 왜 늘 불평거리를 찾는 거야?" 물론 둘 중 한 사람이 문제가 있다고 느낀다면 그 관계에는 문제가 있는 것이다.

회사의 위험 분석가를 떠올려보라. 위험 분석가의 책임은 위기를 알아차리고 피할 방법을 제안하는 것이다. 그런데 분석가가 경보를 울릴 때마다 다른 사람들이 "별일 아닌 걸 갖고 소란을 떤다"든가 "까다롭게 군다"라고 말한다면 어떻게 될까?

사실 까다로운 것은 개인이 아니라 관계다. 관계는 집이나 자동차처럼 적절하게 관리되지 않으면 나중에 훨씬 더 많은 노력을 들여야 한다.

# 갈등을 강화하는 감정의 트리거

갈등을 일으키고 강화하는 한 가지 요소는 감정의 트리거 반응이다. 감정의 트리거가 당겨질 때 사람들은 부정적인 감정에 강력하게 붙들려 감정의 렌즈로 세상을 바라보게 된다.

감정적 반응에 '전하'가 흐를 때, 다시 말해 어떤 상황에 필요 이상으로 강하게 반응할 때 감정의 트리거가 당겨졌다는 것을 알 수 있다. 그럴 때 감정은 순식간에 강렬해지고, 마침내 폭발한다. 단시간에 폭발을 일으키는 짧은 퓨즈가 점화된 것과 같다. 사람들은 이처럼 감정에 사로잡힐 때 어떤 기분인지, 그리고 감정을 자극하는 트리거가 무엇인지 적어도 몇 개는 알고 있다. 누군가 혹은 무엇인가가 '신경을 건드린다'라고 말할 때 사람들은 감정의 트리거를 언급하는 셈이다.

감정의 트리거는 매우 격렬한 갈등의 원인이 되며 안 그래도 복잡한 비건-논비건의 관계 역학을 한층 더 복잡하게 만든다. 트리거 반응은 갈등 해결의 주요 장해물이기도 하다. 감정의 트리거가 당겨질 때 사람들은 이성적으로, 또는 공감적으로 생각하고 느끼고 행동할 능력이 줄어든다. 합리적 사고와 침착함을 담당하는 뇌 부위가 말그대로 꺼지기 때문이다. 게다가 감정에 사로잡혔다는 사실을 인식하지 못하면 상대와 관계에 상처를 줄 말과 행동을 하면서 갈등을 계속 밀고 나갈 수 있다.

감정의 트리거가 당겨지는 것은 아주 불편한 경험이기 때문에, 그것을 피하려고 무리수를 두다가 오히려 문제를 더 일으키기도 한다. 예를 들어 상대가 내 말에 귀 기울이지 않을 때 감정의 트리거가 당겨지는 사람이라면 (내가 상대에게 흥미롭거나 중요하지 않은 사람이라고 해석하여) 상대의 관심을 끌기 위해 말을 지나치게 많이 할 수 있다. 그러면 상대는 아예 귀를 닫을 것이고 피하려던 바로 그 결과가 일어날 수 있다.

감정의 트리거가 당겨질 때 일어나는 반응은 레코드판에 파이는 홈처럼 되풀이할 때마다 더 깊이 새겨지며 고질적인 패턴이 된다. 이런 패턴을 인식하지 못하면 그 고질적인 패턴을 자율 주행 모드로 따라가며 더 강화할 수 있다. 이를테면 상대가 이야기에 귀 기울이게 하려고 말을 지나치게 많이 하다가 무시당하는 일이 반복되면, 자신이 상대에게 흥미롭지도 중요하지도 않은 사람이라는 믿음이 강화될 것이다. 그러면 감정을 터트리는 트리거에 대한 반응이 다시 그 트리거를 강화하는 악순환이 일어난다.

감정의 트리거에는 전염성이 있다. 일단 한 사람의 트리거가 당겨지면 다른 사람의 감정 트리거도 쉽게 자극받는다. 서로가 서로의 감정 트리거를 잡아당길 때, 사람들은 상대의 두려움을 현실로 입증하고 그들의 극단적인 반응을 더 키우게 된다. 비건인 아나야와 그의 논비건 파트너 존을 예로 들어보자. 아나야의 감정 트리거는 지적 열등감이다. 두 사람이 비거니즘에 대해 이야기하는 동안 존의 어떤 행동이 아나야에게 자기 의견을 무시하는 것으로 보였다. 아나야는 수치심과 분노에 사로잡혀 존에게 독선적이고 지능적인 무뢰한이라고 공격했다. 존은 다른 사람의 경험에 충분한 관심과 배려를 보이지 않는다며 부모에게 자기중심적이라는 말을 듣고 자랐다. 그 때문에 존은 아나야의 말이 자신을 이기적이며 도덕성이 부족한 사람이라고 비난하는 듯한 느낌을 받는다. 수치심과 분노에 사로잡힌 존은 아나야가 지나치게 예민하고 비합리적으로 군다고 비난한다. 이런 비난은 똑똑하지('합리적'이지) 않게 보이는 것에 대한 아나야의 두려움을 현실로 만들며 아나야의 트리거를 더 심하게 잡아당긴다. 따라서 아나야도 존에게 무신경하다고 말함으로써 존의 감정 트리거를 더욱 자극한다.

### 트리거 반응의 스펙트럼

감정의 트리거가 당겨질 때 사람들은 높은 각성heightened arousal 상태가 된다. 심리적·육체적으로 초조하고 불안한 상태라는 뜻이다. 이는 가볍게 각성된 상태일 수도 있고 완전히 마비된 상태일 수도 있다. 트리거 반응은 스펙트럼 위에 존재한다.

낮은 단계의 트리거 반응, 즉 가벼운 트리거 반응을 느낄 때 사람들은 감정이 자극받았다는 것을 깨닫지 못하기도 한다. 어쩌면 그냥 지나치게 예민하거나 멍한 느낌일 수 있다. 이런 상태가 몇 시간, 며칠, 심지어 몇 년씩 지속되기도 한다. 가까운 사람들이 비건 연대자가 아닌 경우 비건들은 낮은 단계의 만성적인 트리거 반응 상태로 살아갈 수도 있다. 그들은 트라우마를 깨우는 트리거에 언제 노출될 지 모르기 때문에 항상 방어 태세를 취하며 늘 높은 경계를 유지한 다. 논비건도 비건을 불쾌하게 할 말이나 행동을 하게 될까 봐 불안 을 느끼며 만성적인 트리거 반응 상태일 수 있다. 주요 갈등이 제대 로 해결되지 않을 때마다 양쪽 모두 길게 이어지는 트리거 반응 상태 에 놓이기도 한다.

가벼운 트리거 반응 상태가 지속되면 문제가 생긴다. 마음이 불 편하고, 에너지가 고갈되며, 관계에 부정적인 영향을 미치는 것은 물 론이거니와 보슬비 같은 가벼운 각성 상태가 전면적인 감정적 폭풍 우로 쉬이 커질 수 있기 때문이다. 이런 때는 사소한 문제가 커다란 폭발로 분출할 수 있다.

트리거가 완전히 당겨질 즈음이면 범람 단계가 된다.[4] 신경계에 서 아드레날린을 비롯한 호르몬이 말 그대로 범람한다. 사람들은 투 쟁-도피-경직 반응 상태에 놓이게 된다. 이럴 때 사람들의 유일한 관심사는 힘든 상황에서 벗어나는 것이다. 범람 단계에 있을 때는 합 리적인 생각이 불가능하고, 창의성과 공감 능력이 심각하게 손상된 다. 이분법적으로 생각하고 감정에 온 에너지를 소진하며 몸은 고도 의 경계 태세를 취한다. 범람 상태에 있는 사람에게 상황을 다른 관 점에서 보라고 말하는 것은 물에 빠진 사람에게 정치를 생각하라고 말하는 것과 같다. 무슨 말을 해도 소용이 없다. 그에게 중요한 것은 살아남는 것, 안전한 곳으로 돌아가는 것뿐이다.

트리거 반응을 일으키는 자극이 멈춘다 해도 범람은 쉽게 해결되지 않는다. 범람을 일으킨 갈등을 해결한 뒤에도 강렬한 각성 상태에 빠진 몸은 다시 조율될 때까지 그 상태에 머문다. 범람했던 호르몬과 화학물질이 빠져나가고 괴로운 감정이 사라지는 데는 시간이 필요하다. 범람 상태를 겪고 나서 진정되는 데 최소 20분이 필요하다. 사람에 따라 더 긴 시간이 필요할 수도 있고, 상황에 따라 평소에는 쉽게 차분해지는 사람도 시간이 더 필요할 때가 있다.

자신의 각성 수준을 인식할 때 사람들은 건강한 선택을 할 수 있다. 자신이 트리거 반응 상태에 있음을 안다면 감정이 과장되고, 지각이 왜곡됐다는 것을 인식할 테니, 자신의 감정과 생각을 곧이곧대로 받아들이거나 눈앞의 경험을 토대로 결정을 내리지 않을 것이다. 그리고 상대의 각성 수준을 인식한다면 상대의 욕구에 더 잘 반응할 수 있다. 상대가 범람 상태에 있다는 것을 알 때 사람들은 상대에게 진정할 시간이 필요하다는 것을 인식하고, 갈등 와중이나 직후에 조급하게 문제를 풀려고 상대를 밀어붙이지 않을 수 있다.


## 트리거 반응은 어떻게 만들어지는가

커플 상담 치료사 앤드류 크리스텐슨Andrew Christensen과 브라이언 D. 도스Brian D. Doss, 닐 S. 제이콥슨Neil S. Jacobson은 트리거 반응을 일으키는 데 두 가지, 혹은 세 가지 요소가 관여한다고 설명한다. 바로 정서적 알레르기emotional allergy(그들의 용어로는 '심리적 알레르기psychological allergy')와 도발, 그리고 스트레스가 많은 환경이다.[5] 이 중 적어도 처음 두 가지가 만날 때 트리거 반응이 일어난다.

정서적 알레르기란 개인에게 이미 존재하는 민감성이나 취약성이다. 예컨대 어떤 사람은 무능력하게 느껴지거나 상황을 통제할 수 없다는 느낌을 받을 때 대단히 민감하게 반응할지 모른다. 사람들은 모두 몇 가지 알레르기가 있다. 관계에 끼어드는 알레르기를 파악하여 서로에게 민감한 영역을 보호한다면 관계를 진정으로 변화시킬 수 있다.

가끔은 상대의 정서적 알레르기를 보호하기 위해 지나치다는 느낌이 들 정도로 애써야 할 때도 있다. 상대에게 버림받는 것에 대한 알레르기가 있다면 상대를 안심시키기 많은 노력을 해야 할 것이다. 배신에 대한 알레르기가 있다면 당신의 핸드폰을 보여줘야 할 수도 있다. 상대를 보호하는 행동이 비합리적으로 보일 때도 많은데, 그건 정서적 알레르기 자체가 합리적이지 않기 때문이다. 나의 알레르기가 상대의 것과 충돌할 때도 있다. 당신에게 통제당하는 것에 대한 알레르기가 있는데 상대에게는 배신에 대한 알레르기가 있다면 상대는 당신이 어디에서 무얼 하는지 알아야 마음을 놓을 것이다. 그렇다 해도 서로의 안정에 마음을 쓰면서 두 사람 모두 안심할 수 있는 해결책에 관한 대화를 계속 나눌 수 있다.

도발은 알레르기를 일으키는 행동들이다. 당신의 논비건 파트너가 자신이 좋은 사람이 아닐지도 모른다는 느낌에 알레르기 반응을 일으킨다고 해보자. 당신이 그가 먹는 자연 방사란이 동물 학대에서 자유롭지 않다는 사실을 넌지시 언급한다면 그의 감정 트리거가 당겨질 수 있다. 이때 당신의 언급이 도발이다. 생각도 알레르기를 자극하는 도발이 될 수 있다. 예를 들어 당신에게 배신에 대한 알레르기가 있다면 당신이 고용한 직원이 속임수를 쓴다는 상상만으로도 트리거 반응이 일어날 수 있다. 악의가 전혀 없는 행동도 도발이 될 수 있다. 당신에게 의존성에 대한 알레르기가 있다면 부모님이 실직 중인 당신을 돕기 위해 돈을 주셨을 때, 당신의 독립성을 인정받지 못하는 것 같다는 느낌에 감정적이 될 수 있다.

알레르기와 도발 외에 반응에 영향을 미치는 것으로는 환경이 있다. 스트레스가 많을 때는 트리거 반응의 위험이 증가한다. 이를테면 잠이 부족하거나 직장에서 스트레스가 많은 하루를 보냈거나, 개인적인 위기를 겪고 있다면 도발에 더 취약해질 것이다. 반대로 스트레스가 덜한 환경이라면 도발에도 덜 반응하게 된다.

몸의 알레르기처럼 정서적 알레르기도 가벼운 것부터 심각한 것까지 정도의 차이가 있다. 도발도 가볍거나 심각할 수 있다. 그러므로 트리거 반응의 강도는 알레르기와 도발의 심각성에 따라 다르다. 이를테면 가벼운 꽃가루 알레르기가 있고 공기 중에 꽃가루가 많지 않을 때와 심각한 꽃가루 알레르기가 있고 공기 중에 꽃가루가 많을 때는 각각 다른 반응을 보일 것이다. 또한 면역 체계가 병이나 스트레스로 약해진 상태라면 알레르기 반응이 더 심해질 것이다.

정서적 알레르기와 반응은 심한 수치심을 유발할 수 있다. 트리거 반응으로 감정에 휩싸일 때 사람들은 자신이 취약하다고 느끼고, 상황을 통제할 수 없다고 느끼기 때문이다. 또한 나중에 후회할 만한 행동을 할 때도 많다. 그러므로 누구나 트리거 반응이 일어나서 도발에 최선이라 볼 수 없는 방식으로 반응하는 때가 있다는 것을 알아두면 도움이 된다. 관계의 문제에서는 가장 현명한 사람조차 트리거 반응에서 자유롭지 않으며, 가장 안정적이고 교감하는 관계에서조차 트리거가 작동할 수 있다.

## 트리거 반응을 진정시키기

트리거가 당겨진 뒤 진정하는 데 도움이 될 행동들이 있다. 자기 조절 행동self-regulating behaviors(심호흡하기나 열까지 숫자 세기 같은)은 자신을 진정시키는 데 도움이 된다. 공동 조절 행동co-regulating behaviors은 서로를 안심시키고 진정시키는 데 도움이 된다.[6]

평소에는 서로를 안심시키고 통찰을 키우기 위해 합리적 사고를 사용할 수 있지만, 트리거 반응이 일어날 때는 뇌의 비합리적인 부분이 활성화된다. 관계 전문가 수전 캠벨Susan Campbell과 존 그레이 John Grey는 이때 합리적 사고를 거치지 않는 공동 조절 행동을 활용하기를 제안한다.[7] 이를테면 상대를 어루만지며 눈을 맞추고 달래는 어조로 안심시키는 말을 할 수 있다. 신경심리학자 스탠 탯킨Stan Tatkin

은 공동 조절 행동을 일상적인 습관으로 만들면 좋다고 제안한다. 특히 집을 나설 때와 돌아올 때, 잠들 때와 잠에서 깰 때처럼 서로 작별하고 재회하는 순간에 사용하면 좋다.[8] 만날 때와 헤어질 때 나누는 포옹과 눈 맞춤, 다정한 인사는 안정감과 교감을 유지하는 데 놀라운 효과가 있다.

## 취약한 감정과 방어적 감정

갈등 상황에서 감정 반응을 살필 때 이런 질문이 도움이 될 수 있다. 이 뚜렷한 감정 밑에 있는 더 깊숙하고, 취약한 감정은 무엇일까?

감정 반응을 살펴보면 감정에 두 유형이 있다는 것을 알아차릴 수 있다. 취약한 감정과 방어적 감정이다. 대체로 사람들은 취약함을 느끼면 재빨리 방어적인 태도를 취한다. 따라서 근본적인 감정을 알아차리지 못하고, 더 상처받지 않게 자신을 보호하려고만 한다.

방어적 감정을 일으키는 더 깊숙하고 취약한 감정을 알아차리지 못할 때 사람들은 기분이 나아지려면 실제로 무엇이 필요한지 알 수 없게 되고, 따라서 자신의 욕구에 대해 상대와 소통할 수 없다. 예를 들어 식사 중 누군가가 당신의 비거니즘을 농담거리로 삼았는데 파트너가 당신 편을 들지 않을 때, 아마 당신은 슬픔과 수치심을 느낄 것이다. 이때 당신에게 필요한 것은 파트너가 당신을 지켜보고 지지한다는 느낌, 즉 파트너가 당신의 연대자라는 느낌이다. 그가 당신의 경험을 중요하게 여기며, 당신이 상처받을 때 곁에 있어 주리라 믿고 싶은 것이 당신의 욕구다. 그러나 이런 취약한 감정과 욕구를 인식하지 못한다면 파트너에게 표현할 수 없다. 따라서 파트너와 이러한 감정과 느낌을 공유하기보다 그에게 화를 내고 마음의 문을 닫게 된다.

또 다른 문제는 방어적 감정이 다른 사람들에게도 방어적 감정과 행동을 불러일으킨다는 것이다. 예를 들어 화는 방어적 감정일 때가 많은데, 내가 화를 낼 때 상대도 같이 화를 내거나 마음을 닫는 등의 방어적 전략으로 대응하는 경우가 많다.

자신의 취약한 부분을 솔직히 드러낼 때 상대도 공감과 연민으로 반응할 가능성이 훨씬 높다. 나의 방어적 감정이 다른 사람의 방어적 감정을 자극하는 것처럼 취약한 감정은 상대가 자신의 취약성과 더 쉽게 연결될 수 있게 돕는다.

## 갈등의 연쇄반응

대다수의 갈등, 특히 만성적 갈등은 한 가지가 아니라 여러 요인의 연쇄반응으로 생긴다. 한 가지 요인이 다음 요인에 불을 붙이는 식이다. 대부분의 갈등은 실제 문제가 아니라, 사람들이 어떤 요인에 어떻게 반응하는가에서 나온다. 내가 역효과를 일으키는 방식으로 반응할 때 상대도 역효과를 부르는 방식으로 반응하고, 다시 내가 역효과를 내는 방식으로 반응하는 연쇄가 일어난다. 이 악순환이 반복될 때마다 갈등은 견고해지고, 만성적이 되며, 더 복잡해진다.

## 역효과를 낳는 방어 전략

방어 전략은 고통을 피하고, 통제감을 잃지 않기 위해 사람들이 사용하는 방법이다. 그러나 이는 오히려 역효과를 낳는다. 방어 전략은 대개 어린 시절에 괴로운 상황을 견디며 고안한 대응 기제인 경우가 많다. 화를 잘 내고 학대를 일삼는 부모 밑에서 자랐다면 아마 수동적인 태도를 보이며 감정을 단절하고, 상호작용을 피함으로써 다른 사람의 화에 대응하는 법을 익혔을 것이다. 이런 대응 기제는 고통을 관리할 다른 방법을 찾을 수 없던 어린 시절에는 도움이 됐을지 모르지만 성인의 상호작용에는 도움이 되지 않는다. 그러나 오래 사용한 대응 기제는 깊숙이 박혀 있기 마련이다. 그래서 그것이 역효과를 부르는 전략임을 깨닫지 못한 채로 반사적으로 반응하게 된다.

자신이 사용하는 방어 전략 때문에 훨씬 더 심각한 문제를 만들게 될 때도 많다. 예를 들어 당신이 우울할 때 도움을 구하기보다 술에 의존한다고 상상해보라. 우울의 고통을 관리하려다 또 다른 문제인 알코올중독을 얻게 되는 셈이다. 그러면 이제 당신은 우울뿐 아니라 알코올중독과도 씨름해야 하며, 진짜 문제를 가려내기 위해 애써야 하는 상황이 된다.

## 갈등의 사슬을 끊는 첫걸음

갈등의 사슬을 끊으려면 시간과 헌신, 시행착오가 필요하다. 장기적으로는 도움이 되지 않는다 해도 사람들은 익숙한 방어 전략을 계속쓰는 것을 훨씬 편하게 여긴다. 방어 전략을 중단할 때 사람들은 그전략으로 완화하려던 두려움을 직면하게 된다. 그리고 두려움을 직면하는 일에는 용기가 필요하다. 이를테면 상대에게 동물의 살을 보면 트라우마 반응이 깨어날까 봐 두렵다거나, 서로가 가진 신념의 차이를 넘어 계속 교감하지 못하게 될까 봐 두렵다고 솔직하게 말할 때당신은 상황을 통제하려는 마음을 내려놓고 당신의 취약성을 드러내는 것이다. 관계 패턴을 바꾸는 것은 힘든 일이며 시행착오를 거치기 마련이다. 그러므로 인내와 연민을 가지고 자신이 딱히 자랑스럽지 않은 행동을 할 때도 부정적인 자기 스키마를 강화하지 않도록 신경 써야 한다.

갈등의 사슬을 끊는 첫걸음은 인식이다. 사슬로 연결된 요인 하나하나를 인식하려고(그리고 어느 지점에서든 사슬을 끊을 수 있다는 걸 이해하려고) 애써야 한다. 갈등이 일어날 때마다 갈등에 관해 자세히 써보면 도움이 된다. 갈등을 경험할 때 그 진행 과정을 있는 그대로 써보라. 그런 다음 다시 읽으면서 갈등을 몰고 가는 구체적인 동인을 찾아보라. 갈등에 관해 쓰면 쓸수록 갈등을 해결하고 재발을 방지하기가 수월해질 것이다. 갈등의 사슬을 확실히 파악하고 나면 사슬을 구성하는 요인들을 다른 것으로 대체하고, 사슬을 끊는 방법을 고민할 수 있다. 패턴을 바꾸는 것은 역효과를 가져오는 패턴을 중단하는 것만을 뜻하지 않는다. 역효과를 부르는 패턴을 효과적인 패턴으로 대체하는 것도 포함된다.[9]

부록 3~5에는 갈등의 사례와 당신이 채울 수 있는 도표, 당신이 도표를 채우는 데 도움이 될 만한 질문들이 실려 있다.

당신이 보지 못하는 지점을 보게 도와줄 다른 사람과 이야기를 나누는 것도 도움이 될 수 있다. 하지만 신뢰할 수 있으며, (그 관계에 문제가 있다고 생각할지라도) 당신의 관계나 상대를 깎아내리지 않을 사람이어야만 한다. 그렇지 않으면 오히려 문제를 악화시킬 수 있다.

당신의 행동과 반응을 분명히 이해한 다음에 상대와 소통하는 것이 최선이다. 시간을 갖고 차분히 앉아서 서로의 생각과 감정을 이야기하고, 다시 안정과 교감을 느끼려면 무엇이 필요할지 의논해야 한다. 이런 대화를 효과적으로 하려면 효율적인 소통 원칙을 이해하는 것이 중요하다. 이에 대해서는 다음 장에서 다루겠다.

# 효율적인 갈등 관리를 위한 4가지 원칙

갈등을 효율적으로 관리하려면 갈등뿐만 아니라 갈등에 관련된 모든 사람과 가능한 한 공감적이고 분명한 태도로 관계를 맺어야 한다. 힘든 상호작용을 변화시키려면 최선을 다해 진정성 있게, 깨어 있는 상태로 상호작용을 해야 한다. 이런 변화의 과정에는 두 사람 모두 헌신하는 것이 이상적이다. 그러나 상대가 함께할 마음이 없다면, 상대가 폭력적이지 않은 이상 혼자라도 계속 노력하며 당신의 관계 방식을 바꿀 수 있다. 당신의 변화만으로도 갈등의 악순환이 바뀔 수 있다. 그리고 이곳에서 다루는 갈등 관리의 원칙과 도구를 실천한 뒤에도 상대가 여전히 변화할 마음이 없거나 그럴 능력이 없다면 당신은 그 관계에 대해 중요한 정보를 얻게 된 셈이다. 그러면 그 관계에 계속 노력을 쏟아부을 것인지 고민해 볼 수 있다.

## 서로의 안전을 우선시하기

공감의 관점에서 갈등을 관리하려면 상대의 안전과 안정을 우선시해야 한다. 자신이 안전하지 않다고 느끼는 사람은 합리적으로 사고하고 공감하기 힘들다. 상대에게 안전감을 주려면 상대를 떠나겠다고 협박하거나 수치심을 주지 않도록 해야 한다. 관계를 떠나겠다는 협박은 그 순간에는 진심이라 해도, 상대에게는 잔인한 일로 여겨지며 당신이 애써 쌓아온 신뢰에도 치명적이다. 간접적인 협박도 같은 효과를 낸다. 마찬가지로 다른 사람들과 비교하면서 상대가 부족하게 느껴진다고 암시하는 것도 상대의 마음을 아프게 하고, 결코 완치되지 않을 상처를 남긴다. 안전감을 해치는 행동은 두 사람 사이를 틀어지게 하며 관계에 심각한 손상을 입힐 수 있다.

## 자신과 상대에 대한 인식 키우기

갈등을 효율적으로 관리하려면 자신과 상대에 대한 인식을 키우기 위해 애써야 한다. 자율 주행 모드로 관계에 임한다면 공격과 반격의 악순환을 끊을 수 없다. 사람들은 자신을 관찰하는 법을 배울 필요가 있다. 한 걸음 뒤로 물러나 객관적인 태도와 연민의 마음으로 자신의 생각과 감정을 지켜보는 법을 배워야 한다. 그렇게 지켜볼 때 자신의 생각과 감정에 실린 흥분을 덜어내고 통찰과 자제력을 키울 수 있다.

또한 자신의 반응을 인식하는 법도 배울 수 있다. 행동하기 전에 잠깐 시간을 두고 그 행동이 진짜 나에게 도움이 될지, 내 가치관과 내가 되고 싶은 사람의 이상에 부합하는 것인지 물을 수 있다. 고통이 줄어들지는 않겠지만 고통에 휘둘리지 않을 수 있다. 고통을 지켜보고, 그 근원을 이해하고, 고통이 사라지기를 기다리고, 방어적인 방식으로 반응하지 않겠다고 결정할 수 있다. 이처럼 자신과 자신의 생각과 느낌으로부터 거리를 두는 행동은 심오하다. 그것은 마음챙김의 행위다. 마음챙김은 스트레스를 줄이고, 관계를 개선하며, 전반적인 삶의 질을 향상시킨다. 마음챙김은 사람들이 자동적 반응을 의식적 대응으로 전환할 수 있도록 돕는다.

## 효과적으로 사과하기

대개 사람들은 자신이 초래한 상처를 효과적인 방식으로 사과하지 못한다. 효과적인 사과는 갈등을 관리하고 바로잡는 과정에서 중요한 부분을 차지한다. 효과적으로 사과한다는 것은 상대가 다음에는 이런 일이 없을 거라고 믿을 수 있게 안심시키는 것이다.

- 내가 준 상처를 이해한다.
- 내가 한 일을 후회한다.
- 내가 한 행동에 책임을 진다.
- 같은 일이 다시 일어나지 않도록 최선을 다할 것이다.

이 네 가지 요소는 당신이 진심으로 상대의 행복에 마음을 쓰며, 다시는 같은 상처를 주지 않기 위해 노력할 것임을 알려 상대를 안심시키기 위해 필요하다. 이미 사과했는데도 상대가 사과를 요구하는 경우는 대개 처음 했던 사과가 그들을 충분히 안심시키기 못했기 때문이다. 이런 요구에 "미안하다고 말했잖아. 뭘 더 원하는 거야?"라고 말한다면 상황은 더 악화될 뿐이다. 상대가 보이지 않는 존재가 된 것 같고 안전하지 않다고 느낀다는 사실을 당신이 전혀 개의치 않는다는 것을 보여주는 대답이기 때문이다. 또한 사과가 효과적으로 전달되지 않았을 가능성을 인식하지 못한다는 것도 보여준다. 게다가 안심시켜주길 바라는 상대에게 이런 식으로 반응한다면 상대는 마음을 닫고, 당신과 다시 교감하는 데 필요한 진짜 사과를 받기 위해 더 이상 손을 내밀지 않을 것이다. "미안해"라는 짧은 사과는 당신이 상대를 지켜보고 교감한다는 사실을 전하고 상대를 안심시키기에는 좀처럼 충분하지 않다.

효과적인 사과에는 다음 요소들이 포함된다.

- 직접적인 표현으로 사과하기: "미안해" 또는 "사과할게"라는 표현을 사용한다.
- 당신의 행동에 책임을 지며 구체적으로 어떤 행동으로 상대에게 상처를 입혔는지 알고 있다고 말하기: "기분 상하게 해서 미안해"보다는 "소리 질러서 미안해"라고 말하라. "기분이 상했다니 유감이다"는 당신이 준 상처에 대한 책임을 인정하는 말이 아니라 위로를 표현하는 말이다("당신의 물고기가 죽었다니 유감이야"라고 말하는 것처럼).
- 상대와 공감하며 당신의 행동이 상대에게 준 고통을 이해한다는 것을 말로 표현하기: 사과에는 상대가 느낀 고통과 비슷한 강도의 감정이 실려 있어야 한다. 엄청난 상처를 입히는 말을 했다면 "미안해"라고 가볍게 말하는 것만으로는 충분하지 않다. 사과를 여러 번 반복해야 할 수도 있다. 사과를 반복하고 싶어 하지 않는 사람이 많지

만 그건 주로 자존심 때문이다. 하지만 당신이 사과를 여러 번 반복하기만 해도 상대가 안전하다고 느낀다면 그러지 않을 이유가 없다.

- 잘못을 만회할 기회를 달라고 제안하기: 상대의 기분이 나아지도록 당신이 할 만한 일이 있는지 물을 수 있다. 상대의 요청을 수용할 수 있다면 받아들이자.

- 용서에는 시간이 필요할지 모른다는 점을 인정하기: 당신이 사과했다고 해서 당신을 신뢰하고 용서할 마음이 상대에게 자동으로 생기지는 않을 것이다.

### 파괴적 갈등을 건설적 갈등으로 만드는 법

갈등을 줄이고 파괴적 갈등을 건설적 갈등으로 만들 방법을 알아보자.

- '갈등 연대자'가 되라. 서로를 적수가 아니라 관계의 안정과 교감을 위협하는 문제에 맞서 싸우는 연대자로 보도록 당신의 갈등 서사를 변화시켜라.

- 반응하기 전에 잠깐 멈추고 심호흡을 다섯 번 하라. 방금 일어난 일에 반응하는 것이 분초를 다투는 일이 아니라면 감정이 진정될 때까지 기다리라. 감정적인 이메일을 보낼 때는 적어도 하루는 생각한 뒤 보내는 습관을 키우라. 행동에 대한 후회는 대체로 너무 빨리 반응해서 생긴다.

- 상대에 대한 선의를 유지하고 서로를 좋은 쪽으로 해석하라.

- 모든 갈등은 바로잡을 수 있다는 것을 기억하라. 복구할 수 없는 손상은 거의 없다. 갈등을 겪는 중에도 언제든지 갈등을 다루는 방식을 바꾸고 관계를 복구하는 방향으로 관계의 역학을 바꿀 수 있다.

- 대화하기 전에 감정을 가라앉힐 여유를 허락하라. 감정이 폭발할 것 같거나 상대가 당신을 존중하지 않는다고 느낀다면 타임아웃을 요청하라. 구체적인 시간(괜찮다면 30분~2시간)이 흐른 뒤 서로 충분히 진정했는지 확인하고 대화를 재개하기로 합의하라. 회복에 시간이 더 필요한 사람도 있으니 각자의 필요를 존중하라.

- 서로의 갈등 서사와 감정, 행동을 완전히 이해하는 것을 목표로 삼아라. 서로를 이해하면 왜곡된 서사를 보완할 수 있고, 그러면 다시 공감하는 데 도움이 된다. 당신의 갈등 서사와 감정, 행동을 설명할 때는 상대에게 상처를 준 행동에 대해 변명이 아니라 설명을 하고 있음을 확실히 알려라.

- 적절하다면 유머를 사용하라. 공감적인 유머는 방어기제에 균열을 내고 지금 갈등하는 문제가 생각만큼 위협적이지 않다는 것을 기억하도록 돕는다.

- 상대의 경험을 재단하지 마라. 당신이 알 수 있는 것은 당신의 생각과 느낌뿐이라는 것을 기억하라. 공감하려고 노력하는 것은 중요하지만 상대의 마음과 머릿속에서 무슨 일이 벌어지는지는 상대가 말하지 않는 이상 알 수 없다.

나의 친애하는 비건 친구들에게

- 한 번에 한 가지 화제만 다루라. 오랜 상처들을 들추고 싶겠지만 한 번에 너무 많은 화제를 다루면 혼란스럽고 감당하기 힘들어진다. 많은 만성적 갈등에는 중심이 되는 문제가 있다. 바퀴통에서 여러 바퀴살이 나오듯 겉보기에 서로 다른 갈등이 어떤 문제를 중심으로 나오는지 밝혀라. 예를 들어 파트너가 늘 바쁘게 지내며 일정 변화를 직전까지 당신에게 알리지 않는 것이나, 급히 출근하느라 싱크대에 남겨둔 설거지가 늘 당신 몫이 되는 상황에 대해 말하지 말고 상대가 자신의 시간만큼 당신의 시간을 소중히 여기지 않는 것처럼 보인다는 사실을 언급하라.

- 1장에서 다루었던 비판과 평가, 무시처럼 교감을 가로막는 태도와 행동을 피하라.

- 심리학자 미라 커셴바움Mira Kirshenbaum이 '논외증off-the-table-itis'이라 부른 것을 피하라. 논외증이란 어떤 화제를 계속 논외로 두며 결코 그 문제를 다루지 않는 것이다.[10]

- 1장에서 다루었던 연민의 마음으로 지켜보기와 서로를 마주보기처럼 정서적 교감에 도움이 되는 행동을 하라.

- 갈등 자체보다 당신이 갈등을 극복하는 방식(갈등에서 배운 것을 토대로 어떤 행동을 하며, 상처받은 감정을 치유하기 위해 무얼 하는지)이 관계의 안정과 교감에 더 많은 영향을 미친다는 것을 이해하라.

- 용서에 마음을 다하라. 이 문제는 9장에서 다루겠다.

- 한 주에 한 번 30분 정도 관계에 관해 이야기하고 문제가 커지도록

방치하고 있지 않은지 확인하라.[11]

- 각자의 욕구를 만족시킬 해법을 찾을 수 없다면 욕구의 중요도에 따라 1부터 5까지 등급을 매겨라. 그리고 각자에게 가장 높은 등급을 차지하는 욕구들을 우선순위로 삼는다.
- 효과적인 소통을 배워라. 효과적인 소통은 그 자체로 관계를 변화시킬 수 있는 기술이다. 이에 대해서는 다음 장에서 다루겠다.

갈등을 효과적으로 관리하는 법을 배울 때, 갈등은 진정성을 키우고 관계의 안정과 교감을 튼튼하게 만드는 기회가 될 수 있다. 효과적인 갈등 관리를 위해서는 자신을 분명하게 이해하기 위한 자기인식이 필요하며, 자신을 진솔하게 드러내고 상처를 감수할 용기도 있어야 한다. 또한 통제와 방어가 아닌 연민과 공정을 중요하게 여겨야 한다.

이런 시간이 쌓이면 사람들은 갈등 중에도 상대와 안정적이고 교감하는 관계를 만들 수 있으리라는 사실을 믿게 된다. 단절을 두려워하지 않고 관계에서 자신의 생각과 감정, 욕구를 솔직히 공유하고, 상대도 그렇게 할 수 있도록 할 때 더 온전한 자신이 될 수 있다. 갈등을 효과적으로 관리한다면 삶과 관계에서 자신의 잠재력을 최대한 실현할 수 있을 것이다.

# 8

효과적인 소통

성공적인 대화의 기술

비건들은 논비건과 대화할 때 혼란과 좌절, 당혹스러움을 느낄 수 있다. 비건들이 아는 바에 따르면 동물을 소비하지 않겠다는 선택은 모든 사람이 공유하는 연민과 공정의 원칙에서 나온다. 비거니즘은 합리적이고 윤리적일 뿐 아니라 현대의 많은 사람에게 실현 가능한 일이다. 그런데도 많은 논비건이 증인을 심문하듯 비건의 신념과 실천에 대해 캐물으며 논리의 빈틈을 찾으려 들고, 비거니즘에 관한 부정확한 말들을 엄연한 사실인 양 말한다. 비건들은 이러한 방어적인 태도에 말문이 막히고 의기소침해질 수 있다. 더군다나 논비건들은 자신이 성장하며 배운 신념 체계를 확신하고 가르침을 표현할 뿐, 자신들의 방어적인 태도조차 인식하지 못한다. 대부분의 논비건은 자신들이 육식주의의 언어로 말한다는 것을 알아채지 못한다.

효과적인 소통은 사람들이 배울 수 있는 것 중 가장 중요한 기술이며 단절된 소통을 잇는 것 이상의 도움을 줄 수 있다. 효과적인 소통은 삶과 관계를 변화시키고 사람들이 더 건강하고 생산적으로 교류하게 만든다. 효과적으로 소통하려면 자신의 생각과 감정을 인식하고 공감하는 태도로 분명하게 표현하며, 다른 사람들도 그럴 수 있도록 도와야 한다. 효과적인 소통은 적절한 단어를 연결하여 말하는 것을 넘어 삶의 방식에 관한 문제다. 이는 이해와 공감, 진정성을 키우고 더욱 안정적이고 교감하는 관계가 되도록 자신 및 다른 사람과 관계하는 방식이다.

사람들은 계속해서 상호작용하므로 끊임없이 소통을 하고 있는 셈이다. 언어적으로든 비언어적으로든 사람들은 늘 메시지를 보낸다. 그러나 메시지를 인식하지 못하고 자율 주행 모드로 소통할 때가 많다. 예를 들어 당신이 부탁한 요리법을 남동생이 이메일로 보내주었다고 가정해보자. 당신이 "고맙다"라고 답신하지 않는다면 동생의 노력을 고맙게 여기지 않거나, 시간을 들여 고마움을 표현할 만큼 그에게 신경 쓰지 않는다는 메시지를 전달하는 셈이다. 어느 쪽이든 동생은 자신이 무시당했다고 해석해 당신과 덜 교감하게 될 것이다. 효과적인 소통법을 배울 때 사람들은 자신과 타인을 더 의식하게 된다. 그러면 자율 주행 모드로 소통하는 대신 의식적으로 교류할 수 있고 관계가 더 튼튼해질 것이다.

비효과적인 소통은 비건과 논비건 사이에 일어나는 갈등의 핵심 원인이다. 또한 많은 사람의 삶과 관계에서 흔히 나타나는 말다툼과 만성적 좌절의 핵심 원인이기도 하다. 효과적으로 소통할 줄 모르면 무수한 오해가 생긴다. 상대를 이해시키기 위해 끝없이 메시지를 수정하고 고쳐야 하는 데다, '미진한 구석(결코 해결될 것 같지 않고 사라지지도 않는 문제)'이 있다는 느낌 때문에 지치고 화가 나서 절망하게 된다. 또한 소셜 미디어를 비롯한 여러 환경에서 하루 종일 접하는 유해한 평가들에 기운이 빠지기도 한다. 이런 평가들은 당신이 인식하지 못하는 사이에 당신의 의식을 오염시킨다. 효과적으로 소통할 때 사람들은 엄청난 양의 에너지를 아낄 수 있다. 힘 빠지게 하는 해로운 상호작용을 피할 수 있을 뿐 아니라 침묵당하는 느낌, 말해야 할 것을 말하지 못하는 느낌을 받지 않아도 된다.

모든 사람은 효과적으로 소통할 수 있다. 효과적인 소통법은 우리가 서로를 이해할 수 있게 만드는 방법이자 기술이다. 진정으로 노력하고 연습한다면 누구나 배울 수 있는 원칙과 도구들이다.


## 건강한 소통 과정의 원칙

모든 소통에는 두 측면이 있다. 내용과 과정이다. 내용은 무엇에 대해 소통하느냐고 과정은 어떻게 소통하느냐다. 사람들은 대개 내용보다 과정을 훨씬 더 많이 기억한다. 일단 대화가 끝나면 무엇에 대해 대화했는지는 잘 기억하지 못하지만 대화할 때 어떤 감정을 느꼈는지는 곧잘 기억한다.

효과적인 소통은 건강한 소통 과정 위에 지어진다. 그리고 소통의 주제가 무엇이든 건강한 소통 과정은 같다. 토요일 저녁에 집에 있을지 나갈지를 의논하든, 집에서 유제품을 먹을지 말지를 의논하든 말이다. 건강한 소통 과정의 목표, 또는 의도는 상호 이해다. 이기기 위해서나, 자신이 옳다는 것을 증명하기 위해서가 아니라 서로를 이해하기 위해서 소통한다. 경험을 나누기 위해 소통하는 것이다. 따라서 건강한 소통 과정은 교감하는 과정이며, 지는 사람이 아무도 없다.

소통을 시작할 때 사람들은 자신의 의도를 의식하지 못하는 경우가 많다. 자신의 뜻을 관철하거나 자기주장이 옳다는 것을 증명하려는 욕망에 자신도 모르게 이끌리기도 한다. 이런 숨은 의도가 생산적인 대화의 걸림돌이 되지 않도록 자신을 성찰하는 것이 중요하다. 물론 서로의 의견이 다를 수 있고, 대화를 통해 특정한 결과를 도출하길 원할 수 있다. 이를테면 당신은 사촌이 여는 논비건 바비큐 파티에 가고 싶지 않아서 대화를 시작했을 수 있다. 그러나 이런 목표는 상호 이해라는 목표보다 중요시될 수 없다. 서로를 진정으로 이해할 때에야 의견이 다른 문제에서 서로 납득할 만한 해법을 찾을 수 있다.

소통 과정은 완벽하게 건강하거나, 전혀 건강하지 않다기보다 더 건강하거나 덜 건강하다. 더 건강한 과정일수록 당신과 상대 모두 인정과 공감을 더 많이 얻고, 덜 건강한 과정일수록 서로를 무시하고 수치심을 준다. 과정이 충분히 건강하다면 대화의 내용이 무엇이든 서로의 의견과 필요가 얼마나 다르든, 솔직하고 정직하게 이야기하며 관계의 안정과 교감을 강화할 수 있다.

## 논쟁 대신 토론하기

대체로 과정이 건강할 때 사람들은 논쟁을 하기보다 토론을 한다. 논쟁이 생산적일 때는 거의 없다. 논쟁이 효과적인 몇 안 되는 상황으로는 법정 투쟁이나 정치 캠페인이 있다. 논쟁의 목표는 이기는 것, 당신이 옳음을 증명하는 것이다. 이는 곧 상대를 지게 만드는 것, 상대가 틀렸음을 증명하는 것이기도 하다. 논쟁은 엄청나게 많은 상황에서 역효과를 내는 소통 방식이다.

비거니즘과 육식주의를 둘러싼 의견 차이 같은 신념의 차이를 다룰 때 사람들은 과정에 관심을 기울이기보다 내용에 주로, 혹은 전적으로 집중하면서 자신이 옳다는 것을 납득시키려 든다. 이런 상황에서 논쟁은 문제를 일으킬 수 있다. (자신이 틀렸다고 보이길 바라는 사람은 없으므로) 논쟁은 방어적 태도를 자극한다. 게다가 육식의 윤리에 대해 이야기할 때, 사실을 나열하는 것은 좀처럼 상대를 설득하지 못한다. 육식주의의 방어기제가 인식을 왜곡해 비거니즘에 관해 솔직하고 객관적인 대화를 나누기 어렵기 때문이다.

논쟁은 특히 가까운 사람과의 관계에서 역효과를 낸다. 어떤 상황에서든 반대 의견을 내는 것은 힘든 일이지만 가까운 사람과는 해묵은 불만과 힘겨루기가 이미 형성되어 있으므로 틀린 쪽이 되지 않으려는 경향이 훨씬 강하다. 비건-논비건 커플인 지넷과 레지의 예를 살펴보자. 비건인 지넷은 해가 지날수록 레지에게 답답함을 느낀다. 레지가 자신의 신념을 내세우지 못한다고 생각하기 때문이다. 지넷은 레지가 갈등을 피하기 위해 가족의 부당한 요구에 늘 굴복한다고 믿는다. 또한 지넷은 레지가 중요한 윤리적 문제를 모르는 척한다고 느낀다. 이를테면 레지에게는 형제자매가 셋 있지만 말썽 많은 사촌에게 도움을 주는 일은 늘 레지의 몫이다. 그리고 레지는 사촌이 저지르는 수상하고 불법적인 일들을 모르는 척한다.

한편 레지는 지넷이 비현실적인 기대를 갖고 있다고 생각하며 지넷의 비난과 기대에 답답함을 느낀다. 이를테면 레지는 자신이 내내 가족을 돌봐왔으며, 그들에 대한 책임을 저버릴 수 없다는 사실을 지넷이 인정하지 않는다고 생각한다. 육식의 윤리에 대해 이야기하기 시작하면 레지는 비난받는다는 느낌에 민감해지고, 지넷은 중요한 문제에 대해 확고한 입장을 밝히지 않는 레지의 태도에 민감해지기 때문에 더 많은 감정이 개입하게 된다. 관계의 더 깊은 문제를 깨닫지 못하고 건강한 소통 과정을 만들려고 애쓰지 않을 때 대화는 쉽게 논쟁으로 치닫고, 동물을 먹거나 먹지 않는 것보다 누가 옳고, 누가 주도권을 잡느냐가 더 큰 문제가 된다.

과정에 집중하면 대화를 논리의 영역 밖으로 끌어내 관계 방식(사고방식뿐 아니라 욕구와 감정, 경험을 비롯한 모든 것에 대해)이라는 더 깊은 차원으로 이끌 수 있다. 논쟁보다 토론을 할 때 사람들은 힘든 문제에 대해서도 더 생산적인 이야기를 할 수 있다.

## 진정성 있게 대화하기

모든 소통에는 두 가지 측면이 있다. 발신과 수신이다. 말을 할 때(또는 어떤 행동을 할 때) 사람들은 발신자 역할을 한다. 들을 때(또는 어떤 행동을 볼 때)는 수신자 역할을 한다. 효과적인 소통을 하려면 이 두 역할 모두에 진정성 있게 임해야 한다.

효과적인 소통은 상대를 무시하지 않고 인정한다. 상대가 자신의 생각과 느낌, 욕구가 합당하다고 느끼도록 돕고, 상대의 생각과 느낌, 욕구가 '틀렸다'고 암시하지 않는다. 효과적인 소통은 진정성의 원칙을 토대로 하므로 자존감을 키워준다.

진정성 있게 대화한다는 것은 연민과 호기심, 공정, 정직, 용기 같은 가치를 대화에서 실현하려고 최선을 다한다는 뜻이다. 연민을 실천할 때 사람들은 상대의 눈으로 세상을 보며 그들에 대한 판단을 내리지 않는다. 호기심을 실천할 때는 성급히 결론을 내리거나 자기 주장을 펼 기회만 기다리는 대신 상대의 경험을 배우는 일에 진심으로 관심을 갖는다. 공정을 실천할 때는 자신이 대우받고 싶은 대로 상대를 대우한다. 이를테면 지나치게 말을 많이 하거나 적게 하지 않는다. 정직은 말하기 편한 것이 아니라 진실을 (연민의 태도로) 말하는 것이다. 그리고 용기는 기꺼이 취약해지려는 마음, 진실을 말하고 듣기 어려울 때조차 진실을 말하고 들으려는 마음이다.

진정성 있게 대화하려면 소통 과정의 속도를 늦출 필요가 있다. 오랜 습관을 깨고 새로운 습관을 들이려면 무의식적인 대화를 중단해야 한다. 자율 주행 모드로 평생을 소통하다 보면 수동적으로 소통하는 데 익숙해진다. 앞으로 나서서 운전대를 잡으려면 지금 여기에 깨어 있으려는 마음이 필요하다. 자기 몫을 감당하고 다른 사람에게 온당한 몫 이상을 떠넘겨서는 안 된다. 대화에서 나의 몫을 다할 때 상대는 내 말을 이해하려고 애쓰거나, 자기 말을 하기 위해 내 말을 끊을 필요가 없다. 듣는 입장일 때 내 몫을 다한다는 것은 상대가 내 관심을 집중시키려고 애쓸 필요가 없게 한다는 뜻이다. 자신이 진정성 있게 대화하고 있는지 확인하는 쉬운 방법은 대화 도중에 멈춰서 다음과 같은 질문을 던져보는 것이다.

- 상대의 기분이 지금 어때 보이는가?
- 나는 듣기보다 말하기를 더 많이 하고 있는가?
- 상대에 대해, 상대의 감정과 생각에 대해 물었는가?
- 내 감정과 생각은 말하지 않고 지나치게 많이 듣고 있는가?

모든 대화에서 우리를 인도하는 질문은 이것이 될 수 있다. "내 행동(내가 말한 것이나 말하지 않은 것, 목소리 톤 등)이 상대에게 어떤 영향을 미칠까?"

진정성 있게 대화하려면 자기 인식을 키워야 한다. 자신이 무엇을 생각하고 느끼고 필요로 하는지 인식하지 못하면 서로 교감하기보다는 단절되는 방식으로 '행동화acting out'하게 될 수 있다. 행동화는 자신이 인지하지 못한 감정이나 욕구를 행동으로 표출하는 것이다. 이를테면 치킨 스톡을 넣으면 비건인 당신은 수프를 먹을 수 없다고 말했는데도 동생이 또 깜박하고 수프에 치킨 스톡을 넣었다고 해보자. 당신은 화가 났지만 화를 인지하고 동생과 직접 문제를 푸는 대신, 동생이 여러 달 정성을 들인 몇 주 뒤의 디너파티 직전에 '몸이 안 좋아서' 못 가겠다고 통보할지 모른다.

마지막으로 진정성 있게 대화한다는 것은 당신이 확실하게 알 수 있는 것이 자신의 생각과 감정, 욕구뿐임을 인정한다는 뜻이다. 달리 말해 상대의 경험에 대해서는 상대가 전문가임을 인정하고, 상대의 현실을 재단하지 않는다는 말이다. 2장에서는 현실을 재단하는 것(상대의 생각이나 느낌, 욕구가 옳지 않다고 알리는 것)이 상대를 근본적으로 존중하지 않는 행동이며 심리적 학대의 바탕이 된다는 사실을 다루었다. 상대의 현실을 재단할 때 사람들은 상대의 경험을 무시한다. 이런 행동은 상대의 방어 심리를 자극한다. 상대의 마음을 읽는 것은 결코 가능하지 않으며, 그러려는 시도는 문제를 낳을 뿐이다.

아래 현실 재단의 사례를 살펴보자.

논비건      "난 동물을 사랑해."

비건        "아니, 넌 동물을 사랑하지 않아. 넌 동물을 먹잖아."

논비건은 자신이 지닌 사랑의 감정을 말하고 있다. 그러나 그 말을 들은 비건은 어찌된 일인지 상대인 논비건의 감정을 자기가 더 잘 안다고 생각한다. 동물에게 사랑을 느끼면서도 동물을 먹는 것이 가능하지 않은 일인가? 비건 자신은 과거에 동물을 먹을 때 동물을 사랑하지 않았었나?

비건        "아빠가 어떻게 나한테 '식물 학살자'라고 말할 수 있어? 게다가 모두 아빠와 함께 웃었다고!"

논비건      "흥분하지 마. 농담인데 왜 그렇게 늘 진지하게 구니?"

그렇다면 어떻게 상대를 무시하지 않으면서 의견 차이를 표현할 수 있을까? 상대가 방어적이 될지도 모르는데 나의 생각과 감정, 욕구를 어떻게 이야기할까? 비거니즘처럼 민감하고 까다로운 문제에 대해 이야기할 때 의도한 대로 메시지를 전달하려면 어떻게 해야 할까? 사람들은 효과적인 소통의 원칙뿐 아니라 효과적인 소통에 도움이 될 구체적인 도구들도 배워야 한다. 즉 효과적으로 표현하고 듣는 법을 배워야 한다.

## 생각을 효과적으로 표현하는 법

자신을 효과적으로 표현할 때 사람들은 말해야 할 것을 시기적절하
게 말함으로써 오해를 줄이고, 분노를 피하며, 신뢰를 쌓을 수 있다.
기본적으로 듣는 사람에게 안전한 환경을 만들어야 상대가 덜 방어
적이고 더 수용적인 태도를 가지고, 솔직하고 공감적인 대화를 나
눌 수 있다. 효과적으로 표현하려면 직접적이고 솔직하게 말해야 한
다. 혼란스럽거나 엇갈린 메시지로 인해 상대가 행간을 읽으며 당신
이 '진짜' 하려는 말이 무엇인지 알아내도록 해서는 안 된다. 또한 듣
는 사람의 욕구에 주의를 기울여야 한다. 주제에 집중하거나 말을 천
천히 하거나 정보를 더 이야기하도록 하기 위해 듣는 사람이 전략을
짜낼 필요가 없도록 해야 한다. 효과적으로 표현된 메시지는 완전하
기 때문에 듣는 사람이 빈칸을 채워야 한다는 불안을 느끼지 않는다.
또한 가능한 한 공감적이며 편견 없는 메시지를 전달해야 한다. 그래
야 듣는 사람이 덜 방어적이고 더 수용적이 된다. 효과적으로 표현할
때 사람들은 공감을 유지하며 자신과 상대 사이의 교감의 끈을 놓지
않는다. 듣는 사람은 보이지 않는 존재가 된 듯한 느낌을 받지 않으며
자신이 중요한 존재라고 느낀다. 우리는 정직하고 솔직하게 소통할

때 통찰을 얻을 것이고 그 통찰로부터 배울 것이다. 사람들이 얻는 가장 중요한 배움 가운데 몇몇은 자신이 말하는 것을 듣는 데서 나온다.

### 토론과 대변의 차이 이해하기

비건은 자신을 효과적으로 표현하기 위해 토론과 대변의 차이를 이해할 필요가 있다. 주된 차이는 소통의 목표다. 토론의 목표는 서로를 이해하는 것이다. 대변의 목표도 서로를 이해하는 것이지만 한 가지 목표가 더 추가된다. 공유하는 정보로 상대에게 영향을 미치고 싶다는 것이다.

대변자는 다른 존재들을 위한 긍정적 변화를 실현하기 위해 그들을 대신해 목소리를 내는 사람이다. 비건이 되는 사람들은 대개 비거니즘의 명분에 마음이 움직인 사람들이다. 따라서 동물들의 처참한 상황을 알리기 위해 목소리를 내야 한다고 느낀다. 그러므로 비건은 자연스럽게 대변자가 된다. 비거니즘에 자연스럽게 따라오는 이런 대변자로서의 면모는 논비건과 소통하려는 비건에게 두 가지 문제를 일으킨다. 첫째, 비건이든 논비건이든 대변자는 실제로 그렇지 않다 해도 도덕론자로 인식되는 경우가 많다. 그리고 대개 사람들은 도덕론자로 보이는 사람들의 메시지에 방어적이 된다. 둘째, 비건은 토론과 대변의 경계가 흐린 편이다. 그래서 상대에게 영향을 미칠 의도 없이 서로를 이해해야 하는 상황에서 오해와 방어적 태도를 불러일으킬 수 있다.

대변자들은 불의에 저항해 목소리를 낸다. 하지만 그들 자신이 직접적인 불의의 희생자는 아니다. 그러다 보니 직접적인 피해자에 비해 '도덕론자'라는 딱지가 더 쉽게 붙는다. 전쟁에 반대해 목소리를 높이는 참전 군인과 반전운동을 벌이는 학생이 각각 어떻게 인식되는지 생각해보라.

대변자들은 다른 사람들도 할 수 있지만 하지 않는 도덕적 선택을 하는 사람, 도덕적 정도를 걷는 사람으로 여겨지곤 한다. 그러므로 다른 사람들은 그들에 비해 자신이 '덜 도덕적'이라고 느낄 수 있다. 사람들은 자신이 도덕적으로 열등한 위치에 있다고 느낄 때 두 가지 행동 중 하나(또는 두 가지 행동 모두)를 한다. 상대가 도덕적 우월감을 느낀다고 투사하거나(상대는 그렇게 느끼지 않는다 해도) 상대가 덜 도덕적이라는 사실을 입증하여 자신의 불편한 느낌을 상쇄하려 한다. 도덕 저울의 균형을 다시 맞추려는 것이다. 게다가 비건들은 육식주의 문화가 적극적으로 퍼뜨리는 '고고한 척하는' 도덕론자 비건이라는 고정관념과도 싸워야 한다.

많은 비건이 비건이라고 말하기만 해도 비거니즘이 왜 육식보다 도덕적으로 우월하지 않은지에 대한 온갖 이야기를 듣는다. "당신에게 먹히기 위해 죽는 식물들은 어떡해요?" "애초에 동물들이 살아 있는 유일한 이유는 인간이 동물을 먹기 때문이에요. 동물들이 아예 태어나지 않았으면 좋겠어요?" "온갖 비건 포장 식품들은 장거리 운송되잖아요. 환경에 정말 안 좋아요. 동네에서 가공되는 닭고기보다 나쁘죠." 등등.

자신들이 논비건보다 도덕적으로 우월하다고 생각하는 비건들도 일부 있다. 이런 생각은 논리적으로 옳지 않을 뿐더러 다른 면에서도 문제적이다. 비건이 되겠다는 선택은 진정성의 실천이며 중요한 윤리적 입장을 반영한다. 그러나 한 개인이 다른 개인보다 도덕적으로 우월하다는 생각은 착각이며 여러 면에서 역효과를 부른다. 누가 도덕적으로 '나은지' 어떻게 결정할 수 있겠는가? 동물을 먹는 인도주의자가 더 나은가? 아니면 자신의 견해에 동의하지 않는 사람들에게 막말을 하는 비건이 더 나은가? 유럽의 저명한 자선가가 인도 빈민층에서 태어나 아동 성노예로 팔려갔더라면 도덕적 귀감이 될 수 있었을까? 만약 그가 양극성 장애에 취약한 유전적 소인을 갖고 태어났다면 어땠을까? 모든 사람은 자신이 손에 쥔 카드로 최선을 다한다. 그리고 도덕적가치에 서열이 있다고 믿든 안 믿든 도덕적 우열을 가리려는 틀로는 어떤 생산적인 결과도 얻기 힘들다. 그러므로 도덕성이라는 틀은 아예 사용하지 않는 것이 좋다.

### 토론과 대변을 분리하기

많은 비건은 대변자이기도 하기 때문에 토론과 대변의 경계가 흐릴 수 있다. 가족 식사에 비건 치즈를 쓸지 소젖 치즈를 쓸지 같은 문제를 토론하던 대화가 전반적인 비거니즘에 대한 대화로 흘러가면 비건은 어느새 비거니즘을 대변하는 역할을 하게 된다. 토론이 대변으로 넘어가는 경향 때문에 비건과 논비건 사이의 단순한 대화가 논쟁으로 변질되기도 한다.

토론에서 대변으로 옮겨가는 흐름을 지적하는 이유는 비거니즘을 대변하면 안 된다는 말을 하기 위해서가 아니다. 어떤 문제에 마음을 쓰는 사람은 당연히 다른 사람들도 그 문제에 공감할 수 있도록 소통하고 싶은 욕구를 느낀다. 그러니 비건이든 논비건이든 비건들이 비거니즘을 대변하려는 성향을 이해하고 불쾌해하지 않는 것이 현명하다. 그러나 비건은 대변이 아니라 대화가 필요한 상황에서 대변에 집중하지 않도록 특히 조심해야 한다. 앞에서 예로 들었던 비건 치즈와 소젖 치즈에 대한 대화는 서로의 욕구와 바람에 대한 대화다. 이때 필요한 것은 서로의 욕구를 이해하고 협상하는 것이다. 정서적 교감에 꼭 필요한 이 문제가 해결되지 않는 상태에서 비건 윤리를 논하는 것은 교감을 망치는 일이 될 수 있다. 욕구를 돌보지 않고 남겨 둔다면 문제가 해결되지 않은 것처럼 느껴질 것이다. 그러니 원래 문제를 해결하고, 그 뒤에도 양쪽 모두 비거니즘을 이야기하는 데 관심이 있다면 그때 토론을 이어갈 수 있다.

욕구 협상과 비거니즘 대변이 자연스럽게 겹칠 때도 있다. 이를테면 소젖 치즈 생산 과정에서 무슨 일이 일어나기에 비건들이 소젖 치즈를 식탁에 올려놓지 않으려고 하는지 설명해야 할 때도 있다. 그러나 이런 상황에서도 목표는 비거니즘 대변이 아니라 서로를 이해해 각자의 욕구를 충족하는 합의에 도달하는 것이다. 대체로 관계는 대변을 위한 토론장이어서는 안 된다. 관계의 맥락에서 대변은 힘겨루기로 쉽게 변질될 수 있기 때문이다.

## 완전한 메시지 사용하기

매튜 맥케이Matthew Mckay와 마사 데이비스Martha Davis, 패트릭 패닝Patrick Fanning의 뛰어난 책《효과적인 의사소통을 위한 기술》은 효과적인 표현에 필수적인 도구로 '완전한 메시지'를 제시한다.[1] 완전한 메시지는 비폭력 소통의 원칙을 토대로 하며 현실 재단을 막고 객관성과 존중, 신뢰가 존재하는 환경을 만드는 것을 목표로 한다.

완전한 메시지는 관찰과 생각, 느낌, 욕구의 네 부분으로 구성된다. 물론 모든 메시지가 네 요소를 다 포함해야 하는 것은 아니다. 하지만 명료한 소통이 필요한 상황이라면 무엇이든 이 공식을 적용해볼 수 있다.

관찰을 표현할 때 우리는 자신의 감각으로 관찰한 것, 즉 보고 들은 것을 함께 나눈다. 관찰은 객관적 사실을 전달하는 것이지 추측이나 해석, 결론이 아니다. 예를 들어 "32도야"나 "오늘 집에 휴대폰을 두고 왔어" "비건은 동물성 제품을 소비하지 않아"는 관찰이 될 수 있다.

생각을 표현할 때는 관찰을 토대로 얻은 결론이나 인식을 공유한다. 생각은 관찰한 것에 대한 주관적 해석이며 가치나 판단, 신념,

의견을 포함할 수 있다. 예컨대 "관계에는 노력이 필요해"나 "덴마크는 진보적인 사회변혁의 흥미로운 역사를 갖고 있어"는 생각에 해당한다.

느낌을 표현할 때는 정서적 경험을 함께 나눈다. 이를테면 "브라이언이 비건들은 섭식 장애가 있다고 말해서 나는 당황하고 상처받았어"나 "내가 어제 너한테 한 말이 부끄러워" "비거니즘 강연에 나와 함께 간다니 너무 고마워. 너와 함께 이 주제를 공유하는 게 나한테는 정말 큰 의미야"는 감정을 표현하는 말이다. 사람들은 '생각한다'라고 말해야 할 때 '느낀다'라고 표현하곤 한다. 이를테면 "많은 사람이 탄소 발자국에 대해 신경 쓰기 시작했다고 느껴"라고 말할 때, 이 문장은 느낌이 아니라 생각을 표현하고 있다.

욕구를 표현할 때는 자신이 무엇을 필요로 하거나 바라는지에 관해 말한다. 2장에서 다룬 것처럼 많은 사람이 욕구를 부끄럽게 여기며, 직접적으로 표현하는 법을 배우지 못해 간접적인 수단으로 욕구를 충족하려고 한다. 하지만 명료하게 표현하지 않으면서 타인이 자신의 욕구를 채워주길 기대하는 것은 옳지 않다. 그것은 실망과 갈등으로 달려가는 지름길이다. 욕구를 표현하는 법은 연습하면 할수록 더 좋다. 욕구를 표현할 때는 이렇게 말할 수 있다. "집에 오는 길에 마트에서 파스타 좀 사올래? 저녁에 파스타를 만들고 싶은데 다 떨어졌거든." 또는 "당신이 내 생일에 아이들이랑 비건 페스티벌에 가지 않겠다고 말했을 때 나는 당신이 가족 전체에 관련된 결정을 일방적으로 내린다는 느낌이 들었어. 오늘 저녁에 그 문제에 대해 이야기할 수 있을까?" 관찰과 생각, 느낌처럼 욕구도 개인의 경험을 반영한다. 따라서 욕구를 표현할 때는 상대를 비난하거나 비판하는 말이 들어가서는 안 된다. 또한 구체적이고 직접적이며 실행할 수 있는 욕구를 표현해야 한다.

관계 전문가 테렌스 릴Terrence Real은 메시지에 다섯 번째 요소를 추가하는 것이 도움이 될 수 있다고 말한다. 바로 "네가 내게 필요한 것을 할 수 있도록 내가 널 어떻게 도울 수 있을까?"라는 질문이다.[2] 이는 상대에게 당신의 이해와 지지를 보여주고, 상대가 당신의 욕구를 충족시킬 확률을 높이는 유용한 질문이 될 수 있다.

완전한 메시지를 사용하지 않은 소통과 사용한 소통의 사례를 차례로 살펴보자.

비건인 수전은 회사의 크리스마스 파티에서 방금 돌아와 논비건 파트너 엘렌과 이야기를 나누고 있다.

엘렌    파티 어땠어?

수전    좋았어. 그런데 조가 나한테 울 목도리를 선물했어. 잠자코 그냥 받았지. 내가 비건이라고 이미 말했는데 거의 여든 살이 다 되기도 하셨고 비거니즘이 뭔지 잘 모르시는 것 같아. 마음 상하실까 봐 그냥 받았어. 누구한테 주면 되니까.

엘렌　(어처구니 없다는 듯이) 진심이야? 항상 두를 게 없다고 투덜 댔잖아. 그런데 흠잡을 데 없는 목도리를 울이라는 이유로 쓰지 않겠다고? 양도 가끔씩 털을 깎아주면 좋지. 게다가 이미 값을 치른 목도리인데, 그걸 두른다고 당신이 양모 산업에 기여하는 것도 아니잖아. 내 생각에 당신은 갈수록 극단적이 되는 것 같아.

수전　당신 생각을 물은 게 아니야. 양모 생산 과정에 대해 아무것도 모르면서 양모 산업에 대해서 대단한 전문가처럼 말하네. 그 동물들이 어떤 일을 겪는지 알기나 해? 그리고 내 생각을 말하자면, 진짜 극단적인 태도는 천 조각을 목에 두르려고 죄 없는 동물을 착취하는 일에 돈을 내는 거야.

엘렌의 말에 수전이 완전한 메시지를 이용해 대답하려면 어떻게 해야 하는지 살펴보자.

수전　방금 당신이 한 말은 무척 심한 것 같아.

(관찰) 나는 울 목도리를 선물 받았지만 두르고 다니려니 마음이 불편하다고 말했는데 당신은 어처구니 없다는 표정을 지었어. 게다가 양모 산업이 양에게 좋다고 말했지. 비건인 내가 동물성 제품의 생산 과정을 잘 아는 걸 알면서 말이야. 그리고 양모 산업의 실상이 어떻든 나는 울 목

도리를 두르는 게 윤리적으로 마음이 편치 않다고 분명히 말했어. 하지만 당신은 그 목도리를 사용해야 한다고 말했고, 심지어 내게 '극단적'이라고 했어.

(생각) 당신 반응을 보면 당신이 내 신념을 진지하게 받아들이지 않고, 비건이 된다는 것이 무슨 뜻인지 이해하지 못하는 것 같아. 비거니즘은 내 삶의 중요한 일부야. 비거니즘이 내게 어떤 의미인지 당신이 이해한다면 내 가치에 어긋나는 행동을 하라고 말하진 않았을 거라고 생각해. 사실 당신이 내 신념을 경멸하는 것 같아. 그리고 나를 극단적이라고 했을 때는 내 가치관을 지키는 행동을 비난하는 것처럼 들렸어.

(느낌) 나는 기분이 상했고, 솔직히 상처받았어. 당신이 나를 있는 그대로 보지 않고, 내 중요한 일부가 당신에게 보이지 않는 것처럼 느껴져. 나는 이렇게 보이지 않는 존재가 되고 평가받는다는 느낌이 들 때 그냥 마음을 닫아버리게 돼. 그래서 당신과 덜 교감하는 느낌이 들어.

(욕구) 당신이 나를 더 잘 이해할 수 있도록 비거니즘에 대해 더 많이 알면 좋겠어. 비거니즘에 대한 정보를 당신과 공유할 수 있다면 좋을 거야. 내가 보는 세상이 어떤지 당신이 느낄 수 있도록, 그래서 결국 우리 둘 다 많이 교감한다고 느낄 수 있도록 말이야. 당신이 내게 그렇게 해주도

완전한 메시지는 방어적 태도를 즉시, 아주 효율적으로 줄여준다. 자신의 경험을 털어놓고 (자신의 생각과 느낌이 현실의 해석일 뿐 현실을 재단하는 것이 아님을 분명히 하면서) 상대도 그의 경험을 털어놓을 수 있도록 하는 단순한 행동을 통해, 우리는 서로 격려하고 인정하는 분위기를 만들고 해결책을 더 잘 찾을 수 있다.

완전한 메시지를 사용하면 소통을 크게 변화시킬 수 있다. 연습이 필요하지만 포기하지 않는다면 제2의 천성으로 만들 수도 있을 것이다. 완전한 메시지로 소통하는 일은 새로운 언어를 배우는 것과 비슷하다. 처음에는 하고 싶은 말을 표현하기가 힘들고 실수도 하겠지만 시간이 흐르면 유창해져서 이 새로운 언어로 생각을 하기 시작한다. 완전한 메시지로 소통할 때 사람들은 더 객관적으로 생각하고 연민의 관점으로 세상을 보며 겸손해진다. 서로의 경계를 지키고, 상대가 경계를 넘어설 때 더 잘 알아차릴 수 있다.

완전한 메시지를 더욱 유창하게 구사하고 갈등이나 문제를 분명하게 보려면 상대에게 말하기 전에 완전한 메시지를 글로 써보는 것도 좋은 방법이다. 그냥 써내려갈 수도 있고 부록에 실린 갈등 사슬을 이해하기 위한 길잡이 질문과 도표를 활용할 수도 있다. 상대와 이야기하기 전에 글로 쓴 완전한 메시지를 상대에게 보여줘도 괜찮다. 아니면 상대에게 큰 소리로 읽어줄 수도 있다.

효과적으로 표현하려면 메시지가 직접적이어야 한다. 사람들은 암시적인 메시지를 잘 이해하지 못한다. 그러므로 에둘러 말해도 상대가 알아서 이해할 것이라는 가정은 부당하고 비생산적이다. 그러니 "헬렌은 남편이 출장을 안 가니 좋겠어"라고 말하는 대신 "당신이 요새 너무 바빠서 나는 당신이 그리워. 다시 교감할 수 있도록 주말에 둘만의 시간을 보내면 좋겠어"라고 말하라. 또는 "다들 자기 이야기를 하는 데만 관심이 있는 것 같아"라고 말하는 대신 "요즘 내게 일어나는 일들에 대해 당신과 이야기하고 싶어"라고 말할 수 있다.

효과적으로 표현하기 위해서는 메시지가 명료해야 한다. "기분이 좋지 않아"보다 "나는 상처받고 화가 났어"라고 말하는 것이 더 명료하다. 명료한 메시지를 전달하려면 당신이 하려는 말과 어울리는 몸짓 언어를 사용해야 한다. 몸은 늘 메시지를 보내고 있다. 몸이 보내는 메시지가 말과 상반되면 듣는 사람은 어느 메시지를 믿어야 할지 혼란을 느낀다. 이를테면 슬픈 얼굴로 "난 아주 잘 지내"라고 말하거나 웃는 얼굴로 "정말 미안해"라고 말하지 말자. 혹은 기지개를 켜면서 "흥미로운 주장이네"라고 하지 말자. 말과는 다른 이야기를 몸으로 하는 사람이 많다. 그럴 때 듣는 사람은 불신을 느끼며 혼란스러운 메시지 때문에 당신을 오해할 수 있다.

문제나 갈등에 대해 소통할 때는 한 번에 한 주제에만 집중하는 것이 좋다. 7장에서 언급한 것처럼 갈등은 하나의 바퀴통에서 여러 바퀴살이 나오는 바퀴와 같다. 또한 어려운 대화는 되도록 짧게 하라. 30분 정도가 이상적이다. 한 시간을 넘기는 대화는 좀처럼 생산적이지 않다. 소통이 명료하고 효과적이지 않을 때 대화가 길어진다. 그리고 대개 대화가 길어질수록 더 많은 혼란과 문제가 생긴다.

어려운 대화가 시간을 끌거나 옆길로 새지 않도록 방지하는 한 가지 방법은 혼자서 먼저, 최대한 문제를 정리해보는 것이다. 종종 사람들은 문제 해결을 원하지만 자신의 경험과 욕구를 명료하게 이해할 만한 시간은 충분히 갖지 못한 상태로 어려운 대화를 시작한다. 그런 상황에서는 권투 선수가 샌드백을 치듯, 상대에게 툭툭 말을 건네며 자신의 경험을 검토하고 정리하려 할지도 모른다. 이런 과정은 많은 문제를 일으킬 수 있다. 자신의 생각과 느낌을 정리하지 않고, 상대를 이용해 명료성을 얻으려 한다면 그 과정에서 상대가 상처를 입을 수 있다. 생각나는 대로 말하다 보면 깊이 생각하지 못한 채 자신의 우려를 말할 수 있다. 이는 어쩌면 당신의 두려움과 정서적 알레르기의 반영에 불과할 수도 있다. 나중에 돌이켜보면 후회할 말들을 쏟아내며 그 과정에서 상대를 지치게 만드는 것이다.

비하하는 유머란 다른 사람을 깎아내리는 유머다. 주로 비주류 사회집단에 속한 사람들을 깎아내리는 경우가 많다. 이런 유머는 인류 역사 내내 편견과 힘의 불균형을 유지하기 위해 사용되었다. 약자들의 고통을 희화함으로써 문제가 존재한다는(억압 체계가 존재한다는) 사실을 감추고, 문제가 인식될지라도 하찮아 보이게 만든다. 예를 들어 인종주의적 유머는 인종주의와, 인종주의가 유색인종 구성원들에게 미치는 영향을 별것 아닌 것처럼 보이게 만든다. 이런 유머는 또한 사회변혁을 대변하는 사람들의 메시지를 무색하게 만드는데도 쓰인다. 사람들을 조롱함으로써 의견을 내기 부끄럽게 만들거나, 이들을 비하하는 스테레오타입을 만들어 이들의 주장이 진지하게 받아들여지지 않도록 방해한다. 페미니스트들에 대한 수많은 모욕적인 농담들을 생각해보라. 비하하는 유머가 효과적인 이유는 그 정체를 꿰뚫어 보거나 적절하게 반응하기가 어렵기 때문이다.

비건을 깎아내리는 유머는 매우 흔하지만 대체로 주목받지 못한다. 다른 면에서는 점잖은 사람들이 무슬림이나 아프리카계 미국인 같은 다른 비주류 집단 구성원에게 했다면 완전히 부적절하다고 여겨졌을 저열한 농담들을 비건에 대해서, 그것도 비건 앞에서 하는 일이 흔하다. 이때 비건에게 주어지는 선택지는 다른 사람들과 함께 웃으면서 자신을 억압하는 일에 참여하거나, 유머 감각이 없고 농담을 못 알아듣는다는 소리를 들을 위험을 무릅쓰고 웃지 않는 것이다.

비하하는 농담에 반응하는 첫걸음은 그 농담의 정체를 인식하는 것이다. 특정 사회집단(민족과 젠더, 종교, 이데올로기 등)에 속한 사람을 깎아내리는 언급은 그 본질상 편견을 조장한다. 다른 사람을 웃음거리로 만드는 말은 무엇이든 무례하고, 특히 그 대상이 비주류 집단이라면 차별을 조장하므로 더욱 문제적이다.

비하하는 유머에 잘 응답하는 법은 상황에 따라 다르다. 누가 그 농담을 하는가(상사, 엄마, 파티에서 만난 낯선 사람 등)에 따라 다른 응답을 선택할 수 있다. 응답을 할지 말지, 둘만 있는 자리에서 할지, 다른 사람들 앞에서 할지, 직설적으로 할지, 암시적으로 할지도 선택할 수 있다. 어떤 상황에서든 상대에 대한 호의를 갖고, 상대가 그게 얼마나 불쾌한 말인지 모른다는 가정 아래 응답을 시작하는 게 좋다. 실제로 많은 사람은 비건을 깎아내리는 유머가 얼마나 모욕적이고 상처를 주는지 모른다.

가까운 사람들에게는 정직하고 솔직하게 자신의 경험을 전하는 것이 중요하다. 가까운 가족이나 친구라면 둘만 있을 때 이야기하는 것이 좋을 것이다. 그들의 무례한 행동을 공개적으로 '나무라며' 망신을 주고 싶지 않을 테니 말이다. 그러나 당신이 공감의 자리에서 말할 수 있다면 그 사건을 지켜보는 사람들의 인식을 고쳐하는 방법도 고려해 볼 수 있다(그렇게 하는 것이 진짜로 괜찮다고 느낄 때만 하라. 많은 사람이 이런 공개적인 논평을 무척 불편하게 느낀다). 그들의 '농담'이 특정 사회집단을 겨냥한다는 사실을 강조하기 위해 이렇게 말할 수도 있다. "그러면 돼지를 먹지 않는 이슬람 교도들도 편식쟁이 인가요?" 또는 더 많은 정보를 요구함으로써 당신을 깎아내리려고 했던 언급에 대해 설명하도록 만들 수 있다. "왜 비건이 히피라는 거 죠?"나 "흥미롭네요. 저는 알버트 아인슈타인(채식인이었다)을 히피라고 생각해본 적이 없는데요." 또는 그냥 이렇게 물을 수 있다. "무슨 뜻으로 그렇게 말씀하시나요?" 또는 이렇게 말하라. "제가 뭔가 놓친 것 같네요. 그 농담을 이해하지 못하겠어요. 무슨 뜻인지 설명해주시겠어요?" 혹은 그냥 솔직히 말하고 싶을 수도 있다. "세상에, 당신에게 그렇게 불편한 유머를 듣게 될 줄은 몰랐네요."

또는 그런 농담을 던진 논비건이 당신의 경험을 이해할 수 있도록 상황을 반전시킬 다른 농담을 할 수도 있다. "당신이 고양이 스톡으로 만든 감자 수프를 먹는다면 저도 치킨 스톡으로 만든 야채 수프를 먹을게요." 유머는 현명하게 사용한다면 각성의 도구가 될 수 있다. 역사적으로 유머는 억압 체계를 유지하는 데도 쓰였지만 변혁하는 데도 쓰였다. 예를 들어 코미디언 마거릿 조Margaret Cho는 유머를 통해 사람들이 새로운 생각에 마음을 열고, 편견의 불합리성에 눈뜨게 한다. "제가 '충분히 아시아인스럽지' 않아서 아시아인 자문 위원을 따로 고용하기로 결정했다네요!"

어떤 상황에서는 그런 농담을 하는 사람과 따로 만나, 그 농담을 듣는 당신의 기분이 어떤지 알려주고 싶을 수도 있다. 이때 완전한 메시지를 이용할 수 있다.

당신이 비건들은 급진적인 괴짜라고 말했을 때 나를 희생양 삼아 사람들을 웃긴다고 생각하지 않을 수 없었어요. 유머로 나를 깎아내리고, 내가 마음을 쓰는 일을 비하하면서 말이죠. 내가 비건이라는 걸 알고, 그것이 나의 중요한 신념이자 내 삶의 중요한 일부라는 것을 잘 아는 당신이 그러니 몹시 기분이 상했어요. 내가 만약 당신이 종교를 중요하게 여기는 걸 알면서도 기독교도에 대해 그런 말을 한다면 당신도 꽤나 모욕적이라고 느낄 거예요. 게다가 무척 부끄러웠어요. 사람들이 나를, 적어도 나의 중요한 일부인 내 신념을 비웃었으니까요. 어떻게 해야 부끄러움을 모면할 수 있을지 몰라 말문이 막혔어요. 이 경험이 내게 어떤 느낌인지 당신이 이해하면 좋겠어요. 그리고 앞으로는 당신이 그렇게 비거니즘을 비하하지 않을 거라는 걸 알아야겠어요.

몇몇 상황에서는 아무 말도 하지 않는 것이 나을 때도 있다. 예를 들어 이따금 비건을 비하하는 직장 상사에게 맞서려면 일자리를 잃을 각오를 해야 할지도 모른다. 또는 낯선 사람의 농담을 비판하기에는 타이밍이 적절하지 않다고 판단할 수도 있다.

당신을 존중해 달라고 요구하는 사례는 부록 8에 실었다. 그 일부나 전부를 사용해 적대적인 농담에 대응할 수 있다.

효과적인 표현을 위해 다음을 참고하라.

- '너'보다는 '나' 진술을 사용하라. '나' 진술을 사용하면 당신이 당신의 생각과 경험을 털어놓고 있다는 것을 보여줄 수 있다. 또한 더 정확하게 표현할 수 있다. 그리고 상대를 비난하지 않을 수 있다. 비난은 생산적이지 않다. 이를테면 "너 때문에 화가 나"보다는 "나는 지금 화가 나"라고 말하라. 당신에게 이런저런 감정을 느끼게 만들 수 있는 사람은 없다. 감정은 사건에 대한 반응일 뿐이다.

- 가능한 한 '해야 한다'라는 표현을 피하라. 평가하고 나무라며 통제하려는 어조로 해석되기 쉽다. "너는 더 건강하게 먹어야 해"라고 말하는 대신 "~를 생각해보면 어떨까"라고 말하거나 "~를 살펴볼 만할 거야" "~를 시도해보면 어떨까" 혹은 "내가 네 상황이었다면 ~를 하면 어떨지 생각해봤을 거야"라고 말할 수도 있다.

- '그런데'보다 '그리고'를 사용하라. '그런데'라고 말할 때 우리는 그 앞에 나온 모든 것을 부정하거나 무시하게 된다. 예를 들면 "네가 만든 감자 샐러드 맛있었어. 그런데 다음에는 후추를 이렇게 많이 넣지 않으면 좋겠어"라고 말하는 대신 "네가 만든 감자 샐러드 맛있었어. 그리고 다음에는 후추를 덜 넣은 걸 먹어보고 싶어"라고 말하라.

- 문제가 아니라 해결에 집중하라. 관계나 비거니즘처럼 중요한 일을 이야기할 때 사람들은 문제에 집중하는 경향이 있다. 무엇이 잘 됐

는지가 아니라 무엇이 잘못됐는지, 무엇을 할 수 있는지가 아니라 무엇을 하지 말아야 하는지 이야기하는 데 더 많은 시간을 쏟는다. 문제에 집중하는 것은 이해할 만한 일이다. 대개 사람들은 나(와 다른 사람들)에게 고통을 유발하는 것을 무척 잘 인식한다. 그러나 문제에 집중할 때 우리는 절망적인 사고방식에 갇히고 다른 사람들도 그렇게 만들 수 있다. 사람들은 대개 부정적인 현실보다 긍정적인 가능성에서 더 많은 동기를 얻는다. 그러므로 긍정적인 가능성에 집중하는 것이 좋다.

• 당신이 키우고 싶은 것에 집중하라. 불교의 가르침에 따르면 우리 안에는 탐욕과 미움, 욕망의 씨앗뿐 아니라 사랑과 연민, 공감의 씨앗도 있다. 우리가 할 일은 올바른 씨앗에 물을 주는 것이다. 연민을 키우고 싶다면 다른 사람이 품은 연민의 씨앗에 물을 주어야 한다. 예를 들어 동료가 자신도 한때는 비건이었다고 말한다면 당신은 첫 질문으로 왜 비건이길 그만두었는지가 아니라 왜 비건이 되었는지를 물을 수 있다.

• 지나치게 많은 정보를 나열하지 말라. 사람들은 특히 비거니즘처럼 광범위한 주제에 대해 이야기할 때 지나치게 많은 정보를 제공하기 쉽다. 효과적인 소통을 하려면 (독백을 할 때와는 다르게) 서로의 생각을 균형 있게 교환해야 한다. 그리고 비거니즘에 관한 한 정보의 힘으로 상대를 설득하는 경우는 드물다. 관계에 대해 이야기하든, 신념에 대해 이야기하든 상대가 당신의 관점을 이해하는 데 필요한

정도의 정보면 충분하다. 그 이상을 알려주고 싶다면 비거니즘을 소개하는 소책자를 줄 수도 있고(이런 용도로 쓸 소책자를 들고 다니는 것도 좋은 생각이다) 인터넷이 그 외의 모든 것을 제공할 수 있다.

• 비건의 삶에 대해 말하고자 한다면 당신의 개인적인 경험에서 나온 이야기를 공유하라. 그러면 상대가 '비난'받는 느낌을 받지 않게 할 수 있고, 비거니즘 대변보다는 상호 이해에 계속 집중할 수 있다. 예를 들어 누가 당신에게 왜 비건이 됐느냐고 물으면 이렇게 말할 수 있다. "언젠가 동물들에게 일어나는 일을 알게 됐는데 너무 충격적이고 끔찍했어요. 그렇게 심한 줄 몰랐거든요. 동물들이 고통받는 이미지를 보고 나니 동물을 다시 먹을 수가 없었어요." 또는 당신이 사용했던 육식주의 방어기제에 대한 이야기를 공유할 수도 있다. "예전에는 동물을 먹는 것이 정상적이고 자연스럽고 필요하다고 믿었어요. 그런 믿음이 신화라는 걸 깨닫지 못했죠. 그게 엄연한 사실이라고 믿으며 자랐으니까요." 비건이 되면 좋은 점 몇 가지를 덧붙이는 것도 좋다. "더 건강해져서 너무 좋아요"라거나 "비건 음식이 그렇게 맛있고 만들기 쉬운 줄 몰랐어요"라고 말할 수 있다.

• 상대를 자극하는 개념이나 표현을 사용하지 않도록 주의하라. 많은 비건이 사교적인 표현보다 정확한 표현을 더 바람직하게 생각하지만 고기를 '사체'나 '죽은 살덩이'로, 축산업을 '국가 공인 살해'나 '강간'이라고 부른다면 지지자를 얻기보다 친구를 잃기가 더 쉽다. 상대의 심기를 건드리는 표현은 상대가 당신의 메시지에 즉각 귀를

닫거나 분노와 불신을 느끼게 만든다.

- 서로 다른 종류의 착취를 비교하지 않도록 하라. 이런 비교는 많은 사람을 불쾌하게 할 수 있다. 동물이 인간보다 더 고통받는다거나 동물과 인간이 비슷한 착취 경험을 갖고 있다고 주장한다면 대화가 좋게 끝날 가능성이 낮다. 착취를 이야기한다면 착취의 결과보다는 원인에 집중하는 것이 좋다. 가령 모든 형태의 착취 아래 깔린 폭력의 사고방식에 주목할 수 있다. "폭력과 착취의 희생자들이 겪는 경험은 집단마다 고유하지만 그런 폭력을 가능케 하는 사고방식은 같아요. 부정과 공감 마비, 왜곡된 사고 같은 심리 기제가 모든 폭력적 제도를 가능하게 하죠." 바로 그런 이유로 성차별과 계급 차별, 육식주의 같은 다양한 억압 체계를 인식하고 민감하게 반응해야 한다고 설명할 수도 있다. 더 나은 세상을 만드는 일은 한 번에 한 가지씩 행동을 바꾸는 것이 아니라 모든 행동이 진정성에 기반을 두도록 의식을 전환하는 것이다.

- 정서적 문해력emotional literacy을 키워라. 정서적 문해력은 자신의 감정을 인식하고 표현하는 능력으로, 효과적인 표현에 꼭 필요하다(정서적 문해력을 키우는 법을 알려주는 자료는 인터넷에 많다).

# 효과적인 듣기의 힘

대화를 잘하는 사람은 잘 듣는 사람이라는 격언에는 진리가 있다. 잘 듣는 사람과 함께 있을 때 사람들은 상대가 진심으로 자신의 이야기를 듣고 가치 있게 여기며 배려한다고 느낀다. 자신이 소중한 존재라고 느끼며, 진실을 탐색하고 공유할 용기가 생기므로 자기 통찰이 성장하고 상황을 새로운 관점에서 보게 된다. 자신의 주장을 조급하게 입증할 필요를 느끼지 않고, 평가받지 않으리라는 것을 알기에 안전하다고 느낀다. 진정한 자신이 될 수 있다고 느끼며 그 느낌만으로도 자유로울 수 있다.

안타깝게도 잘 듣는 사람은 흔치 않다. 대부분의 사람은 제대로 들을 줄 아는 사람들에게 받는 관심에 굶주려 있다. 그러므로 공감하며 들어주는 사람을 만나면 흥분하기도 한다. 밝힐 마음이 없던 사적인 이야기를 하거나 너무 말을 많이 하다가 대화를 독점해서 미안하다고 사과하게 될지도 모른다. 효과적인 듣기의 영향력은 강력하다. 잘 듣는 사람과 이야기할 때 사람들은 연민의 시선으로 자신을 보게 되므로, 자신이 인정받는다고 느끼고 자신감을 얻는다. 문제나 갈등을 경험할 때 상대가 내 말에 귀를 기울이기만 해도 방어심이 녹아내리고 두려움이 진정될 수 있다. 사실 누군가 들어주기만 해도 해결되는 문제가 많다.

효과적인 듣기를 할 때 사람들은 지금, 여기에 존재한다. 미래나 과거에 대해 생각하지 않으며, 지금 존재하는 곳이 아닌 다른 곳에 있기를 바라지 않는다. 우리는 지금, 여기에서 효과적인 듣기의 '3C', 연민compassion과 호기심curiosity, 용기courage를 실천한다. 그 과정에서 상대 역시 지금, 여기에 존재할 수 있도록 돕는다.

효과적으로 듣지 않으면 대가를 톡톡히 치르게 된다. 당신과 소통하는 사람들도 마찬가지다. 당신은 재미없고 자기밖에 모르고 자기 삶에만 관심이 있으며 다른 사람에게 집중할 마음과 능력이 없는 사람으로 여겨질 수 있다. 관심을 기울이지 않았기 때문에 예상하지 못했던 문제들에 허를 찔릴 수도 있다. 놀라고 어안이 벙벙한 상태에서 많은 관계가 끝나는 이유는 상대가 자신의 욕구를 전달하려 애쓸 때 사람들이 귀를 기울이지 않았기 때문이다. 효과적으로 듣지 않을 때 관계는 교감과 친밀함을 잃는다. 관심을 기울일 만큼 상대를 소중히 여기지 않는다는 느낌을 전달하기 때문이다. 듣는 사람이 자신이 하는 말에 관심이 없다는 메시지를 보낼 때, 사람들은 자기 이야기를 더 이상 공유하지 않는다. 무관심을 전달하는 가장 효과적인 방법은 잘 듣지 않는 것이다.

효과적인 듣기는 두 가지 요소로 구성된다. 연민의 마음으로 지켜보기와 적극적인 듣기다. 연민의 마음으로 지켜보기는 앞에서 다룬 대로 눈과 머리뿐 아니라 마음으로도 상대의 이야기에 관심을 기울이는 것이다. 연민과 공감으로 비판 없이 상대를 이해하기 위해 경청하는 것이다.

적극적인 듣기는 다음을 포함한다.

- 참여적 몸짓 언어engaged body language 사용하기
- 명료화하기
- 바꿔 말하기
- 피드백하기

참여적 몸짓 언어는 팔짱을 끼거나 하품을 하거나 손으로 얼굴을 가리지 않고, 말하는 사람쪽으로 몸을 기울이며 가능하다면 눈을 맞추는 것을 포함한다. 사람에 따라 눈을 맞추면 집중을 못하기도 하고, 문화에 따라 눈 맞춤이 무례하게 여겨지는 곳도 있다. 당신이 눈 맞춤을 선호하지 않는다면 눈 맞춤을 경청의 신호로 여기는 문화권 사람과 소통할 때는 미리 알리는 게 좋다. 그래야 상대가 당신의 몸짓 언어를 무관심으로 오해하지 않을 것이다.

명료화하기는 분명하게 알아야 할 때 정보를 더 알려달라고 요청하는 것이다. 그러면 상대를 이해하는 데 도움이 되고 당신이 잘 듣고 있음을 상대에게 보여줄 수 있다. 예를 들어 이렇게 물을 수 있다. "당신의 식성을 맞추는 게 불가능하다고 말한 사람이 엄마인가요, 새 아빠인가요?"

바꿔 말하기는 상대가 한 말을 나의 표현으로 요약하는 것이다. 그렇게 하면 당신이 제대로 이해했는지 상대에게 확인할 수 있다. 명

료화하기처럼 바꿔 말하기도 듣는 사람과 말하는 사람 모두에게 도움이 된다. 가령 이렇게 말할 수 있다. "그러니까 당신은 식사와 관련된 당신의 욕구를 용납하기 힘들다는 부모님 말씀에 상처를 받은 것 같네요. 그동안 그분들이 항상 배려를 잘해주셨기 때문에 부모님이 그렇게 느낀다는 걸 몰랐고요."

피드백하기는 당신이 들은 이야기에 대한 반응을 공유하는 것이다. 당신의 생각과 느낌, 그리고 충고까지 (상대가 원한다면) 공유한다. 이런 피드백은 당신이 연민의 마음으로 상대를 지켜본 뒤에 공유하는 것이 좋다. 사람들은 상대가 자기 말에 귀 기울이고 자기를 이해한다고 느끼지 않으면 피드백에 좀처럼 마음을 열지 않는다. 이렇게 말하면 어떨까. "그 모든 이야기를 내게 해줘서 고마워요. 터놓고 얘기할 만큼 나를 믿어줘서 기뻐요. 솔직히 당신이 계란을 먹을 때마다 내가 비난하는 것처럼 느껴진다는 말에 조금 상처받았어요. 어떻게 하면 그렇게 느끼지 않을지 잘 모르겠지만, 그렇게 느끼지 않으면 좋겠어요. 그 문제에 대해 더 이야기를 나누고 싶어요. 당신이 한 말에 대해 더 생각해볼 시간이 필요해요. 오늘 저녁에 다시 이야기할까요?"

적극적인 듣기는 효과적인 듣기의 필수 요소다. 상대가 이야기할 때 조용히 있는 것만으로는 충분하지 않다. 반응을 보내지 않으면 당신이 이야기를 듣고 있지 않거나, 피드백을 공유할 만큼 신경 쓰고 있지 않다는 메시지를 전달하게 된다. 어느 쪽이든 상대는 무시당하는 느낌이 들 테고 다시 당신과 터놓고 소통할 가능성이 줄어들 것이다.

　모든 상황에서 적극적인 듣기의 네 요소가 다 필요하지는 않지만 누군가 말을 걸어온다면 그의 이야기를 듣고 있음을 알려주는 것이 듣는 사람의 책임이다. 그러지 않으면 상대는 당신이 자신의 이야기에 관심을 기울이는지 알 길이 없다. 다른 사람이(배우자든 고용인이든 버스에 탄 모르는 사람이든) 내 마음을 읽으리라 기대하는 것은 온당하지도 않고 가능하지도 않다. 말하는 사람이 완전한 응답을 요구하지 않는다 해도 듣고 있음을 알리는 것은 듣는 사람의 책임이다. "아, 그렇구나" 또는 "아하" 같은 추임새들이다. 어떤 소통에서든 완전한 침묵은 경멸과 무관심, 한마디로 무례함으로 해석될 수밖에 없다. 그리고 상황에 맞는 어조로 반응하는 것이 이상적이다. 파트너가 드디어 근력 운동 목표치에 도달했다고 흥분해서 알려주는데 "그래, 잘했네"라고 무심하게 말한다면 상대는 제대로 이해받는다고 느끼지 못할 것이다. 또는 동료가 연인과 헤어져 힘들다고 말하는데 "그래, 안 됐네"라고만 말한다면 동료는 당신이 자신에게 공감한다고 느끼지 않을 것이다.

　이때 경청을 방해하는 장해물이 무엇인지 알면 도움이 될 수 있다.[3] 사람들이 효과적으로 듣기 힘들게 하는 상황을 알면 도움이 된다는 말이다. 어쩌면 특정 시간대, 특정 환경(시끄러운 소음이나 방해가 있는 곳), 특정 사람, 특정 주제는 효과적으로 듣기가 더 힘들 수 있다.

당신뿐 아니라 상대의 적극적인 듣기를 방해하는 것이 무엇인지 알면 그에 따라 대화를 계획해서 비생산적이거나 유해한 소통을 할 위험을 줄일 수 있다.

## 감정이 격앙된 상태에서 소통하는 법

감정이 격앙됐을 때는 효과적으로 소통하기가 특히 힘들다. 물론 이런 때야말로 효과적인 소통이 무척 필요하다. 아래의 몇 가지 원칙을 익혀두면 소통이 쉽지 않은 감정 상태에서 소통하는 데 도움이 될 것이다.

첫째, 감정이 효과적인 소통에 방해가 되는 지점까지 격앙되기 전에 자제하는 것이 최선이다. 내적경험에 주의를 기울이고 감정을 살피는 법을 연습하다 보면 강렬한 감정에 갑자기 사로잡힐 일이 줄어든다. 또한 효과적인 소통이 습관으로 정착되면 갑작스럽게 감정에 압도될 가능성이 적어진다. 문제가 쌓이도록 놔두지 않고, 필요할 때 진심을 말할 자신감을 얻게 되기 때문이다.

둘째, 감정이 격앙되기 시작했다는 것을 알아차리면 그 사실을 상대에게 알릴 수 있다. 심리학자 수전 캠벨과 존 그레이는 "당신이 방금 한 말이 내게 강한 자극을 준 것 같아"라거나 "내 마음이 불편해지는 것 같아"라고 말하기를 제안한다.[4] 감정이 격앙됐다는 사실을 공유하면 당신의 자기 인식을 드러내고 내면의 관찰자와 계속 교감하는 데도 도움이 된다. 또한 상대에게 중요한 정보를 준다. 당신 내면의 상처받기 쉬운 부분이 깨어났다는 것을 상대가 알 때, 상대는 당신의 민감한 부분을 짓밟지 않으려고 더 조심할 수 있다.

마찬가지로 당신의 감정 상태를 알릴 때 일부라는 표현을 사용할 수 있다. 이를테면 "당신이 방금 한 말이 내 일부를 화나게 했어"라고 말하면 당신이 그 일부와 '통합'되어 있지 않고, 당신의 전부가 화난 것은 아님을 알려줄 수 있다(일반적으로 이럴 때가 많다. 아무리 화가 나더라도 당신의 더 깊은 일부는 평온하다). "내 일부에서 화가 나"는 "나는 화가 나"나 더 심하게는 "나 화났어"보다 훨씬 덜 위협적으로 들린다. "나 화났어"는 자신과 화가 완전히 하나가 됐음을 암시한다.

상대의 감정이 격앙되고 있음을 알아차린다면, 특히 상대가 그렇다고 알려준다면, 그를 안심시키기 위해 최선을 다하라. 감정에 사로잡혀 있을 때 사람들은 안전하지 않다고 느끼고 덜 이성적이 된다. 그때의 유일한 목표는 안전한 곳으로 돌아가는 것이다. 누구에게나 연민과 이해가 필요한, 상처받기 쉽고 덜 성숙한 부분이 있다. 감정적인 상대에게 당신이 그의 편이며 그들의 안전에 마음을 쓰고 있다고, 또 그가 안정감을 느끼도록 노력하고 있다고 말하는 것은 상대가 안전지대로 되돌아오는 데 도움이 된다. 또한 그들이 안전하다고 느끼기 위해 무엇을 할 수 있을지 물어볼 수 있다. 상대가 안전감을 느끼는 데 무엇이 필요한지 모를 수도 있다. 그러나 당신이 그의 안전을 위해 애쓰고 있음을 보여주는 것만으로도 변화가 생길 수 있다.

마지막으로 소통을 중단해야 할 때를 파악하라. 상대에게 공감하기 어렵거나 호기심과 연민을 느낄 수 없다고 판단한다면 소통을 중단하는 것이 좋다. 또한 당신이 존중받지 못하고 상대가 당신을 존중하지 않는 방식으로 반응한다고 느낄 때도 소통을 중단하는 것이 좋다. 그런 상황이라면 약속과 함께, 서로 동의한 기간 동안 휴지기를 가져라. 당신이 요청하는 휴지기가 일시적이며, 7장에서 다룬 것처럼 짧은 기간 안에 대화를 재개할 것임을 분명히 밝히는 것이 중요하다. 그러지 않으면 상대는 버림받았다고 느끼며 불안과 불신에 빠질 것이다. 만약 대화를 다시 시작했는데 당신이 여전히 감정이 격한 상태여서 효과적인 소통을 할 수 없다면 또 다른 휴지기를 요청하라. 중요한 문제에 대해 의논하는 것을 회피하기 위해 휴지기를 이용하지 말라. 그러면 문제가 결코 해결되지 않을 것이다.

## 관계와 삶을 변화시키는 효과적인 소통

효과적인 소통의 원칙과 습관은 자신과 소통하는 데도 적용된다. 좋든 싫든 사람들은 늘 자신과 소통한다. 그리고 대부분 다른 사람이 그랬다면 용납하지 않았을 방식으로 자신과 소통한다. 소통 방식을 개선하고 자아 존중감을 키울 수 있는 단순하면서도 효과적인 방법은 내면의 대화, 혹은 자기 대화(6장에서 언급했던)를 인식하고 수치심이 아니라 자신감을 주도록 대화를 재구성하는 것이다.[5] 하루에 몇 차례 알람이 울리도록 맞춰두면 자기 대화 연습에 유용하다. 알람이 울리면 잠깐 하던 일을 멈추고 이런 질문을 던져보라. "내가 나한테 뭐라고 말하고 있지? 내가 마음 쓰는 사람에게 말할 만한 방식으로 내게 말하고 있나? 내 내면의 대화는 연민과 호기심을 반영하는가? 아니면 나를 평가하고 내게 수치심을 주는가? 내 생각과 느낌이 틀렸다고 말하면서 내 현실을 재단하고 있지는 않은가?"

효과적인 소통 방식을 배운다면 신념의 차이를 넘어 소통하는 능력이 대단히 향상될 수 있다. 그러나 효과적인 소통의 이점은 비거니즘에 관련된 문제의 소통을 돕는 데서 끝나지 않는다. 관계에서 효과적인 소통을 실천할 때 사람들은 서로를 인정하고 서로에게 자신감을 주며, 그 결과 안정과 교감이 더 튼튼해진다. 자신과의 대화에서 효과적인 소통을 실천할 때 사람들은 더 객관적으로 생각하고 자신의 경험에 더 많은 연민을 느낀다. 따라서 효과적인 소통은 관계와 삶 모두를 변화시키는 데 도움을 준다.

# 9

~~~

# 변화

수용의 방법과 변화의 도구

많은 비건이 논비건과의 관계에서 가장 궁금해하는 것은 자신에게 어떤 종류의 변화를 요청할 권리가 있는가 하는 문제다. 차이 때문에 관계에서 안정과 교감을 느끼기 어려운 사람이라면 누구든 이 질문을 던지게 된다. 특히 삶의 방식과 태도에서 중대한 차이가 있다면 상대에게 실제로 어떤 변화를 기대할 수 있을지 궁금할 것이다. 무엇이 현실적인가? 무엇이 공정한가? 관계의 안정과 교감을 해치지 않고 어떻게 변화를 요구할 수 있을까?

당신이 이 책에서 다룬 관계의 원칙들을 실천에 옮겼는데도 당신과 상대의 차이 때문에 여전히 충분한 안정과 교감을 느끼지 못할 수 있다. 당신은 비건인데 상대는 비건이 아니라는 차이일 수도 있고 상대도 비건이지만 당신은 비건 활동가고, 상대는 아니라는 차이일 수도 있다. 또는 상대는 비건이 아니고 비건인 당신은 그 점에 대해서 문제를 느끼지 않지만 두 사람의 성격 차이가 문제를 일으킬 수도 있다.

변화

당신이 마주한 차이가 무엇이든 관계를 끝내고 싶지 않다면 선택지는 두 가지다. 하나는 차이를 받아들이고 상대에게 변화를 바라지 않는 것이다. 또는 차이가 존재한다는 사실을 받아들이고 상대를 있는 그대로의 모습으로 수용하되, 여전히 변화를 부탁할 수도 있다. 어느 쪽이든 상대를 수용하는 것이 먼저다. 그렇다면 남은 질문은 수용만으로 충분한지, 아니면 차이를 수용한 뒤에도 여전히 변화가 필요한지다.

안정적이고 교감하는 관계, 진정성 있는 관계를 만드는 마지막 단계는 수용의 원칙을 받아들이고, 상대에게 변화를 효과적으로 요청하고 실현하는 도구를 이해하는 것이다. 이 원칙과 도구를 이해하면 평온을 구하는 기도serenity prayer에 표현된 지혜를 실천할 수 있다. "바꿀 수 없는 것을 받아들이는 평온을 주시고, 바꿀 수 있는 것을 바꾸는 용기를 주시며, 그 차이를 알 수 있는 지혜를 주십시오."

## 있는 그대로 받아들이기

개인과 관계 성장에 쓰이는 새로운 심리학 모델로 수용전념치료

---

평온을 구하는 기도는 미국의 신학자 라인홀트 니부어Reinhold Niebuhr가 썼다고 알려져 있다.

acceptance and commitment therapy(ACT)가 있다.[1] 수용-전념치료는 성장과 행복을 위해서는 있는 그대로 수용하는 태도가 꼭 필요하다는 불교의 가르침에 토대를 둔다. 수용-전념치료에서는 단절을 일으키는 차이 때문에 고군분투하는 사람들에게 변화에 앞서 일단 차이를 수용하기 위해 노력하길 권장한다.

수용은 저항의 반대다. 저항 상태에 있을 때 사람들은 상황이 달라져야 한다고 가정하며 변화를 소망한다. 상황이 '잘못됐다'고 판단하는 것이다. 수용은 '현실은 현실'이라는 것을 일단 받아들이는 태도이자 마음 상태다. 그런 다음 무엇을 할지 결정한다. 당신이 지금 두려움을 느끼고 있다고 해보자. 당신은 그 두려움을 '나쁘다'거나 '잘못됐다'고 평가하고, 억누르거나 피하려고 애쓰며 두려움에 저항할 수 있다. 대개는 효과가 없는 술책이다. 아니면 아무런 평가 없이 당신이 두려움을 느끼고 있다는 사실에 주목하고, 지금 느끼는 두려움을 받아들이며, 당신의 두려움을 연민의 마음으로 지켜볼 수 있다. 그러면 당장 두려움이 줄어들 뿐 아니라 두려움을 줄이기 위해 행동할 능력도 얻게 된다.

현실을 받아들이라는 말은 자신을 존중하지 않는 행동을 수용하라거나 삶과 세상을 수동적으로 받아들이라는 뜻이 아니다. 현실을 판단하지 않으면서도 현실을 바꾸기 위해 애쓸 수 있다는 뜻이다. 수용은 인내와 다르다. 인내는 일종의 저항으로 자신이 비난하는 어떤 것을 그냥 참고 살기로 결정하는 것이다. 반면 수용은 비난하지 않되 상황이 달라지길 바라는 의식적인 선택이다.

밖에 비가 온다는 사실이든 부모님이 중병을 진단받았다는 사실이든 상황에 저항하기보다 수용할 때 관계와 자신의 안녕을 증진하고, 생산적인 변화에 필요한 행동을 할 수 있다. 저항할 때 사람들은 자신이 상황의 피해자가 되었다고 느끼며 우울과 대인 갈등 같은 새로운 문제를 만들어낸다. 역설적으로 들리겠지만 저항을 멈출 때 사람들은 건강한 선택을 하고 긍정적인 행동을 할 수 있다.

## 변화를 위한 첫걸음

변화를 위한 첫걸음이 수용이어야 하는 몇 가지 이유가 있다. 첫째, 수용할 때 우리는 변화를 위해 무엇이 필요한지 더 명료하게 알 수 있다. 당신을 괴롭히는 것이 무엇이든, 저항을 멈추고 나면 변화가 전혀 필요하지 않다는 것을 알게 되기도 한다. 당신이 바꾸고 싶은 차이를 수용하겠다고 자신에게 허락함으로써 당신의 관계에서 이를 실험을 해볼 수 있다. 차이를 받아들이고 이상적이지는 않을지라도 (안전과 교감을 느낄 만큼) 편안하게 살아가는 당신의 모습을 그려보라. 이를테면 당신의 논비건 파트너가 친구들과 함께 저녁으로 동물을 먹는다는 사실을 당신이 안다고 상상해보라. 그리고 파트너가 집에 돌아와 당신에게 인사하는 모습을 그려보라. 두 사람 모두 미소를 짓고 포옹을 하며 다시 만나서 행복해 하는 모습을 상상해보라. 관계의 어려움을 헤쳐 나가는 자신들에게 자부심을 느끼는 상상을 해보라. 당신이 수용하기 힘들었던 차이를 받아들여도 괜찮다고 허락하는 내면의 여유를 상상해보라. 어쩌면 차이와 함께 살아가기는 당신이 생각하는 것처럼 불가능한 일이 아닐지도 모른다.

둘째, 사람들은 자신이 받아들여지지 않는다고 느낄 때 변화에 저항한다. 이것은 일종의 반항으로, 저항감이 들지 않았다면 기꺼이 바꿨을 행동에 매달리게 되기도 한다. 비거니즘처럼 도덕적 측면이 포함된 변화일 때는 특히 더 그렇다. 명시적이든 암묵적이든 상대는 이렇게 말하고 있다. "당신이 내게 죄책감을 느끼게 하니까 달라지지 않을 거야." 변화를 위해 죄책감을 자극하는 방법은 상대를 존중하는 행동이 아닐 뿐더러 효과적이지도 않다. 상대의 방어 심리를 자극해 마음을 더 굳게 닫아걸게 만들 뿐이다. 모든 사람은 자신의 모습 그대로 인정받을 가치가 있고, 있는 그대로 인정받고 싶은 욕구가 있다. 안정과 교감을 느낄 수 없을 만한 차이를 지닌 사람과 관계를 끝내기로 선택할 때조차 이 점을 잊지 말아야 한다.

셋째, 그것이 윤리적이기 때문이다. (당신이 그 차이를 계속 감내하고 싶지 않다 해도) 차이가 존재한다는 사실을 수용하고 상대를 받아들인다면, 변화를 부탁할 때 비난을 담지 않을 수 있다. 상대에게 "내가 편안하게 여길 만한 삶의 방식은 아닐지라도 있는 그대로의 당신과 상황을 받아들인다"라고 말하는 셈이다. 수용은 변화의 과정에서 진정성을 실천하는 데 도움이 된다.

있는 그대로의 상대를 수용해야 하는 마지막 이유는 가끔은 수용만으로도 당신이 부탁하려는 변화를 이룰 수 있기 때문이다. 사람들은 비난받지 않는다고 느낄 때 변화를 더욱 너그럽게 수용한다.


## 상처 준 사람을 용서하기

용서는 수용의 행위다. 과거를 과거로 받아들이는 것이다. 그것은 일어났던 일을 용납한다는 의미도, 더 이상 아픔을 느끼지 않게 된다는 의미도 아니다. 사람들은 용납하지 않더라도 용서할 수 있고, 여전히 고통 속에 있을지라도 용서할 수 있다. 용서가 망각을 뜻하는 것도 아니다. 용서는 분노의 한 형태인 원한을 내려놓겠다는 의식적인 결정이다. 변화를 부탁하기 전에 과거에 상처 준 사람을 용서하는 것은 상대가 변화하는 데 도움이 된다. 원한을 덜 품을수록, 상대는 당신이 부탁하는 변화에 마음을 더 많이 열고, 덜 방어적이 될 것이다.

게다가 원한을 품고 있을 때는 상대의 변화를 위해 필요한 것이 무엇인지 이해하기가 어렵다. 원한에는 복수의 욕망이 함께하는 경우가 많기 때문에 상대에게 요청하는 변화가 상대를 응징하는 구실로 쓰일 수도 있다. 이를테면 논비건인 엄마가 요리를 할 때 동물성 재료를 빼는 것을 자꾸 깜빡한다고 가정해보자. 마음이 상한 당신은 더 이상 당신을 위해 요리하지 말라고 엄마에게 요청할 수 있다. 엄마가 앞으로 더 신경을 쓰겠다고 약속해도 당신은 엄마에 대한 원망 때문에 엄마의 제안에 계속 저항할지 모른다. 당신을 위해 요리하는 일이 엄마에게 큰 즐거움이라는 것을 알기에 당신은 엄마에게 당신을 위해 요리할 기회를 더 이상 주지 않으려할지 모른다.

## 사람들은 왜 변화에 저항하는가[2]

변화를 부탁하기 전에 사람들이 변화에 저항하는 방식을 몇 가지 알아두면 도움이 된다. 저항에 대해 알고 있으면 그것이 변화의 장해물이 될 가능성이 줄어든다. 변화에 저항하는 것은 변화를 부탁받은 사람에게나, 부탁한 사람에게나 정상적인 일이다.

상대가 변화에 저항하는 한 가지 이유는 변화를 부탁하는 사람이 자신의 입장을 진심으로 이해하고 존중한다고 느끼지 않기 때문이다. 당신이 요청하는 변화를 어째서 상대가 선택하지 않았는지 이해할 필요가 있다. 상대의 관점에서 변화의 장해물은 무엇인가? 상대가 변화를 시도한다면 어떤 점이 어려울까? 상대가 실천할 수 있는 방식으로 변화하기 위해 무엇이 필요한가? 달리 말해 상대의 고충을 이해하기 위해 최선을 다해야 한다. 당신이 특정한 변화를 이루었다고 해서 그런 변화가 상대에게도 바람직하거나 쉬울 것이라고 가정해서는 안 된다.

때때로 비건은 상대가 비거니즘을 향하는 길에서 마주칠지 모르를 어려움을 사소하게 여긴다. 당연하게도 많은 비건이 비거니즘을 생사의 문제로 인식한다. 엄밀히 따지면 생사의 문제가 맞긴 하다. 그러나 "동물의 생명과 너의 미각 중 하나를 선택하는 문제인데 비건이 되지 않을 이유가 없어"라고 말한다면 상대를 인정하지 않는다는 인상을 주며 외려 역효과를 낼 가능성이 높다. 이런 태도는 상대의 고충을 무시하는 것처럼 들릴 뿐 아니라 불쾌감을 준다. 가령 가족 간의 유대를 느끼고 싶은 상대의 욕구를 동물의 생명과 저울질한다면 신뢰와 선의를 얻기 힘들다.

사람들이 변화에 마음을 열게 하려면 이해와 공감, 그들의 경험에 대한 관심이 필요하다. 상대를 진심으로 이해하려 애쓴다면 변화를 둘러싼 대화가 덜 감정적이 될 것이다. 상대가 포기하기 힘들다고 느끼는 것이 무엇일지 생각해보라. 비건이 되기를 힘겨워하는 사람에게 공감하기 어렵다면 자신이 한계를 그은 삶의 영역을 떠올려보라. 비건 친화적이지는 않지만 당신이 포기할 마음도, 포기할 수도 없는 것이 있다면 어떻게 하겠는가? 그것은 특정 약물 치료일 수도 있고, 누군가에게는 논비건 제품을 파는 회사에서 근무하는 것이 될수도 있다. 비건들은 100퍼센트 비건으로 사는 게 가능하지 않은 세상에서 살아간다. 자신의 한계를 인정할 때 다른 사람들의 한계도 인정하기 쉬워진다. 자신이 비건이 되기 전의 모습을 기억하는 것도 도움이 된다.

또한 사람들은 변화가 궁극적으로 자신을 위한 것이 아니라고 느끼거나, 자신이 부당한 이유 때문에 변화해야 한다고 느낄 때 변화에 저항한다. 이를테면 갈등을 피하고 평화를 유지하려고, 혹은 누군가의 강요나 비판 때문에 변화한다면 마음을 열고 진심으로 그 변화를 포용하고 지속하기가 힘들다.

## 관계는 계약이 아니다

사람들은 변화와 관계의 본질에 대한 잘못된 믿음 때문에 변화에 저항하기도 한다. 많은 사람이 관계와 관계 속의 사람들이 어떤 중요한 면에서도 달라져서는 안 된다고 가정하며, 관계를 사업 계약인 양 다루곤 한다. 관계를 시작할 때와 조금이라도 달라진다면 계약 위반이다. "처음 만났을 때 당신은 이러지 않았어. 이건 내가 서명한 계약이 아니야." 하지만 건강한 개인이 변화하고 성장하듯 건강한 관계도 변화하고 성장한다. 사람들은 대부분 이를 직관적으로 이해한다. 어쨌든 파트너가 대학생이던 20년 전과 똑같기를 바라지는 않을 테니 말이다.

안정적이고 교감하는 관계에서는 변화가 끊임없이 요청된다. "제발 거실 여기저기에 옷을 팽개치지 말아줄래? 나는 당신 뒤치다꺼리를 하고 싶지 않아." 또는 "직장에 있을 때 당신이 연락하면 산만해지고 다시 집중하기가 어려워. 중요한 일이 아니면 일과 시간에는 전화하지 말았으면 해." 또는 "나는 한 주를 미리 계획하고 싶어. 그러니까 다음 주를 미리 예상할 수 있게 일요일마다 일정을 짜면 어떨까?" 각자의 욕구가 다를 것을 예상하고 변화를 요청하는 것이 관계의 평범한 일부임을 인식할 때 사람들은 변화의 요청에 덜 반발한다. 이런 협상은 "아, 그래. 알았어"나 "나는 그렇게까지 미리 계획을 세우고 싶지는 않은데. 며칠씩만 먼저 계획을 세우면 안 될까?" 정도로 간단히 끝나는 일상적 대화가 될 수도 있다. 물론 중대한 변화를 요청하는 일은 더 복잡하지만, 그럼에도 변화를 둘러싼 협상은 건강한 상호작용의 정상적인 일부다.

### "나를 바꾸려 하지 마"

당신과 당신의 관계가 변해서는 안 된다는 믿음은 관계(특히 낭만적 관계)가 서로의 행동에 대한 무조건적인 수용에 기반하며, 상대에게 변화를 요청하기는커녕 기대해서도 안 된다는 신화 때문에 더 강화된다. 서로를 있는 그대로의 존재로 받아들여야 하는 건 맞지만 상대의 행동을 모두 받아들여야 한다고 가정하는 것은 옳지 않다. 사람들은 각자 고유한 존재로, 서로 매우 다른 존재 방식과 욕구를 지닌다. 각자의 행동 방식을 수정하지 않고 조화로운 관계를 맺기란 사실 불가능하다. 아무런 변화 없이 좋은 관계를 유지한다는 생각은 비현실적이다. 다른 사람과 관계를 맺을 때는 무엇이 자신에게 괜찮고, 괜찮지 않은지 소통해야 서로의 안전과 행복에 필요한 변화를 이룰 수 있다. 그러나 한쪽이 상대가 달라지면 좋겠다는 메시지를 넌지시 전달하기만 해도 낡디낡은 반응이 돌아올 때가 많다. "나는 원래 이런 사람이야. 나를 사랑하든가, 아니면 떠나!" 대체로 사람들은 상대가 자신에게 변화를 부탁하는 것이 자신을 사랑하기 때문이라는 사실을 깨닫지 못한다.

### 새로운 변화에 대한 책임

관계는 변하는 게 아니라는 오해와 관련된 또 다른 가정이 있다. 바로 두 사람 중 한 사람이 변화할 때, 관계에 끼어드는 새로운 차이를 수용하고 관리하는 일이 변화한 사람의 몫이라는 생각이다("달라진 건 당신인데, 내게 행동을 바꾸길 기대하는 건 옳지 않아"). 교감을 유지하려면 어떤 종류의 변화가 필요할지 두 사람이 함께 의논해야 한다. 한 사람에게만 차이를 극복할 짐을 떠맡기는 것은 공정하지도 가능하지도 않다. 관계는 협력이며 한 사람이 새로운 것이든 아니든 욕구를 표현할 때마다 상대에게는(자신의 진정성을 손상하는 일이 아닌 한) 그것에 대해 듣고 그 욕구를 충족하기 위해 최선을 다할 책임이 있다.

변화한 파트너가 차이를 극복할 책임을 질 것이라 기대되지 않는 경우도 있다. 대체로 그들이 더 많은 사회적 권력을 가졌거나(다른 한쪽은 속하지 않는 주류 사회집단의 구성원일 때), 변화 자체가 주류 사회집단의 입장을 반영할 때다. 관계에서 얼마나 큰 권력을 지니느냐는 사람들이 자신과 상대에게 무엇을 기대할지에 큰 영향을 미친다. 얼마나 기꺼이 상대의 영향을 받아들일지 결정하기 때문이다.

예를 들어 비건이었던 두 사람 가운데 한 사람이 논비건이 된다면 (변화하지 않은 쪽인) 비건이 그 차이를 극복해야 한다고 여겨질 가능성이 높다. 그러나 비건이 아니던 두 사람 가운데 한 사람이 비건이 된다면(그리고 젠더와 계급 같은 다른 모든 권력 역할이 동등하다면) 이번에는 (변화한 쪽인) 비건이 차이를 극복해야 한다고 기대될 것이다. 주류 사회집단의 구성원이자 사회의 지지를 받는 신념을 지닌 논비건은 비건의 변화를 수용하기 위해 달라져야 한다고 여겨지지 않을 것이다. 공감 능력이 무척 뛰어난 편에 속하는 논비건 파트너들도 이런 입장을 취할 가능성이 크다. 왜냐하면 비건이 파트너에게(사실 누구에게든) 자신의 변화에 맞춰주길 기대하는 것은 적절하지 않다는 잘못된 가정이 팽배하기 때문이다.

### 타인의 영향력을 허용하기

사람들을 변화에 저항하게 하는 또 다른 믿음은 모든 변화가 독립적인 의사 결정 과정의 결과여야 한다는 것이다. 달리 말해 사람들은 다른 사람들, 특히 낭만적 파트너에게 휘둘려선 안 된다고 배운다. 사람들이 "그러니까 그 사람 때문에 그걸 한다는 거야?" 같은 말을 할 때가 얼마나 많은가? 담배를 끊는 것처럼 부정적인 습관을 바꾸는 일은 그런 비난을 받지 않는 편이다. 그러나 딱히 긍정적이지도 부정적이지도 않은 변화, 심지어 건강한 식단을 선택하는 것 같은 긍정적인 변화는 그런 반응에 자주 부딪힌다. 그렇기 때문에 사람들은 유약해 보일까 봐, 혹은 줏대 없어 보일까 봐 두려워서 변화에 저항하기도 한다. 이런 두려움은 특히 남성들에게 흔한데, 안타깝게도 (그 자신과 관계를 해치면서도) 자기 삶에서 소중한 사람들에게 휘둘리지 말라고 배워왔기 때문이다. 그러나 연구에 따르면 파트너가 미치는 영향을 수용하는 남성들이 더 만족스럽고 회복 탄력성 있는 관계를 유지한다.[3]

## 오해 없이 변화를 요청하는 법

간혹 사람들은 변화를 요청받으면 상대가 자신을 통제하려 한다고 느껴서 변화에 저항하기도 한다. 요청이 아니라 요구를 한다면 상대가 통제받는다고 느낄 수 있다. 요구는 사실상 통제이기 때문이다. 그러나 변화를 요청하기만 해도 자신이 통제받는다고 느끼는 사람도 있다.

몇몇 사람들은 통제 알레르기가 있어서 요청에 과민하기 때문에 쉽게 통제받는다고 느낀다. 만약 그런 경우라면 상대와 욕구의 요청 방법에 대해 대화를 나누는 것이 좋다. 그래야 상대가 당신의 요청을 듣고 응답할 수 있다. 통제 알레르기가 있든 없든 서로에게 영향을 미칠 수 없다면 안정적이고 교감하는 관계를 유지할 수 없다.

사람들은 사회에 의해 형성된 지각 방식 때문에 자신이 통제당한다고 느끼기도 한다. 앞에서 말한 것처럼 주류 사회집단(논비건)의 구성원은 비주류 사회집단(비건)의 구성원이 요구가 아니라 요청을 할 때도 그것을 요구로 해석하도록 길들여졌다. 또한 어떤 요청이든 그들을 통제하려는 시도로 인식하도록 배웠다.

## 변화는 불편하다

변화는 현실적으로나 정서적으로나 쉽지 않을 때가 많다. 자신의 안전지대를 넓혀야 하는 일이기 때문이다. 습관을 깨려면 노력이 필요하다. 다르게 생각하고 행동하고 느끼도록 자신을 재설정해야 한다. 이를테면 지나치게 단 음식이 좋지 않다는 것을 안다 해도 식단에서 단 음식을 없애면 심리적·신체적 갈망을 느낄 뿐 아니라 다른 사람들이 단 음식을 먹을 때 당신은 먹지 못한다는 실망감까지 느끼게 될 수 있다.

대개 사람들은 현재의 방식을 고수하는 것이 새로운 방식을 선택하는 것보다 더 불편해질 때까지 변화를 미루고 미룬다. 도박을 예로 들어보자. 도박이 경제적 안정과 관계, 직업에 부정적인 영향을 미치기 시작했다면 분명 그 행동을 변화시키고 싶을 것이다. 하지만 강박적으로 도박을 하는 사람들은 대체로 도박을 멈추고 싶어도 멈추지 못한다. 도박이 주는 위안이 도박의 결과로 감당해야 하는 손실보다 더 크기 때문이다. 저울추가 반대로 기울 때(얻는 것보다 잃는 것이 더 많을 때, 그 행동을 계속하는 고통이 멈출 때의 고통보다 더 클 때)에야 비로소 변화의 과정을 시작할 수 있다.

## 변화가 두려운 이유

사람들은 안전하다고 느끼기 위해 많은 일을 한다. 그중에는 변화가 불러오는 것에 대한 두려움 때문에 변화에 저항하는 일도 포함된다. 변화하기 위해서는 변화를 시도할 만큼 충분히 안전하다고 느껴야 한다.

변화가 두려운 이유 중 하나는 우리가 실패를 두려워하기 때문이다. 자신의 결정을 끝까지 따라갈 의지나 방법이 있는지 알지 못할 때 사람들은 두려움을 느낀다. 그러므로 변화를 요청할 때는 그 변화가 현실적인지 확인하는 것이 좋다. 파트너에게 비건이 되기를 요청한다면 천천히 비거니즘에 대해 배우며, 일정 기간 동안 동물성 제품을 비건 제품으로 대체하는 방법을 제안할 수 있다.

또한 사람들은 자기 정체성을 잃거나, 다른 관계에서 교감을 잃게 될까 봐 변화를 두려워할 수도 있다. 예컨대 비건이 되면 다른 사람들이 자신을 다르게 보고, 관계가 달라질까 봐 걱정할 수 있다(유약하거나 특이하거나 잘난 척한다고 생각하지 않을까? 해마다 친구들과 여는 야외 바비큐 파티에서 소외감을 느끼지 않을까?). 이런 두려움 역시 당장

---

중독의 생물학적 요소를 과소평가하려는 것은 아니다. 중독의 생물학은 중독 행동이 위안을 제공하는 이유 중 하나다.

비건이 되기를 요청하기보다 천천히 비건을 지향하는 방법을 제안함으로써 누그러뜨릴 수 있을 것이다.

변화가 두려운 또 다른 이유는 '미끄러운 비탈길'이 무섭기 때문이다. 변화의 전망 앞에서 사람들은 이런 의문을 품을 수 있다. "이 길이 나를 어디까지 데려갈까? 만약 내가 편안하게 느끼는 것 이상으로 달라지기를, 너무 많이 포기하기를(상대나 변화한 뒤의 나 자신에게) 기대받는다면 어떡하지?" 지속 가능하지 않은 변화, 안전하거나 실천 가능하다고 느껴지지 않는 변화는 누구에게도 득이 되지 않는다. 그러나 변화의 주체가 자기 인식과 자기 지속성을 위해 애쓴다면 이런 두려움이 변화의 장해물이 되지 않을 수도 있다.

## 변화에 우호적인 환경 만들기

사람들은 변화할 준비가 될 때까지 변화하지 않으며, 자신을 포함해 누구에게든 변화할 준비가 되도록 강요할 수 없다. 변화할 준비를 강요하는 것은 부상을 치유하려고 애쓰는 것과 같다. 그러나 비타민을 먹고 적절한 휴식을 취하는 것처럼 변화가 쉬워지는 환경을 만들 수는 있다. 변화에 우호적인 환경을 만드는 첫걸음은 적절한 종류의 변화를 올바른 방식으로 요청하는 것이다.

생활 방식의 변화처럼 중대한 변화를 요청할 수 있는 때는 자신의 행복과 관계의 안정과 교감을 유지하는 데 그런 변화가 필요할 때뿐이다. 그리고 그런 요청은 정중하고 합리적이어야 한다. 상대의 행복을 존중해야 하며 상대에게 합리적인 요청이어야 한다.

당신이 정중하게 요청할 수 있는 것은 행동의 변화다. 단 상대의 진정성에 어긋나지 않는 변화여야 한다. 또한 상대가 이해하기에 자신에게 도움이 되는, 상대에게도 소중한 변화여야 한다. 가까운 사람의 욕구를 채워주고, 관계의 안정과 교감을 유지할 수 있다면 변화할 이유가 충분하다고 생각하는 사람들도 있다. 그러나 변화가 지속 가능하려면 당사자가 변화에서 자신에게도 좋은 점을 보아야 한다.

상대에게 가치관이나 성격, 태도를 바꾸라고 요청하는 것은 정중하지 않다(대체로 합리적이지도 않다). 가치관이나 성격, 태도는 개인의 핵심이며 대체로 변하지 않는다. 태도에는 개인이 지닌 정서적 알레르기도 포함된다. 정서적 알레르기는 각자가 가지고 있는 민감성으로, 이미 굳어져 있을 때가 많다. 태도를 바꾸는 것은 가능하지만(그리고 다른 사람의 태도가 바뀌기를 바라는 것도 이해할 만하지만) 태도 변화를 요청하는 일은 정중하거나 합리적이지 않다. 태도는 사람을 이루는 대단히 개인적인 측면이기 때문이다. 이를테면 "당신이 동물들에게 마음을 더 썼으면 해요"라고 말하는 것은 상대에게 신념과 감정을 바꾸라고 요청하는 셈이다.

대신 태도의 변화로 이어질 만한 행동의 변화를 요청할 수는 있다. 예를 들어 논비건인 부모에게 특정한 자료를 보고, 음식이 되는 동물들에게 무슨 일이 일어나는지, 그리고 육식주의가 동물을 먹는 것에 대한 태도를 어떻게 형성하는지 찾아보면 좋겠다고 요청할 수 있다. 그러나 태도를 바꿀 권리는 상대에게 있으며, 상대가 새로이 알게 된 사실을 토대로 변화를 선택하거나 하지 않을 수 있다는 것을 받아들여야 한다.

## 비건이 되기를 요청하기

당신이 관계에서 안정과 교감을 느끼기 위해 필요한 것이 무엇인지는 당신만 안다. 어쩌면 당신은 비건이 아닌 사람과는 교감을 느낄 수 없다고 생각할지도 모른다.

상대에게 비건이 되길 요청하기 전에는 그 요청이 당신에게 실제로 필요한지 판단하는 것이 중요하다. 어쩌면 당신은 상대가 어느 정도 비거니즘을 실천하거나 비건 연대자가 되는 것만으로도 교감하기에 충분하다고 느낄지 모른다. 또는 상대가 당신과 함께 있을 때 동물을 먹지 않는다면 다른 곳에서 동물을 먹는 것까지는 수용할 수 있을지 모른다. 우선은 몇몇 사소한 변화로도 충분한지 살펴보고, 그렇지 않다면 대화를 다시 시작할 수 있다. 가끔은 직접 경험하기 전까지는 자신이 무엇을 필요로 하는지 모르기도 한다.

만약 당신이 상대가 비건이 되어야 한다고 판단한다면 그 요청을 합리적이고 정중하게 전달하는 방법은 상황에 따라 달라진다. 엄밀하게 행동의 변화(가치나 태도가 아니라 소비 대상의 변화)만 요청한다면 정중한 요청이 가능할 수 있다. 그러나 그것이 합리적인 요청인지 아닌지는 상황에 따라 다르며, 변화를 요청받는 사람의 판단에 달려 있다.

비건이 되도록 행동의 변화를 요청하는 것이 합당하다고 판단되면 상대에게 비거니즘을 향해 천천히 다가가기를 제안하는 것이 좋다. 그래야 지속 가능한 변화가 될 가능성이 높아진다. 그리고 당신이 안정과 교감을 느끼기 위해 왜 상대가 비건이 되어야 하는지 설명하는 것이 좋다. 중대한 변화를 요청받을 때 사람들은 그 요청의 토대를 이해하고 충분한 설명을 들을 자격이 있다. 요청을 할 때는 부정적인 표현보다 긍정적인 표현을 쓰는 것이 좋다. 당신이 바라지 않는 것에 대한 언급은 줄이고 당신이 바라는 것에 대해 더 많이 말하라. 한 가지 유용한 틀은 '오려내기cutting out'가 아니라 '밀어내기crowding out'에 초점을 두는 것이다. 채식을 더 많이 할수록 육식의 자리는 줄어든다.

## 마음을 여는 비건 메시지

다른 사람들에게 비건이 되어야 한다고 주장하지 않으면 동물을 먹도록 '허락'하는 셈이고, 이는 육식주의에 충분히 저항하지 않는 것이라고 생각하는 비건이 많다. 그러나 그 누구도 다른 사람들에게 무언가를 선택하도록 허락할 수 없다. 당신이 누군가에게 무엇을 허락할 수 있다는 생각은 옳지 않을뿐더러 오만한 생각이다. 다른 사람들에게 어떻게 생각하고 느끼고 행동할지 지시할 수 있고 지시해야 한다고 생각하는 비건들은 관계를 해칠 위험뿐 아니라 비거니즘의 잠재적 지지자들을 잃어버릴 위험마저 무릅쓰고 있다. 사람들은 평가당하고 휘둘린다고 느낄 때 마음을 열지 않는다. 일반적으로 입법적 변화는 사회적 변화보다 나중에 온다. 그러므로 사람들이 비건 메시지에 마음을 열지 않는다면 비거니즘을 지지하는 법이 제정되기 힘들 것이다.

몇몇 비건은 동물을 먹는 행동이 강간이나 가정 폭력과 다를 바 없으므로 동물 섭취를 중단하라고 주장하지 않는 것은 강간범이나 가정 폭력범에게 '책임을 묻지' 않는 것과 같다고 생각한다. 하지만 이런 비유는 인간의 근본적인 심리를 반영하지 않는다. 강간과 가정 폭력은 불법적일 뿐 아니라 사회적으로도 지탄받는다. 그리고 엄밀한 의미에서 동물을 먹는 것보다 훨씬 더 극단적이고 문제적인 사고 방식을 요구한다. 공감을 확장하고 폭력에 대한 지지를 축소하려는 사회적 조건화에 (자기 이익을 위해) 적극적으로 저항하는 사람들은, 공감을 축소하고 폭력에 대한 지지를 키우기 위한 사회적 조건화에

---

그렇다고 비건들이 정책이나 제도 변화를 위해 노력하지 말아야 한다거나 대중 홍보 활동을 피해야 한다는 말은 아니다. 특히 대인 관계에서 변화를 요청하는 방식에 따라 그것이 수용되는 방식이 크게 달라진다는 사실을 지적하는 것뿐이다.

나의 친애하는 비건 친구들에게

순응하는 사람들과는 비교 불가능한 수준의 병리적 특성을 보인다.

특히 가까운 관계의 맥락에서 일어나는 상호작용에서 상대를 통제하려는 시도는 정중하지도 합당하지도 않다. 사람들은 무엇을 받아들이고 받아들이지 않을지, 그리고 그 관계를 계속 이어나갈지를 스스로 결정할 수 있다. 상대가 비거니즘을 지지하는 쪽으로 변화할 가능성을 높이고 관계를 계속 이어가고 싶다면 상대를 비난하고 통제하지 않아야 한다. 비난과 통제는 근본적으로 관계에 해로우며 바라는 것과 정반대의 결과를 가져오기 쉽다.

## 모두가 '가능한 한 비건'이 된다면

상대에게 고기와, 유제품의 소비를 줄여달라고 요청하는 것은 비건이 되라고 요청하는 것보다 분명 저항이 덜할 것이다. 그러므로 상대에게 '최대한 비건'이 되라고 요청할 수 있다. '최대한 비건'이라는 틀을 제시하면 일단 비거니즘을 목표로 설정하게 되므로 동물 소비 축소 자체가 목적이 되지 않으며, 상대를 자신의 능력과 욕구를 잘 이해하는 전문가로 존중할 수 있다. 게다가 '최대한 비건'은 고정된 상태가 아니다. 시간이 흐르는 동안 차츰 조정할 수 있으므로 변화가 항상 지속 가능하게 느껴진다.

모두가 최대한 비건이 된다면 세상도 최대한 비건이 될 것이며, 그것은 지금과는 완전히 다른 세상일 것이다. 아마 머지않아 저울추가 기울고 비거니즘이 주류 이데올로기가 될지도 모른다.

　정중하고 합리적일 뿐 아니라 안정적이고고 교감하는 관계를 위해 꼭 필요한 것은 상대에게 비건 연대자가 되길 요청하는 것이다. 비건 연대자가 된다는 것은 비건이 아닐지라도 비건과 비거니즘의 지지자가 되는 것이다. 어떤 종류든 누군가의 연대자가 되려면 지지하는 사람의 경험과 욕구를 이해해야 한다. 그러지 않고서는 상대를 지지할 수 없고, 따라서 연대할 수도 없다.

　그러므로 비건 연대자가 되길 요청하는 일은 상대가 다음 세 가지 행동을 실천하는 것을 포함한다. 첫째, 비거니즘에 대해 배우기 (상대가 당신이 왜 비건이 됐는지 진심으로 이해할 수 있을 정도로). 둘째, 당신을 지켜보기. 곧 논비건 세상에서 비건으로 사는 것이 어떤 일인지, 당신이 정서적으로 안전을 느끼도록 돕는 것이 무엇인지 알고, 당신이 안전하지 않다고 느끼는 것에 대해 이야기할 때 관심을 기울이기. 셋째, 당신이 지지받는다고 느낄 만한 일을 하기. 이를테면 다른 사람들이 당신을 조롱할 때 같이 웃지 않기, 당신이 쓸쓸하지 않도록 저녁 행사에 들고 갈 비건 음식을 함께 요리하기 등.

　서로의 눈으로 보는 세상이 어떤 모습인지 진심으로 이해하지 않으면 안정적이고 교감하는 관계는 가능하지 않다. 그리고 한쪽이 (비건처럼) 비주류 집단의 구성원일 때는 연대자 되기가 훨씬 더 중요하다. 세상이 대체로 그의 경험을 반영하거나 그의 욕구를 지지하지 않기 때문이다.

가까운 논비건에게 비거니즘을 이해하길 요청하는 것은 (비건이 되기 위해서가 아니라 당신을 이해하기 위해서) 전적으로 적절하고 충분히 필요한 일이다. 상대는 사람들이 왜 비건이 되는지, 당신은 왜 비건이 됐는지, 이 세상에서 비건으로 살아간다는 게 어떤 일인지 이해할 만큼은 비거니즘에 대해 알 필요가 있다. 만약 자신이 비건이 되고 싶지 않다 해도 당신 삶에서 무척 중요한 이 부분을 주목하고, 당신에게 비거니즘이 어떤 가치를 지니는지 이해해야 한다. 비거니즘을 조롱하거나 무시하는 것은 당신을 조롱하거나 무시하는 것이고, 그런 멸시는 관계의 치명적인 약점이 되기 때문이다.

물론 덜 가까운 관계에서는 같은 수준의 이해와 관심이 기대되지 않는다. 그러나 어떤 관계에서든 상대가 당신이라는 사람과 당신에게 소중한 가치를 존중하기를 기대해야 한다. 이를테면 당신의 아버지는 비건 철학을 진심으로 이해하진 못할지라도 당신의 생활 방식과 신념을 존중할 수 있다. 안정적이고 교감하는 관계는 상호 존중을 토대로 하며 연대는 존중에 필수적이다. 무엇이 상대에게 소중한지 이해하려고 하지 않고 상대의 가치를 무시하거나 깎아내리는 행동은 상대를 존중하지 않는 것이다.

비건 연대자가 되어 달라는 요청은 비건이 되어 달라는 요청보다 더 정중하다. 부분적으로는 그 변화가 '당신의 일'이기 때문이다. 이

─────────────

다른 사람에게 당신의 비거니즘에 대한 존중을 요청하는 법은 부록 8을 보라.

변화
321

때 상대의 행동은 당신에게 직접 영향을 미친다. 자신이 어떻게 대우받길 원하는지 말하는 것은 다른 사람이 어떻게 대우받길 원하는지 말할 때보다 더 정중하게 받아들여진다. 당신에게 직접 영향을 미치는 것이라면 당신에게 말할 권리가 있다고 여겨지기 때문이다.[4] 연대자가 되기를 요청하는 법에 대한 예시는 부록 6에 실었다.

가까운 논비건이 비건 연대자가 된다면 상대가 굳이 비건이 되어야 한다고 느끼지 않을 정도로 당신과 상대 사이의 관계 역학이 크게 달라진다. 동물을 그만 먹어야 한다는 압박을 덜 느끼면 상대도 비건이 되기로 결심할 수 있다. 서로에게 마음을 쓰는 사람들이 함께 교감하고 안전을 느낄 때 기적이 일어난다.

### 변화를 요청하는 적절한 방식

정중하게 변화를 부탁하려면 요구하지 말고 요청해야 한다. 요청은 자신의 욕구를 표현하는 것이고 상대는 응징이나 비판을 받지 않고 거부할 권리가 있다. 당신은 상대의 거부가 마음에 들지 않을 수 있다. 심지어 관계를 떠나게 될지도 모른다. 그러나 상대와 상대의 결정을 있는 그대로 받아들여야 한다. 상대에게 무언가를 요구할 때는 의식적으로든 무의식적으로든 상대의 거부를 받아들일 마음이 없다. 또한 상대도 자신에게 거부할 권리가 있다고 느끼지 못한다.

요청은 구체적이어야 한다. 이를테면 "엄마한테 내 비거니즘을 존중해 달라고 부탁해 줘"라고 말하는 대신 "엄마한테 칠면조 구이를 다른 곳에 둘 수 있는지 물어봐 줘"라고 말한다.

　요청을 할 때는 그 행동이 당신에게 어떤 영향을 미치며, 왜 그런 변화가 필요한지 설명해야 한다. 또한 타이밍이 적절하다면 당신의 목표가 상대와 더 잘 교감하는 것임을 분명히 밝힐 수 있다. 이렇게 표현할 수 있을 것이다.

당신 가족과 함께 시간을 보낼 때, 당신 아버지가 사냥 이야기를 하면 나는 무척 불안하고 당혹스러워. 그 동물들의 고통에 대해서만 생각하게 되고, 전에 보았던 총 맞는 동물들의 끔찍한 영상이 떠올라. 그런데 비건은 나밖에 없으니까 한 마디도 하기 힘들어. 그뿐 아니라 동물을 죽이는 것에 대해 내가 어떻게 느끼는지 잘 알면서도 내 앞에서 그런 이야기를 하니 존중받지 못하는 기분이야. 무엇보다 내가 그 자리에 없는 양 당신이 다른 사람들과 함께 웃고 있으니 완전히 외톨이가 된 느낌이 들어. 내 기분이 어떤지 신경 쓰지 않는다고 생각할 수밖에 없어. 그래서 마음이 닫히고 당신과 단절되는 느낌이 들어. 당신이 나와 함께 있다고, 당신에게 기댈 수 있다고 느끼고 싶어. 당신은 내게 가장 소중한 사람이고, 당신의 지지는 정말 큰 의미야. 당신이 나를 지지하고, 내 기분을 이해하고, 나에게 마음을 쓴다는 걸 알고 싶어. 힘든 상황에서 당신이 내 편이라는 것을 안다면 상황이 무척 달라질 거야. 그래서 내가 불안을 덜고 당신과 더 교감하는 데 도움이 될 만한 몇 가지 일들을 해줄 수 있는지 묻고 싶어.

변화를 요청할 때 당신은 변화 과정의 연대자가 되어 상대를 돕겠다고 제안할 수도 있다. "내가 어떻게 도와줄까? 당신이 변화하는 데 도움이 되도록 내가 할 수 있는 것이 있을까?" 이런 질문은 두 사람이 변화의 과정을 함께 헤쳐 나간다고 느끼도록 해준다. 그리고 실제로도 변화는 둘이 함께 이루어 나가는 과정이다.

마지막으로 상대를 자신의 선택과 욕구에 대해 가장 잘 아는 전문가로 대우해야 한다. 상대가 자신의 관점에서 타당하고 충분한 이유로 어떤 행동을 바꾸기로 한다면, 그가 자신을 위해 행동하고 있음을 신뢰하고 그 결정을 받아들여라. 예를 들어 파트너가 동물을 더 이상 먹지 않겠다고 할 때 비건은 그 결정에 만족하지 않고 이렇게 말하기도 한다. "나 때문에 당신이 비건이 되는 건 바라지 않아. 당신이 비거니즘의 가치 때문에 비건이 되면 좋겠어." 이해할 만한 말이긴 하다. 어쨌거나 비건 운동의 가치가 아닌 다른 이유로 비건이 된 사람들은 육식주의로 돌아갈 가능성이 더 크다. 게다가 비건이 단절감을 느끼는 핵심적인 이유는 파트너가 자신들의 가치를 공유하지 않는다는 느낌 때문이다.

그러나 앞에서 말한 대로 다른 이에게 태도와 감정을 바꾸라고 요청하는 것은 합리적이지도 정중하지도 않다. 사람들의 의식 변화는 준비가 되어 있을 때만 일어난다. 상대가 당신에 대한 사랑과 존중으로 동물 먹기를 기꺼이 그만둔다면 당신이 중요하게 여기는 가치인 공감과 공정, 헌신을 보여주는 셈이다. 그리고 연구에 따르면 어떤 이유에서든 동물을 그만 먹기 시작하면 의식의 전환이 일어나서 비거니즘 지지자가 될 가능성이 높아진다.[5] 윤리적 관점에서 비거니즘을 받아들인 게 아닐지라도 당신의 행복과 당신과의 관계를 소중히 여겨 기꺼이 생활 방식을 바꾸는 사람이 당신 삶에 있다면 그것은 큰 축복이다.


## 좌절과 절망 없이 변화의 과정 통과하기

변화하기로 결정하고 나면 변화하려는 노력을 지속하고, 서로가 만족하기 위해 두 사람 모두 할 수 있는 일들이 있다. 변화의 과정에 대해 현실적·공감적 태도를 갖는 것이 중요한 첫걸음이다. 행동 변화는 한 번으로 끝나는 사건이 아니라 과정이다. 다른 모든 과정처럼 시간이 필요하고 실수도 자주 하게 된다. 변화의 과정이 2보 전진, 1보 후퇴를 반복하는 것임을 깨닫는다면 완벽주의와 좌절에서 해방될 수 있다. 그리고 변화 과정에서 이른바 실패는 정상적이며 때때로 불가피한 일부임을 예상할 때, 비현실적인 기대에서 오는 좌절과 절망을 피할 수 있다. 변화 과정 동안 자신과 상대를 충분히 배려하자.

또한 변화를 막는 장해물을 파악하고 줄이기 위해 노력할 수 있다. 의지를 북돋는 것보다 그들을 가로막는 장해물을 줄인 결과가 성공으로 이어지는 경우가 많다. 그러므로 실수가 생겼을 때 (이상적으로는 생기기 전에) 목표를 가로막는 장해물이 무엇인지 파악하고 줄이는 방법을 찾아볼 수 있다. '장해물 줄이기'는 무조건 열심히 노력하는 것보다 훨씬 더 효과적이다.

## 변화에 대한 양가감정

변화가 시작된 뒤에도 변화에 대한 저항이 일어날 수 있음을 예상하는 것이 좋다. 이때 저항은 변화를 거치는 사람에게서 나올 수도 있고 변화를 부탁한 사람에게서 나올 수도 있다.

변화 후 저항은 주로 양가감정의 형태를 띤다. 변화에 대해 모순적인 감정을 갖는 것이다. 당신이 변화를 부탁한 쪽이라 해도 어느 정도 양가감정을 느낄 수 있다.

중대한 변화에는 대개 역할의 변화가 따라오는데 그것이 힘들게 느껴질 수 있다. 심지어 당신에게 도움이 되지 않는 역할조차도 끊고 나오기 힘들 때가 많다. 그 역할이 고통스러울 때도 사람들은 익숙한 것에 매달리는 경향이 있다. 예를 들어 당신이 관계에서 줄곧 지나친 도덕 역할 수행자의 역할을 해왔는데 당신의 파트너가 비건이 되기로 결심했다고 해보자. 파트너의 변화를 간절히 바랐던 만큼이나 당신의 일부는 이런 변화에 위협을 느낄 수 있다. 파트너와의 관계에서 당신이 더 이상 지나친 도덕 역할 수행자의 자리에 설 수 없다면 당신의 주도권이나 가치가 떨어진다고 느낄지 모른다. 그러면 당신은 상대에게 비건이 될 뿐 아니라 비건 활동가가 되길 요청하는 등 도덕적 기준을 더 올리려 할 수 있다. 타당한 요청일 때도 있지만 그저 변화에 저항하기 위한 요청일 가능성도 있다. 서로가 관계에서 맡은 역할이 어떻게 서로에게 영향을 미치는지 의식하지 못할 때 사람들은 익숙한 패턴으로 상대를 끌고 돌아갈 수 있다.

변화 후 양가감정은 힘의 불균형에서 비롯된 모순된 감정 때문일 수 있다. 이를테면 어느 비건 엄마가 논비건 아들이 육식을 그만두길 원한다고 해보자. 하지만 그는 동시에 자신의 요청 때문에 아들이 변화하려고 지나치게 애쓰거나 불편을 겪는 것은 원하지 않을 수도 있다. 이런 양가감정은 비주류 집단 구성원에게 흔하게 나타난다. 자신들의 욕구와 관련된 요청을 할 권리가 없다고 느끼기 때문이다. 그러므로 비건은 자신이 요청한 대로 상대가 변하기 시작하면 죄책감을 느끼며, 그 변화를 수용하기 힘들어하다가 결국 요청을 철회하기도 한다. 이런 현상은 비건이면서 여성인 경우 훨씬 더 두드러진다. 여성들은 자신의 욕구를 충족하기 위해 무언가를 요구할 권한이 거의 없다고 느끼도록 사회화됐기 때문이다. 때로는 이런 양가감정 때문에 혼란스러운 메시지를 보내며 상대의 변화를 가로막을 수도 있다.

사람들이 변화 후 양가감정을 느끼는 또 다른 이유는 변화에 고통이 따르기 때문일 것이다. 대부분의 사람은 고통을 뭔가 잘못됐다는 신호라고 믿는다. 하지만 이런 신호는 종종 부정확하다. 열심히 운동한 다음에 느끼는 통증을 생각해보라. 모든 고통이 잘못된 길을 가고 있다는 신호는 아니다. 오래된 패턴을 깨뜨리는 과정에 따르는 불안과 좌절, 혼란은 당신의 안전지대를 확장하고 더 성숙한 자아로 진화하는 과정에서 겪는 성장통이자 자연스러운 반응이다.

## 실패를 다루는 다양한 방법

당신이 변화를 요청했지만 여전히 관계에서 안정과 교감을 느낄 수 없다고 가정해보자. 어쩌면 상대가 당신의 요청을 거절했는지 모른다. 당신의 요청이 효과적이지 않은 이유는 당신이 아무리 애써도 관계에서 진정성을 지속적으로 실천할 수 없고, 근본적인 관계의 역학이 긍정적인 변화를 지탱할 만큼 안정적이지 않기 때문인지도 모른다. 또는 요청한 변화는 이루었지만 여전히 관계에 만족하지 못하는지도 모른다. 그러면 이제 어떻게 할 것인가?

상대가 변화를 거부했다면 처음으로 돌아가서 더 작은 변화를 협상할 수 있을지, 아니면 당신이 차이를 있는 그대로 받아들일 수 있을지 판단한다. 두 가지 모두 가능하지 않다면 관계가 당신에게 맞는지 의논하는 방법을 생각해볼 수 있다. 두 사람이 관계의 진정성을 꾸준히 실천할 수 없거나 상대가 변화했는데도 당신이 여전히 행복하지 않다면 문제가 어디에 있는지 판단할 필요가 있다. 상대인가?

당신인가? 아니면 두 사람의 관계인가?

혹시 이 책에서 말하는 원칙을 실천하려 할 때마다 상대가 그 시도를 계속 방해하기 때문에 어려움을 겪는가? 그렇다면 당신이 관계를 유지하기 위해 얼마만큼의 노력을 들이고 싶은지 결정할 필요가 있다. 관계에 쏟는 노력은 어느 정도는 서로 비슷해야 한다. 만약 두 사람의 몫을 한 사람이 감당한다면 그 관계는 상호 관계보다는 기생 관계에 가깝다. 관계를 두 사람이 함께 타고 있는 카누라고 생각해보라. 당신 혼자 카누를 젓느라 기진맥진한가? 당신이 노를 내려놓으면 관계가 정지할까 봐 두렵다면, 당신은 당신이 과중한 무게를 감당하지 않으면 앞으로 나갈 추진력이 없는 무언가를 밀고 있을 것이다.

당신이 관계의 큰 몫을 감당하지 않을 때 혼자가 될 것을 걱정한다면 당신은 아마 이미 혼자일 것이다. 만약 관계의 역학이 불균형한 상태인지 확실히 모르겠다면 며칠이나 몇 주 동안 관계에서 당신 몫만 해내면서 무슨 일이 일어나는지 지켜보라. 당신이 노력하지 않으면 지속되지 않을 관계지만 그래도 관계를 내려놓고 싶지 않다면 당신의 애착 유형을 검토해보자. 관계 상실에 대한 두려움 때문에 당신에게 최선이 아닌 관계에 갇혀 있지 않은지 생각해 볼 필요가 있다.

그러나 두 사람이 서로에게 좋은 마음을 품고 있고 둘 다 관계를 끝낼 준비가 되지 않았다면 어떻게 할까? 상대는 당신에게 어울리는 사람이 되고 싶어 하지만 방법을 몰라서 혼란스러워 하는 것 같다면 어떻게 할까? 또는 필요한 변화를 위해 용기를 내지 못하는 사람이 바로 당신이라면 어떻게 할까? 이런 경우에는 상담을 고려해봐도 좋을 것이다. 좋은 상담사는 누가 어떤 문제를 관계에 들고 오는지 이해할 수 있도록 당신을 돕는다. 그리고 두 사람 사이의 문제가 해결될 수 있는 것이라면 문제 해결을 도울 것이다. 뒤늦게 나서기보다는 차라리 일찍 도움을 구하는 편이 낫다. 문제에 먼저 도달할수록 효과적으로 관리하기가 더 쉽다.

많은 비건은 상담사나 치료사를 만나는 것에 두려움을 느낀다. 치료사가 비건일 가능성이 낮기 때문이다. 다행히도 요즘에는 비건 친화적이라고 알려진 상담사들이 많다. 비건 친화적이라는 말은 적어도 비건 연대자라는 뜻이다.[6] 비건 연대자가 아닌 치료사라도 능숙하다면 여전히 당신에게 도움을 줄 수 있다.

또한 자기 자신과 관계의 외부에 있는 문제들도 단절을 야기하고, 변화를 가로막을 수 있다는 점을 깨달아야 한다. 이런 장해물에는 심리적인 문제도 포함된다. 이를테면 우울, 불안, 주의력 결핍 과잉 행동 장애(ADHD), 중독, 성격장애 같은 것이다. 이런 문제들은 본래 관계에 해로운 영향을 미치며, 몇 년씩 발견되지 않은 채 남아 있기도 한다. 이런 문제들이 당신이나 당신의 관계에 영향을 미친다고 느낀다면 자료를 더 찾아보고 전문가에게 문의해보라.

당신이나 상대가 가진 개인적인 문제가 교감을 방해하는 것이 아니라면 서로에게 단절을 느끼게 하는 성격의 불일치가 있을 수 있다. 그럴 때는 그런 차이로 인한 교감의 한계를 받아들일지 결정해야 한다. 어쩌면 한계를 받아들이고도 잘 지낼 수 있다는 것을 알게 될지 모른다. 그게 아니라면, 그리고 그것이 우애적 관계라면 3장에서 다뤘던 관계의 범주를 바꾸는 방법을 고려할 수 있다. 당신이 다루는 관계가 낭만적인 관계이고 연인에서 친구로 범주를 바꾸기가 어렵게 느껴진다면 상대와 관계를 끝내는 것에 대해 대화를 나눌 수 있다.


## 서로를 배려하며 관계를 끝내는 법

대체로 사람들은 살아온 방식대로 죽고, 사랑해온 방식대로 이별한다. 배려하는 삶을 살았다면 당신이 베푼 배려의 흔적을 남기고 떠날 것이다. 관계에서 서로를 배려했다면 이별에서도 서로를 배려할 가능성이 크다. 그러나 함께한 시간 동안 서로를 배려하지 못했다고 해서 헤어질 때도 배려하지 않을 이유는 없다. 모든 상호작용이 진정성을 실천할 기회라는 것을 기억하라.

안타깝게도 낭만적인 관계를 끝낼 때 최선의 행동을 보이지 않는 사람들이 많다. 한 가지 이유는 아무리 서로 동의하는 결말이라 해도 상처받은 느낌이 공감을 방해하기 때문이다. 또 다른 이유는 사람들이 진정성 있게 관계를 끝내는 법을 배우지 못했기 때문이다. 사람들은 관계의 시간을 통틀어 가장 상처받기 쉬운 순간에 사실상 서로를 학대하도록 배운다. 사람들이 이별을 어떻게 묘사하는지 생각해보라. 사람들은 누군가를 (쓰레기처럼) '버리고' 관계가 (시험을 치르기라도 한 것처럼, 마치 모든 관계가 영원히 지속되어야 하는 것처럼) '실패'했다고 말한다. 그리고 상대가 더 이상 '파트너'의 자리에 있지 않으니 상대의 전화나 만남 요청을 마음대로 무시해도 괜찮다고 배운다.

그렇다면 어떻게 진정성을 잃지 않고 관계를 끝내거나 전환할 수 있을까? 우선 상대의 안전을 우선시하는 일에 마음을 써야 한다. 관계가 끝날 때 사람들은 깊은 불안을 느낀다. 상대가 안전을 느끼도록 돕는 일을 가장 중요하게 여기고 상대에게 이를 분명히 알린다면, 두려움과 방어 심리가 크게 줄어들 수 있다. 이때 상대의 안전을 중요하게 여기겠다는 마음을 확실하게 밝히는 것이 중요하다. 그래야 상대가 당신의 의도를 분명하게 이해할 수 있다. 이렇게 말하면 된다. "당신이 상처받길 원치 않아. 당신이 이 과정을 통과하는 동안 안전하다고 느낄 수 있도록 내가 할 수 있는 모든 일을 할 거야."

안전을 보장하는 데 도움이 되는 한 가지 방법은 일방적인 결별이 되지 않게 하는 것이다. 상대가 당신을 통제하거나 학대하는 관계가 아니라면 관계를 일방적으로 끝내지 않는 것이 좋다. 상대의 삶에 큰 충격을 줄 결정을 일방적으로 내리는 것은 그의 삶을 완전히 쥐고 흔드는 것과 같다. 그런 행동은 상대에게 트라우마를 남길 수 있다. 많은 사람은 걸어다니는 트라우마 생존자인 상태로 관계에 들어선다. 대부분의 사람은 자신이 마음을 쓰고 취약성을 공유했던 누군가가 일방적으로 결별을 통보하면서 그 결정에 관여할 아무런 기회를 주지 않았던 충격적인 경험을 갖고 있다.

일방적인 결정을 피하는 방법에는 두 가지가 있다. 첫째, 당신이 관계 속에서 행복한지 고민이 된다면 파트너와 그 고민을 공유할 수 있다. 그렇게 해서 함께 문제를 바로잡을 수 있다. 이는 상대에게 고민의 과정에 참여할 기회를 주고(상대도 관계의 참여자이므로 당연히 참여해야 한다) 트라우마가 될 만한 갑작스러운 이별의 충격을 막는다. 또한 관계를 치유할 조치를 취할 수도 있다. 둘째, 그 뒤에 당신이 관계를 끝내고 싶다는 것을 분명히 알게 됐는데도 상대는 여전히 관계를 끝내길 원치 않는다면 대화를 나누며 합의에 이르는 길을 찾아볼 수 있다. 이런 과정은 몇 주가 걸릴 수 있지만 그만한 가치가 있다. 사람들이 자신에게 영향을 미치는 과정에 어떤 영향력이나 발언권을 가진다면, 그리고 어떤 결정이 궁극적으로는 자신에게 최선이라는 걸 이해한다면 트라우마를 겪을 가능성이 훨씬 낮아진다.

낭만적인 관계에서 자신이 소중히 여겨지지 않는 상황이라면 관계를 떠나는 것이 그들에게도 최선이다. 모든 사람은 소중히 여겨지고 싶은 욕구와 그렇게 여겨질 자격을 갖고 있기 때문이다. 상대가 관계를 유지하고 싶어 한다 해도 그것이 고통스럽고, 따라서 결국은 자신에게도 좋지 않다는 것을 깨닫는다면 관계를 끝내는 것에 동의할 수 있다.

일단 관계를 끝내기로 결정하면 함께 안전 협정을 만들면 좋다. 핵심 질문은 "이 과정을 통과하는 동안 안전을 느끼기 위해 각자에게 무엇이 필요한가?"다. 각자 자신의 두려움을 털어놓고 서로의 두려움을 누그러뜨리기 위해 무엇을 할 수 있을지 결정한다. 안전 협정은 두 사람 모두에게 합리적으로 여겨져야 하며 일정 기간을 정한 다음, 그 기간이 지나면 다시 논의할 수 있다. 예를 들어 세 달 동안은 다른 사람과 데이트하지 않고 둘 중 한 사람이 필요할 때는 언제든지 대화를 나누기로 합의할 수 있다. 또는 정해진 기간 동안 시험적인 이별 기간을 갖기로 합의할 수 있다. 그 뒤에 헤어질지 말지를 다시 의논한다.

이런 합의가 부적절하거나 부당하다고 생각하는 사람도 있을 것이다. 특히 당신이 결별의 계기를 제공한 당사자일 때 더욱 그렇다. 어쩌면 관계가 끝나고 나면 상대를 돕는 것은 더 이상 당신의 책임이 아니라고 생각할지도 모른다. 그러나 이런 과정은 힘든 정서적 경험을 거치는 사람이라면 누구에게든 제공할 수 있는 선의다. 하물며 한때 가장 친밀하게 교감했을 사람에게는 당연히 해줄 수 있는 일이다. 다른 사람의 상처받기 쉬운 마음을 보호하기 위해 애쓰는 것이 이상하게 보이는 이유는 문화가 너무나 오랫동안 학대적인 행동을 당연한 것으로 여겨왔기 때문이다.

변화를 피할 수는 없다. 변화를 원하든, 원치 않든 당신과 당신의 관계는 결코 정적이지 않다. 그렇다면 당신이 선택할 수 있는 것은 변화의 여부가 아니라 변화의 방법이다. 변화에 마음을 열 때 사람들은 삶에 저항하기보다 삶을 받아들이며, 의도와 연민, 용기를 갖고 행동한다. 날개를 펴고 자신과 관계의 잠재력을 향해 날아오를 수 있다. 그리고 그럴 때 사람들은 간디가 말한 것처럼 자신이 소망하는 바로 그 변화를 일으키는 사람이 될 수 있다.

# 감사의 말

이 책을 가능케 한 많은 사람의 도움에 깊이 감사한다. 처음에 내가 이 책을 쓰도록 만들고 이후에도 내내 꾸준한 도움을 준 캐시 프레스턴에게 감사를 전하고 싶다. 내가 집필에 집중할 수 있도록 자리를 지켜준 비욘드 카니즘의 직원들에게도 감사한다. 고된 과정의 단계마다 나와 함께하며 지혜와 격려를 준 니나 헹글에게 특히 고마움을 전한다. 삽화와 독특한 표지 이미지를 만들어내기 위해 말 그대로 밤낮으로 일한 베스 레드우드, 무척 소중한 분석으로 내 글의 전개에 변화를 준 던 몬크리프, 책이 세상에 나올 수 있도록 나서 준 브렛 톰슨, 원고의 틀을 잡아준 플라비아 데라스모, 시간을 내 원고를 검토해주고 좋은 부제를 떠올리도록 도와준 헬렌 하와트, 시간과 에너지를 들여 내 프로젝트의 기반을 마련해 준 로빈 플린에게 감사를 전한다. 또한 직원 제프 맨스와 젠스 투이더의 감동적인 헌신과 지지에도 감사한다. 정신없이 바쁜 스케줄에도 몇 달에 걸쳐 내 아이디어를 다듬고, 삽화를 구상하고, 좋은 친구가 되어준 게로 쇼마커에게 고마움을 전한다. 그리고 이 프로젝트를 총괄하는 일을 넘어서 많은 일을 맡아준 편집자 조이스 힐데브랜드에게 고맙다. 내 연구의 원천이 된 토대를 제공해 준 짐 그린바움, 내가 이 책을 널리 보급할 권리를 갖도록 도움을 준 출판 에이전트 패티 브레이트만에게도 고마움을 전한다. 수전 솔로몬의 한결같은 지혜와 조언, 우정과, 세상에 더 온전한 책을 내놓도록 도와준 루시 베레비에게도 감사한다. 시간과 에너지를 들여 원고를 읽고 정리해준 루이스 파이퍼와 마르쿠스 볼터르에게 큰 고마움을 전한다. 그리고 스테파니 슬러쉬니, 캐롤린 자이코브스키, 나나 샬렌 슈피커만, 토비아스 리나르트, 웬디 아이그너, 알렉스 히그슨, 주드 버만, 테자 왓슨에게 감사를 전한다.

마지막으로 서툰 걸음걸음마다 함께하며 내 생각을 연마하고 영감을 유지하도록 돕고 내 현실적 욕구를 돌보고 내가 웃을 수 있도록 해준 남편 세바스티안 조이가 없었다면 이 책은 세상에 나올 수 없었을 것이다.

나의 친애하는 비건 친구들에게

# 공통적인 욕구 목록

다음은 사람들이 관계에서 느낄 만한 몇 가지 공통적인 욕구 목록이다. 그러나 이 욕구들이 결코 전부는 아니다.

당신에게 중요한 욕구와 상대에게 중요한 욕구를 비교해보면 좋을 것이다. 그리고 각자의 욕구를 충족하기 위해 어떤 행동을 할 수 있을지 이야기를 나눠볼 수 있다. 예를 들어 당신이 상대에게 소중하게 여겨진다고 느끼고 싶은 욕구를 갖고 있다면 상대가 왜 당신을 선택했는지, 무엇 때문에 당신이 특별하고 소중한지 구체적으로 말해주길 바랄 수 있다.

- 수용
- 존경
- 애정
- 인정
- 소속감

- 성취감
- 소중하게 여겨지는 느낌(특별하고 선택받은 존재라는 느낌)
- 친근함
- 솔직한 소통

- 친구 같은 관계
- 연민
- 효능감
- 의지할 수 있다는 느낌
- 공감
- 자유
- 재미
- 성장
- 유머
- 친밀함
- 상대를 이해하고 상대에게 이해 받기
- 사랑
- 소중한 존재가 되기
- 필요한 존재가 되기

- 보살핌
- 질서
- 함께하기
- 존중
- 안전/안정
- 성적 만족(매혹하고 매혹되는 느 낌과 성적 만족감)
- 거리
- 자발성
- 한결같음
- 지지
- 손길
- 상대에 대한 신뢰
- 존중받는 느낌
- 온기

# 2차적 외상 스트레스 증상 점검표[1]

지난 한 달간 경험한 증상에 표시해보라. 당신의 경험을 점검할 수 있도록 몇 달에 한 번씩 이 리스트를 체크해보는 것이 좋다. 이 점검표는 진단 검사라기보다는 당신의 잠재적인 2차적 외상 스트레스 수준을 알아보는 도구다.

- 무력감과 절망감을 느낀다.
- 아무리 애써도 충분히 해낼 수 없을 것이라 느낀다.
- 과잉 각성된 상태다(일에 지나치게 집중한다; 당신이 하는 일이 무척 다급하다고 생각한다).
- 창조성이 감소한다.
- 다른 사람의 고통을 가볍게 여긴다(끔찍한 고통이 아니라면 사소하다고 본다; 잘 공감하지 못한다; 고통에 서열을 매긴다).
- 경청하지 못한다.
- 사람을 회피하고 부담스러워 한다.

- 단절의 순간을 경험한다(자신 혹은 세상으로부터 단절되었다고 느낀다).

- 죄책감을 느낀다(문제 해결을 위한 행동을 하지 않을 때 죄책감을 느낀다; 지나친 책임감을 느낀다; 다른 사람들에게 죄가 있다고 생각한다).

- 자신을 방임한다(자신의 욕구를 돌보지 않는다; 자신의 욕구가 중요하지 않다고 여긴다).

- 만성적으로 걱정과 불안을 느낀다.

- 화와 짜증이 늘었다.

- 냉소한다(인류와 세상에 대한 믿음을 잃었다).

- 이분법적 사고를 한다(세상을 선과 악, 옳음과 그름의 관점에서 본다; 한쪽 편에 서야 한다고 생각한다; 일터에서 파벌과 분열을 만든다).

- 감정이 마비된 느낌이다(감정을 좀처럼 느끼지 못하기 때문에 울거나 자극제가 있어야만 감정을 느낀다).

- (소음, 감정, 요구 등에) 지나치게 민감해지고 과민한 상태를 누그러뜨리기 위해 약이나 술이 필요하다고 느낀다.

- 중독(특히 일중독).

- 거대자신감(자신이 다른 사람들보다 '더 낫다'거나 우월하다고 느낀다; 모든 문제를 당신이 풀 수 있거나 풀어야 한다고 느낀다).

- 침투적 사고(목격했던 고통에 대한 생각이 불쑥 마음에 떠오른다).

- 악몽.

- 특정 희생자를 도우려는 집착적인 욕망.

- 비건 운동과 관련된 문제를 내려놓아야 할 때도 '내려놓지' 못한다.

- 삶의 기쁨을 잃었다.

- 무능하다고 느낀다.

- 우울하다.

- 수면 장애(불면증, 수면과다증).

- 트라우마 서사의 관점에서 세상을 본다; 사람(과 동물)을 희생자와 가해자, 영웅 중 하나로 본다.

2차적 외상 스트레스 증상 점검표

# 비건-논비건 갈등 사례

비건인 한나의 배우자 아사드는 논비건이다. 부부는 집에서 동물성 제품을 쓰지 않고, 아사드는 한나와 함께 있을 때는 동물성 식품을 먹지 않기로 합의했다. 아사드는 비거니즘을 지지하지만 동물성 제품을 모두 피하는 일은 너무 어렵다고 느낀다. 그는 소외되는 느낌 없이 다른 사람들과 식사하고 싶다. 아사드는 친구들과 저녁을 먹고 집에 막 돌아왔다.

한나   저녁 어땠어? (아사드가 어떻게 저녁 시간을 즐겼는지 진심으로 알고 싶지만 한편으로는 그가 논비건 음식을 먹었으리라 우려하며 조금 긴장한다.)

아사드   좋았어. 스티브와 첸을 오랜만에 보니 좋더라.

한나   친구들하고 어디 갔어? (너무 캐묻는 것처럼 들리지 않게 주의한다. 남편이 어디에서 뭘 먹든 중요하지 않다고, 차라리 모르는 편이 나을 수도 있다고 생각하지만 자신이 궁금함을 못 견딜 것을 안다.)

아사드     피에프창에 갔어. 차가 막혀서 그냥 가까운 데로 갔지. (아직 한나의 감정을 알아차리지 못했으므로 방어적이지 않다.)

한나     (피에프창에는 두 사람이 함께 외식할 때 아사드가 즐겨 먹던 비건 메뉴가 있으므로 안심한다.) 아, 마파두부 시켰어?

아사드     (대화가 어디로 흐르는지 깨닫고 긴장한다.) 아니, 요리 세 개를 주문해서 다 같이 나눠 먹었어. (세 가지 요리가 모두 논비건 음식이었다고 말할 필요가 없도록 대화가 여기에서 멈추기를 바란다.)

한나     이해가 안 되네. 마파두부는 나눠 먹을 수 없는 건가? 그게 왜 함께 못 먹을 음식이지?

아사드     그러지 마. 걔네가 비건 음식을 선택하지 않을 걸 알잖아. (사과하듯 말한다. 자신의 의견을 내세우지 않고 친구들에게 주문을 맡긴 것을 부끄러워하는 동시에 부당하게 비난과 평가

비건-논비건 갈등 사례

를 받는 느낌이 들어 방어적이 된다. 한나와 함께 있지 않을 때는 논비건 음식을 먹을 수 있다는 합의를 존중받지 못하는 느낌이 들었기 때문이다.)

한나      그래서 당신이 내게 맛있다고 했던 음식을 주문하면 친구들이 불편해할까 봐 동물 학대 산업에 돈을 지불했어? 비건 메뉴를 선택하자는 제안이라도 해봤어?"(꼭 동물을 먹어야 할 타당한 이유가 조금도 없어 보였기 때문에 분노와 충격을 느끼며 흥분한다.)

아사드      정말 억울해! 나는 99퍼센트의 경우에 비건 음식을 먹잖아! 집을 비건으로 유지하는 것에도 찬성했어. 당신과 함께 있을 때는 치즈도 주문하지 않아. 뭘 더 원하는 거야? (자신이 아무리 애써도 결코 충분치 않은 것 같아 절망감을 느끼고, 이미 많이 변화했는데도 한나에게 주목과 인정을 받지 못한다고 생각한다.)

한나      아, 죽은 동물을 먹지 않는 게 당신한테는 힘든 일이야? 양보인 거야? 나는 당신이 진짜 마음을 쓰고 좋은 사람이 되고 싶어서 비건 음식을 먹는 줄 알았지. 내 잔소리가 듣기 싫어서 동물 학대를 멀리하는 게 아니라!

아사드    이건 옳지 않아! 지금 당신 모습을 좀 봐. 당신은 나를 몰
아세우고 있어. '좋은 사람'이라면 그렇게 할까?

한나    난 당신을 '몰아세우는' 게 아니야. 사실을 말하고 있을 뿐
이지. 당신이 비거니즘의 가치를 믿는다고 했잖아. 비거니
즘을 대변하기도 했어. 그런데 동물을 먹는 사람들과 같이
있을 때면 늘 굴복하잖아. 줏대가 없는 사람 같아. 하기 쉬
울 때만 옳은 일을 하려고 하지.

아사드    아, 그러니까 이제 나는 잔인한 데다 게으르기까지 한 거
야? 어이가 없군. 나는 당신을 행복하게 해주려고 안간힘
을 쓰는데 당신한테는 결코 충분하지 않지! 애써 봐야 소
용이 없다니까!

# 사례로 보는 갈등 사슬과 갈등 사슬 끊기

## 사례로 보는 갈등 사슬

| | 한나 | | |
|---|---|---|---|
| **갈등<br>유발 요인** | **서사** | **감정** | **방어 전략** |
| 경합하는 욕구<br><br>**행동**<br><br>1차 감정 또는<br>신체 정서 상태<br><br>서사 | 아사드가 동물을 먹었을지도 몰라. 그랬다면 그는 동물의 고통에 일조한 거야. 그가 자신의 안락과 편의를 위해 동물을 먹는다면 나는 그를 좋은 사람으로 볼 수 없어. | 불안 아사드를 계속 존중하지 못하고, 따라서 그와 교감할 수 없게 될까 봐.<br><br>좌절 아사드와의 합의에도 여전히 정서적으로 안전을 느끼지 못하므로 아사드를 평가하는 입장이 됨. | 불안을 누그러뜨리기 위해 아사드가 비건 음식을 선택했길 바라며 어디에서 무얼 먹었는지 묻는다. "친구들하고 어디 갔어?", "아, 마파두부 시켰어?" |

## 사례로 보는 갈등 사슬

아사드

| 서사 | 감정 | 방어 전략 |
|------|------|-----------|
| 한나는 나를 추궁하면서 동물을 먹었다고 실토하도록 몰아세우고 있어. 우리가 합의를 했고 내가 그 합의를 깨지 않았다는 것을 알면서도 나를 나쁜 사람 취급하다니 옳지 않아. 그는 나를 통제하려고 해. 내가 아무리 한나의 비거니즘을 받아들이려 애써도 그는 결코 만족하지 않아. 내가 뭘 해도 늘 충분하지 않을 거야. | 방어 심리 나쁜 사람으로 평가받고, 휘둘린다고 느껴서. 분노 한나가 합의를 존중하지 않는다고 느낌. 불안 동물을 먹었다는 걸 알면 다투게 될까 봐. 약간의 죄책감 비건은 아니지만 비거니즘의 가치를 믿기 때문에 동물을 해쳤다고 생각하고 싶지 않음. | 동물을 먹었다는 걸 한나가 모르게 하고, 친구들을 행복하게 해주려고 노력했을 뿐이라고 선수를 치기 위해 무엇을 먹었는가라는 문제에서 초점을 돌린다. "아니, 요리 세 개를 주문해서 다 같이 나눠 먹었어." |

# 갈등 사슬 끊기

**갈등
유발 요인**

| 서사 | 감정 | 방어 전략 |
|---|---|---|

**경합하는 욕구**

**행동**

1차 감정 또는
신체 정서 상태

서사

### 서사
아사드가 동물을 먹었을지도 몰라. 그랬다면 그는 동물의 고통에 일조한 거야. 그가 자신의 안락과 편의를 위해 동물을 먹는다면 나는 그를 좋은 사람으로 볼 수 없어.

### 감정
**불안** 아사드를 계속 존중하지 못하고, 따라서 그와 교감할 수 없게 될까봐.
**좌절** 아사드와의 합의에도 여전히 정서적으로 안전을 느끼지 못하므로 아사드를 평가하는 입장이 됨.

### 방어 전략
불안을 누그러뜨리기 위해 아사드가 비건 음식을 선택했길 바라며 어디에서 무얼 먹었는지 묻는다. "친구들하고 어디에 갔어?", "아, 마파두부 시켰어?"

### 서사 끊기
우리는 합의를 했고, 아사드는 그 합의에 어긋나는 일을 하지 않았어. 그런데도 나는 그를 비난하고 있어. 어쩌면 나는 우리의 합의에 만족하지 않는지도 몰라. 그렇다면 그 문제를 다시 논의하고 모두 만족할 만한 새로운 해결책을 찾아야겠어. 또한 아사드를 이기적으로 보는 내 스키마가 활성화되고 있으니, 아사드가 이기적이지 않았던 사례들을 생각해 봐야겠어.

### 감정 끊기
내가 비판적으로 생각하고 불안을 느끼는 걸 알아차렸어. 내 감정의 트리거가 당겨진 것 같아. 내 감정을 계속 인식하려 애쓰면서 감정에 휘둘려서 행동하지 않도록 주의해야겠어. 감정에 휘둘리면 생각이 왜곡되고 감정이 과장된다는 걸 잘 알아. 그러니 지금은 아사드나 우리 관계에 대해 어떤 결론도 내리지 않을 거야.

### 방어 전략 끊기
내 감정을 직접적으로 전달할 수 있어. "우리가 합의했다는 걸 알아. 당신이 그 합의대로 행동했다면 당신에게 불편한 느낌을 주고 싶지 않아. 나는 그냥 당신이 동물을 먹었다는 생각에 반응했을 뿐이야. 나는 지금 감정적으로 조금 격앙됐고, 당신과 교감이 약해진 느낌이야. 이 문제에 대해 이야기할 수 있을까? 합의를 존중할 방법을 찾거나 합의를 수정할 필요가 있는지 생각해보면 어떨까?" 또는 감정이 가라앉은 뒤에 말을 할 수도 있어. 어쩌면 나는 지금의 합의로도 괜찮은지 몰라. 그러면 그 문제를 의논할 필요가 없어.

# 갈등 사슬 끊기

| 서사 | 감정 | 방어 전략 |
|------|------|-----------|
| 한나는 나를 추궁하면서 동물을 먹었다고 실토하도록 몰아세우고 있어. 우리가 합의를 했고 내가 그 합의를 깨지 않았다는 것을 알면서도 나를 나쁜 사람 취급하다니 옳지 않아. 그는 나를 통제하려고 해. 내가 아무리 한나의 비거니즘을 받아들이려 애써도 그는 결코 만족하지 않아. 내가 뭘 해도 늘 충분하지 않을 거야. | 방어 심리 나쁜 사람으로 평가받고, 휘둘린다고 느껴서 분노: 한나가 합의를 존중하지 않는다고 느낌. 불안 동물을 먹었다는 걸 알면 다투게 될까봐. 약간의 죄책감 비건은 아니지만 비거니즘의 가치를 믿기 때문에 동물을 해쳤다고 생각하고 싶지 않음. | 동물을 먹었다는 걸 한나가 모르게 하고, 친구들을 행복하게 해주려고 노력했을 뿐이라고 선수를 치기 위해 무엇을 먹었는가라는 문제에서 초점을 돌린다. "아니, 요리 세 개를 주문해서 다 같이 나눠 먹었어." |

| 서사 끊기 | 감정 끊기 | 방어 전략 끊기 |
|-----------|-----------|----------------|
| 한나의 감정이 점점 격앙되고 있어. 이게 한나에게 정말로 민감한 문제라는 걸 알아. 그는 격앙됐을 때만 나를 이렇게 추궁하거든. 나는 우리의 합의가 무용하게 느껴지는 것이 마음에 들지 않아. 하지만 한나가 의도적으로 합의를 어긴다고 가정하지는 않을 거야. 한나는 나를 사랑하고, 내가 통제받는 느낌을 받길 원치 않는다는 걸 알아. 그래서 애초에 합의에 동의한 거고, 합의를 다시 살펴보면서 새로운 방법을 찾으면 될 거야. | 내가 방어적이 되는 걸 알 수 있어. 나는 평가받거나 통제받는다고 느낄 때 주로 방어적이 돼. 나는 이 느낌을 잘 알아. 우리가 이 문제로 말다툼을 할 때면 늘 이런 기분이 되지. 이런 패턴을 깰 수 있도록 한나와 함께 이야기할 필요가 있겠어. 지금은 내 방어적 감정에 따라 행동하지 않도록, 그래서 폭발하거나 한나에게 마음을 닫지 않도록 애써야겠어. | 대화의 초점을 바꾸는 대신 내 경험을 솔직하게 공유할 수 있어. "당신이 어디에서 무엇을 먹었는지 물어볼 때 내가 동물을 먹었는지 알아보려는 것처럼 느꼈고, 그래서 방어 심리를 느껴. 그리고 당신은 지금 감정이 조금 격해진 것 같아. 물론 내가 당신을 잘못 읽었을 수도 있어. 어쨌든 나는 이게 우리에게 정말 민감한 문제라는 걸 알아. 내가 동물을 먹었다는 사실 때문에 속상했다면 우리의 합의에 대해 다시 이야기하고 둘 다 만족할 수 있게 수정이 필요할지 생각해보자. 내가 무엇을 먹고 먹지 않았는지 당신이 걱정할 필요가 없고, 내가 당신 앞에서 뭔가를 감출 필요도 없게 말이야." |

사례로 보는 갈등 사슬과 갈등 사슬 끊기

# 갈등 사슬 끊기 도표

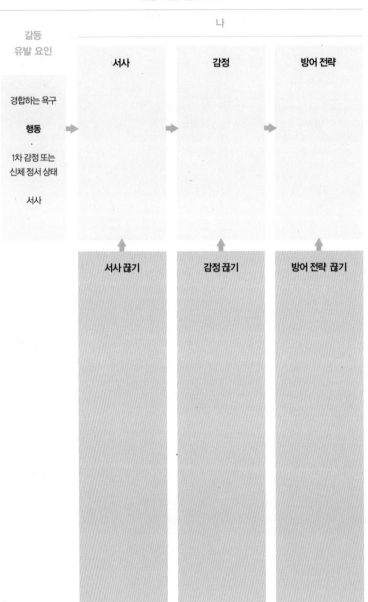

나

갈등
유발 요인

| 서사 | 감정 | 방어 전략 |

경합하는 욕구

**행동**

1차 감정 또는
신체 정서 상태

서사

| 서사 끊기 | 감정 끊기 | 방어 전략 끊기 |

# 갈등 사슬 끊기 도표

| 상대 | | |
| --- | --- | --- |
| 서사 | 감정 | 방어 전략 |

| 서사 끊기 | 감정 끊기 | 방어 전략 끊기 |
| --- | --- | --- |
| | | |

사례로 보는 갈등 사슬과 갈등 사슬 끊기

## 갈등 사슬을 이해하기 위한 길잡이 질문들

다음은 갈등 사슬을 명료하게 보도록 돕기 위한 질문들이다. 명료하게 보아야 더 잘 끊을 수 있다. 갈등을 더 깊이 있게, 더 객관적으로 성찰하도록 돕는 길잡이 질문일 뿐이니 모든 질문에 대답해야 한다는 부담 없이 최대한 많은 질문에 답을 해보자.

1  어떤 일로 갈등이 점화되었는가? 갈등의 트리거를 당긴 요인은 무엇인가? (어쩌면 두 사람이 했던 말다툼일 수도 있고, 갑자기 당신 마음에 떠오른 생각일 수도 있고, 갑자기 단절의 느낌을 의식했을 수도 있다.)

2  갈등이 일어나기 전에 어떤 일이 있었는가? 앞서 말한 말다툼이나 생각, 느낌 등을 끌어낸 것은 무엇인가? (예를 들어 당신은 과거에 했던 말다툼 때문에 여전히 화가 나 있을 수 있다.)
갈등 유발 요인, 즉 최초의 트리거에 이를 때까지 갈등 사슬을 거슬러 올라가 보라. 갈등을 유발한 것은 경합하는 욕구인가, 아니면 행동인가. 또는 1차 감정이나 신체 정서 상태나 서사인가? 어쩌면 갈등 유발 요인을 찾아내지 못할지도 모르지만 갈등 사슬을 가능한 한 멀리 따라가 보라.

3  당신의 갈등 서사는 무엇인가? 당신의 갈등의 원인(들)을 어떻게 해석하는가?

4  당신의 서사는 정확한가? 사실과 신뢰할 수 있는 분석에 기반하는가? 또는 갈등을 다르게 해석할 길이 있는가?

5  서사에 대한 반응으로 당신은 어떤 행동을 했는가? (상대를 비난했는가? 마음을 닫고 물러났는가? 상황을 의논하려고 상대에게 손을 내밀었는가?)

6  당신의 행동은 상대에게 어떤 영향을 미쳤는가? 확실히 모르겠다면 상대가 아마 어떤 영향을 받았을지 상상해보라.

7  상대가 당신의 행동을 어떻게 받아들였을 것이라 생각하는가? 그들의 서사는 무엇인가?

갈등 사슬을 이해하기 위한 길잡이 질문들

8  그 서사는 그들에게 어떤 느낌을 느끼게 했을까?

9  상대에 대한 당신의 스키마는 무엇인가? 당신이 상대를 보는 관점을 드러내는 특성이나 행동을 하나부터 다섯까지 생각해보라. (상대의 캐리커처를 상상해보라. 머릿속에 떠오르는 상대의 캐리커처가 그 사람에 대한 당신의 스키마인 경우가 많다. 상대의 어떤 측면들이 과장되었는가?)

10  당신의 타자-스키마는 어떤 객관적인 정보나 사실에 토대를 두는가?

11  당신의 타자-스키마가 그릇됨을 증명하는 사실이나 증거는 무엇인가? 상대에 대한 당신의 스키마가 부정확함을 보여주는 사례는 무엇인가?

12  당신이 나열한 타자-스키마의 특성이나 행동에 긍정적인 측면이 있는가? (예를 들어 '감정을 드러내지 않는다'거나 '공감적이지 않다'라는 특성을 뒤집어 보면 다른 사람들이 지나치게 감정적·주관적으로 반응하는 상황에서 합리적이고 객관적일 수 있다는 말이 된다.)

13  당신의 갈등 서사와 타자-스키마는 당신 내면의 더 깊숙한 두려움(들)을 반영하는가? (이를테면 도덕적인 측면에서 상대와 잘 지낼 수

없다는 서사와 상대가 이기적이라는 타자-스키마를 갖고 있다면, 당신은 이 관계가 지속 가능하지 않으며 결국 혼자가 되어 낙심하게 될까 봐 두려워하는지 모른다.)

14 지금 당신의 자기 스키마는 무엇인가? (또한 어떤 면에서 당신이 스스로를 '더 낫다'거나 '부족하다'고 보는지 생각해보라.)

15 당신의 자기 스키마는 당신 내면의 더 깊숙한 두려움(들)을 반영하는가? (이를테면 너무 까다롭다거나 결코 만족하지 않는다는 자기 스키마를 갖고 있다면 당신의 욕구를 주장하다가 결국 거절당하고 버림받게 될까 봐 두려워하고 있는지 모른다.)

16 당신이 안정감과 교감을 느끼기 위해서는 무엇이 필요한가? (당신을 안심시키는 말과 행동이 필요한가? 그렇다면 무엇에 대해 안심하고 싶은가? 당신이 사랑받는다는 것에 대해? 당신을 안심시키기 위해 상대가 구체적으로 어떤 행동을 하길 바라는가?)

## 비건 연대자가 되기를 요청할 때

누군가에게 비건 연대자가 되기를 요청할 때는 그들이 다른 면에서 어떻게 이미 당신과 연대하고 있는지 생각해보면 도움이 된다. 부정적인 일을 덜 해달라고 요청하는 것보다 긍정적인 일을 더 해달라고 요청하는 것이 낫다. 상대가 연대자가 되는 것이 어떤 의미인지 참고할 만한 경험을 이미 갖고 있다면 비건 연대자가 되는 것이 무엇을 의미하는지 더 쉽게 이해할 수 있을 것이다.

상대에게 비건 연대자가 되기를 요청하기까지 당신의 사고 과정을 공유하는 것도 상대가 당신과 공감하고 소통하는 데 도움이 된다. 이를테면 당신의 취약성을 드러내기가 쉽지 않거나 상대가 당신을 평가할까 봐 걱정된다면 그 사실을 말할 수 있다. 그리고 당신도 그들의 연대자가 되고 싶다고 덧붙일 수 있다.

아래 사례는 길잡이 용도일 뿐이다. 관계의 친밀감 수준과 평소 어조를 반영해서 당신의 상황에 맞게 다듬어 쓰면 좋다. 아래의 표현을 당신의 목적에 맞게 필요한 만큼 사용하라.

나를 힘들게 하는 일이 있어서 당신에게 도움을 청하고 싶어요. 나의 취약성을 드러내는 기분이 들어서 말하기가 쉽지 않지만 정말 중요한 문제예요. 그래서 불안을 감수하면서 이 문제에 대해 말하려고 해요.

당신이 어떻게 도와줬으면 하는지 말하기 전에 우선 문제가 무엇인지 당신이 알았으면 해요. 그러니 잘 들어주세요. 나는 내가 보는 세상이 어떤 모습인지 당신이 이해했으면 해요. 이건 비건이 되는 것이 나와 내 삶에 어떤 영향을 미치는지에 대한 이야기예요.

나는 비건인 것이 무척 자랑스러워요. 비건이 되어 나라는 사람이 여러모로 훨씬 나아졌어요. 괴로운 것이 있다면 여러 압박을 다루어야 한다는 거예요. 세상은 기본적으로 여전히 비건이 아니니까요. 어디를 가든 어김없이 오해를 받고 투명 인간이 되고 틀렸다는 소리를 듣는 것 같아요. 힘이 빠지고 우울해질 수 있는 상황이죠. 무엇보다 정말 외로워요.

어디에 가든 대체로 나 혼자 비건이고 아무도 내 경험을 이해하지 못해요. 사람들은 내 가치와 신념에 대해 농담을 주고받거나 비건을 비하하는 고정관념을 드러내곤 해요. '지나치게 감정적'이라거나 '급진적'이라고 말하지요. 내가 아프면 늘 식단 때문에 그렇다고 해요. 내가 비거니즘에 대해 한마디도 하지 않았는데도 누군가 내가 비건이라는 걸 알면 내 생활 방식이 어째서 '잘못됐는지' 말하기 시작해요. 식품의 영양에 대해서 가르치려 들거나 왜 축산업이 경제에 필요한지 설명하거나 비거니즘은 부자들에게나 적절하다거나 하는 이야기를 하기도 해요. 비거니즘을 경험해보지 않은 사람들이 갑자기 비거니즘 전문가가 되어 나를 평가하고 나와 논쟁해요. 누가 옳고 누가 그르냐의 문제가 아니에요. 사람들이 어떻게 내 내면의 깊숙한 가치와 믿음을 깎아내리고 무시할 권리가 있다고 생각하는지에 관한 문제예요. 만약 당신이 이슬람교도인데 돼지를 먹지 않는 것을 두고 주변 사람들이 농담을 주고받거나, 당신이 기독교도인데 하느님 같은 것은 없다며 성경을 논하려 한다고 상상해보세요. 물론 비거니즘은 종교가 아니라 가치에 토대를 둔 신념 체계지요. 그러나 이슬람교도나 기독교도에게 그들의 종교가 중요하듯 비거니즘 또한 나에게 중요해요. 그러므로 그런 상황에서 그들이 존중받지 못한다고 느끼듯 나도 존중받지 못한다고 느껴요.

게다가 어디를 가든 나를 슬프고 괴롭게 만드는 일을 상기시키는 것들이 있어요. 나는 비건이 아닌 사람들과는 무척 다른 눈으로 세상을 봐요. 동물의 살과 알, 유제품을 보면 그러지 않으려 아무리 애써도 죽은 동물을 생각하게 돼요. 그 동물들이 어떻게 길러지고 살해되는지에 대한 끔찍한 영상들이 떠오르고, 당연히 질겁하게 돼요. 주변 사람들은 그런 나를 미친 사람 보듯 하지요. 그들도 그 동물들에게 무슨 일이 일어나는지 안다면 아마 나처럼 슬퍼하고 끔찍하게 여겼을 텐데 말이에요.

일반적인 동물성 제품들이 개와 고양이로 만들어졌다고 상상하면 내 경험을 조금 더 이해할 수 있을 거예요. 가족들이 웃는 얼굴로 햄버거를 먹는 광고판을 지나치거나, 치즈가 듬뿍 들어간 피자를 찢는 사람들과 앉아 식사를 할 때마다 당신도 나와 같은 기분을 느낄 거예요.

다른 사람들이 비거니즘이나 나를 이해하지 못할지라도 당신이 이해한다는 것을 알면 내 스트레스가 크게 줄어들 거예요. 당신에게 비건이 되라고 부탁하는 것이 아니에요. 내가 외롭지 않게 내 눈으로 보는 세상을 이해해주길 부탁하는 거예요. 특히 힘든 상황에서 당신이 내 연대자로서 나를 진심으로 지켜보고 응원한다는 걸 느끼고 싶어요. 내가 당신에게 기댈 수 있음을 안다면 상황이 무척 달라질 거예요.

당신은 이미 여러모로 나의 연대자예요. 이를테면 내가 가족 모임을 참을 수 있는 유일한 이유는 그들이 다투고 다른 사람을 흉볼 때 내가 어떤 기분인지 당신이 완전히 이해한다는 것을 알기 때문이에요. 당신은 건너편에서 나를 바라보며 이런 표정을 짓지요. "또 시작됐군." 그리고 집에 돌아오는 동안 우리는 그 모임이 얼마나 힘들었는지에 대해 이야기를 나누죠. 집에 도착할 무렵이면 나는 거의 평정심을 되찾게 돼요. 당신은 나의 연대자예요. 이 세상에서 내가 완전히 외톨이가 아니라고 느끼게 하는 사람이죠.

그러므로 당신이 비건이 아니라 해도 비거니즘이 무엇이고, 그것이 내게 무엇을 뜻하는지, 논비건 세상에서 비건으로 살아간다는 게 어떤 경험인지 이해한다고 느끼고 싶어요. 그러면 당신과 더 많은 교감을 나누는 데 도움이 될 거예요. 당신이 내 삶의 대단히 중요한 측면인 이 부분에서, 있는 그대로의 나를 진심으로 보고 있다고 느낄 테니까요.

무엇보다 비거니즘에 대한 정보를 당신과 공유할 수 있다면 좋겠어요. 이것 역시 당신의 신념이나 생활 방식을 바꾸기 위함이 아니라 당신이 나를 충분히 이해하고 내 연대자가 되길 바라기 때문이에요. 그리고 내 삶의 다른 것들에 대해 당신에게 이야기하듯 비건으로서의 경험에 대해서도 이야기할 수 있다면 정말 좋을 거예요. 기꺼이 그렇게 해 주실래요? 당신이 그렇게 하기 위해 내가 도울 수 있는 일이 있을까요?

## 연민의 마음으로 지켜보기를 요청할 때

연민의 마음으로 지켜보기를 요청하는 사례를 아래에 제시한다. 하나의 길잡이일 뿐이니 상황에 맞추어 수정해서 사용하면 된다.

당신도 알다시피 비건이라는 것은 나의 무척 중요한 부분이고, 비건의 신념과 가치는 내 삶의 중심이에요. 당신이 내 삶에서 중요한 이 부분을 이해하지 못한다는 느낌을 받을 때 나는 투명 인간이 된 것 같고, 당신 앞에서 진정한 내 자신이 될 수 없다고 느껴요. 내 삶의 일부를 우리의 관계 밖에 두어야만 할 것 같다고 말예요. 그래서 내가 교감하고 싶은 만큼 충분히 당신과 교감하지 못한다고 느끼게 돼요.

나는 당신과 더 많이 교감하고 싶어요. 그래서 비거니즘에 대한 정보를 당신과 나누고 싶어요. 당신을 변화시키거나 당신을 비건으로 만들기 위해서가 아니라 당신이 나를 이해할 수 있도록 말예요. 당신이 내가 보는 세상이 어떤지 알면 좋겠어요. 당신이 비거니즘에 대해 알고, 비건이 된다는 것이 무슨 의미인지에 대해 충분히 이해할 때만 가능한 일이

죠. 여기서 '충분히'란 당신이 비거니즘과 나를 진짜 이해한다고 내가 느낄 수 있는 정도를 의미해요.

　당신에게 중요한 것이 무엇이든 나도 그것에 대해 기꺼이 배울게요. 당신이 내게 더 이해받고, 나와 더 교감한다고 느낄 수 있도록요(물론 그 주제가 내가 감당하기에 너무 고통스러운 것이 아니라면 말이에요).

# 존중을 요청할 때

당신을 존중해 달라고 요청하는 사례를 아래에 제시한다. 하나의 길잡이일 뿐이니 당신의 상황에 맞게 다듬어 사용하라.

당신과 내가 몇 가지 면에서 다르다는 것을 잘 알아요. 당신에게 신념이나 생활 방식을 바꾸길 요청하거나, 비건이 되라고 요청하는 것이 아니에요. 내가 편안함을 느끼는 방식으로 교류할 수 있기를 바랄 뿐이에요. 그러기 위해서는 당신이 나를 존중한다고 느낄 필요가 있어요. 비건이 된다는 내 선택을 당신이 존중한다고 느끼고 싶어요.

　당신이 나를 존중하지 않는다고 말하는 게 아니에요. 당신과 당신의 감정을 누구보다 잘 아는 사람은 당신이니까요. 그저 당신이 몇몇 행동을 할 때 내가 존중받지 못하는 느낌을 받는다는 말이에요. 몇 가지 예를 들어 볼게요. 당신이 비건들은 '밤비 애호가'라는 농담을 할 때, 내가 식사 초대자에게 계란이 들어간 빵이나 케이크를 먹지 않는다고 말하면 어처구니 없다는 표정을 지을 때, 다른 사람들 앞에서 비거니즘에 대해 나와 논쟁할 때 등이에요. 비거니즘을 조롱하거나 비하하거나 무시할 때 당신은 내 신념과 가치를 조롱하거나 비하하거나 무시하는 거예요. 그러니까 나를 조롱하고 비하하고 무시하는 거지요.

당신이 돼지를 먹지 않는다고 이슬람교도를 조롱하거나 하느님은 없다고 말하며 기독교도와 성경에 대해 논쟁하려 든다면 그 사람들의 기분이 어떨까 상상해보세요. 물론 비거니즘은 종교가 아니지만 이슬람교나 기독교가 어떤 사람에게 그러하듯 비거니즘은 나라는 사람의 핵심적인 신념이에요. 그러므로 그들과 마찬가지로 나도 그런 말을 들으면 존중받지 못한다고 느껴요.

그리고 당신이 나를 존중하지 않는다고 느낄 때, 나는 정말 상처받고 외톨이가 되었다고 느껴요. 어디에 있든 나는 그곳에서 유일한 비건일 때가 많아요. 나는 내 삶에서 소중한 사람들이 나를 지지한다고 느끼고 싶어요. 나와 신념이 다를지라도 나를 이해하고 존중한다고요.

# 친애하는 논비건들에게

친애하는 논비건들에게

아마 당신은 당신과 더 많이 교감하고 싶은 비건(이나 채식인)*이 곁에 있기 때문에 이 편지를 읽고 있을 거예요. 어쩌면 소통에 어려움을 겪고 있는지도 모르겠네요. 서로 다른 언어를 말하는 것 같다는 느낌이 들 테지요. 거리감을 느끼지만 그 거리를 좁히기 위해 무얼 해야 하는지 모를지도 몰라요. 두 사람 모두 이해받고, 인정받고, 존중받는 느낌을 바랄 테지요. 그리고 서로 연결되기 위해 이 편지를 활용할 만큼 서로에게 마음을 쓰고 있을 거예요. 그러니 두 사람에게는 공통의 목표가 있습니다.

저는 당신 곁의 비건을 대신해 이 편지를 쓰고 있어요. 많은 비건이 비건이 아닌 누군가가 이해할 수 있도록 자신의 경험을 글로 옮기는 일을 어려워하거든요. 비건의 경험은 복잡합니다. 더군다나 비거니즘을 둘러

---

* 표현의 단순성을 위해 '비건'을 비건과 채식인을 모두 가리키는 용어로 사용했다.

싼 갈등이 두 사람 사이에 일어나고 있다면 비건으로서 자신을 솔직하고 명료하게 표현하는 일이 훨씬 더 힘들 거예요.

당신과 가까운 비건이 이 편지를 공유한다면 그 이유는 이 편지가 자신의 경험을 보여준다고 느꼈기 때문일 거예요. 당신은 아마 제가 누구인지, 이 편지를 쓸 자격이 되는지 궁금할 겁니다. 저는 비건들과 함께 일한 경험이 많아요. 전 세계 6대륙의 39개 국가에서 수많은 비건과 이야기를 나눴지요. 물론 각자의 경험이 독특하지만 대부분의 비건이 공통적으로 겪는 경험들이 있습니다. 그 경험들을 이 편지에서 들려드리려고 해요. 저는 또한 관계 문제를 전문적으로 다루는 심리학자이기도 합니다. 특히 비건과 논비건 사이의 관계를 다루지요. 그리고 지금은 비건이지만 동물과 알, 유제품을 먹으며 자랐고 비건이 아닌 사람들과 가까운 관계를 많이 맺고 있습니다.

비건-논비건 관계뿐 아니라 어떤 관계에서든 더 많이 교감하는(그리고 대체로 더 행복해지는) 열쇠는 '연민의 마음으로 지켜보기'를 실천하는 것입니다.[2] 연민의 마음으로 지켜보기는 귀 기울여 듣는 일이에요. 연민과 공감으로, 비판 없이 상대에게 귀를 기울이는 것입니다. 당신과 당신 곁의 비건이 서로를 연민의 마음으로 지켜볼 때 서로를 이해하고 존중할 수 있으며, 아주 까다로운 문제에 대해서도 편안하게 이야기를 나눌 수 있습니다. 상대가 보는 세상을 이해하고 인정할 때, 그리고 상대가 최선을 다해 당신의 감정을 배려하리라 믿을 때 우리는 서로 교감할 수 있습니다.

당신 곁의 비건과 당신이 서로를 연민의 마음으로 지켜보는 것은 중요합니다(진정성에 어긋나거나 불안을 느끼게 하는 경험을 지켜보라고 요구하지 않는 한 말입니다). 제가 이 편지를 쓰는 이유는 당신이 당신 곁의 비건을 연민의 마음으로 지켜볼 수 있도록 돕기 위함입니다. 당신에게 서부터 시작하는 이유는 우리가 비건의 경험에 대한 이해가 적은 세상에서 살고 있기 때문입니다. 미국을 예로 들면 육식인 49명당 비건은 단 한 명입니다. 비건의 눈으로 보는 세상이 어떤 것인지에 대한 정보가 매우 적을 뿐더러 비거니즘과 비건에 대한 오해가 워낙 팽배하기 때문에, 논비건은 비건과 교감하는 것이 힘들 수 있습니다.

기꺼이 당신 곁의 비건을 지켜보는 증인이 되려는 당신에게 감사드립니다. 당신 곁의 비건을 지켜보려면 우선 비건 경험의 기초를 이해하는 것이 중요합니다. 비거니즘이 정확히 무엇인지 이해하는 것이지요. 사람들은 종종 비거니즘이 일종의 트렌드나 종교, 또는 식단이라고 생각합니다. 사실 비거니즘이 최신 트렌드인 곳도 더러 있고, 종교처럼 가치를 토대로 하는 것도 맞습니다. 어느 정도는 식단을 통해 표현되는 것도 사실이고요. 그러나 사실 비거니즘은 모든 존재에 대한 연민과 존중을 권하는 신념 체계입니다.

비거니즘은 대부분의 사람이 자연스럽게 느끼고 생각하는 것과 공명합니다. 사람들은 동물들에게 진심으로 마음을 쓰고 그들의 고통을 원치 않으니까요. 하지만 우리는 특정 종류의 동물을 먹도록(자란 문화에 따라 돼지나 닭, 말을 먹도록) 길들여졌기 때문에 자연히 어떤 동물을 음식으로 보게 됩니다. 성장 과정에서 사람들은 동물들에게 자연스럽게 느끼는 연민으로부터 단절되도록 길들여집니다. 유튜브 영상이나 실내 동물 농장에서 뛰어다니며 노는 아기 돼지나 병아리를 볼 때 당신의 감정을 생각해보세요. 아마 그들과 자연스럽게 교감할 테고 그들이 고통당하는 모습을 생각하고 싶지 않을 것입니다. 이처럼 동물과 교감하고 동물에게 마음을 쓰는 것이 우리의 자연스러운 상태입니다.

타자에 대한 연민과 존중이라는 비건의 가치는 너무도 인간적이며 모두가 공유하는 가치입니다. 비건들은 우리 모두가 원하는 덜 폭력적인 세상을 만들기 위해 노력하고 있습니다. 그러므로 당신 곁의 비건과 당신은 당신이 생각하는 것보다 공통점이 훨씬 더 많습니다. 비건들은 다른 사람과 다르지 않습니다. 다르게 보일 뿐이지요. 그렇게 보이는 이유는 안타깝게도 우리가 비거니즘에 대한 정확한 정보를 얻기 힘든 세상에 살기 때문입니다. 그래서 비건들은 항상 오해받고, 자주 비난받으며 소외되었다고 느끼고 그렇게 행동하게 되지요.

비건과 논비건의 차이는 비건이 삶의 어느 지점에서 사육동물이 다른 동물과 다르지 않다는 것을 (즐거움과 고통을 느끼는 능력에서나, 그들 자신에게 중요한 삶을 살고 있다는 사실에서나) 깨닫는 경험을 했다는 것입니다. 그래서 비건들은 사육되는 동물을 더 이상 음식으로 보지 않게 되었습니다. 일단 이런 관점의 변화를 겪고 나면 삶의 경험 자체가 달라지기 마련입니다.

비건이 겪은 관점의 변화를 이해하는 좋은 방법은 이런 상상을 해보는 것입니다. 어느 날 아침, 잠에서 깬 당신은 세상의 모든 고기와 알, 유제품이 돼지와 닭, 소가 아니라 개와 고양이에게서 나왔다는 사실을 알게 됩니다. 이런 진실을 알려준 사람이 당신에게 '진짜 세상'을 안내하며 개와 고양이 들이 사육되고 살해되는 공장들을 보여줍니다. 당신은 그들의 고통을 목격하고 깽깽대는 소리, 신음하는 소리, 비명 소리를 듣게 됩니다. 아기 고양이들이 산 채로 갈리고, 강아지들이 울부짖는 어미 개에게서 억지로 떨어뜨려지고, 동물들이 의식이 있는 상태로 가죽이 벗겨지고 끓는 물에 던져지는 모습을 보게 되지요. 그리고 직장으로 출근하는 길에 당신은 고양이와 강아지들이 트럭에 가득 실려 도살장으로 가는 모습을 보게 됩니다. 동물들이 차량 옆면 널빤지 틈으로 눈과 코를 내밀지만 당신은 그들을 구할 수 없다는 것을 알기에 눈을 돌리고 무감각해지기 위해 최선을 다합니다.

저녁에 집에 돌아오니 당신이 접한 정보에 노출된 적이 없는 가족들이 저녁으로 스테이크를 차리고 있습니다. 스테이크를 보자 그날 목격한 끔찍한 일들에 대한 기억이 밀려오고 당신은 감정에 압도되고 말지요. 당신은 최대한 감정을 억제하며 당신이 알게 된 것을 가족들에게 설명합니다. 그러나 가족들은 당신이 본 것을 이해하지 못하고, 당신이 조금 이상해졌다고 생각합니다. 당신이 본 것을 알려주고 싶은 절박함에 당신은 더 강경하게 말을 하겠지요.

그러나 가족들은 곧 방어적인 태도를 보이며 화를 냅니다. 그들이 자란 문화는 동물을 먹는 관행에 의문을 제시하는 사람들을 급진주의자이며, 지나치게 감정적이고 사람보다 동물에 더 마음을 쓰는 사람이라고 가르쳤으니까요. 그들은 또한 당신 같은 사람들이 편향적이며 선택의 자유를 빼앗으려 한다고 생각하도록 배웠습니다. 그들은 당신의 말을 달갑지 않게 여기며 다른 사람들에게 당신의 가치를 강요하지 말라고 말합니다. "너에게는 너의 선택이 있고, 나에게는 나의 선택이 있어."

비건이 관점을 전환하는 과정에는 다양한 감정이 따릅니다. 한편으로는 비건이 되는 일에 대단한 자부심을 느끼지요. 주류를 따르기가 훨씬 쉬운 세상에서 연민과 정의라는 핵심 가치에 맞게 살겠다고 결정했으니까요. 많은 비건이 비건이 됨으로써 자부심과 자신감을 느낀다고 말합니다. 그들의 자아보다 더 큰 어떤 일(세상을 더 나은 곳으로 변화시키는 사회운동)의 일부가 되었다고 느낀다고요. 또한 더 건강해지고, 비슷한 생각을 가진 사람들과 더욱 연결된 느낌이 들었다고 말합니다. 하지만 동시에 많은 비건은 늘 오해받고 보이지 않는 존재가 된 느낌, 인정받지 못하는 느낌을 받습니다. 우울하고 의기소침해지는 일이지요. 아마 무엇보다 외로울 것입니다.

비건은 어떤 모임에서든 혼자만 비건인 경우가 흔합니다. 그러니 그들과 함께 이야기하거나 그들을 위해 이야기 할 사람이 없습니다. 그리고 종종 무례한 언급의 희생자가 되기도 합니다. 다른 사람들 앞에서 가치와 신념을 조롱당하는 일이 얼마나 흔한지 눈물을 글썽이며 이야기하는 비건이 많습니다. 놀림과 모욕을 당하는 느낌을 넘어 무력감까지 느끼지요. 기죽지 않고 자신과 자신의 신념을 대변하다가 유머 감각이 없다는 소리를 듣거나, 마지못해 분위기를 맞추다가 결국 상처받고 화가 나게 됩니다.

부정적인 스테레오타입의 희생자가 되는 일도 자주 있습니다. 이를테면 지나치게 감정적이라거나 극단적이라거나 건강하지 않다는 소리를 듣습니다. 코감기만 걸려도 식단 때문에 그렇다는 소리를 듣게 됩니다. 그래서 늘 완벽하게 건강한 척해야 한다고 생각하게 되지요. 자신이 아프면 비거니즘이 무시당할 테고, 그러면 동물들에게 도움이 되지 못한다고 생각하면서요.

또한 많은 비건이 자신이 비건이라는 것을 알자마자 주변의 논비건들이 온 힘을 다해 비거니즘이 왜 '틀렸는지' 설명하는 현상에 대해 이야기합니다. 가령 영양에 대해, 혹은 축산업이 경제에 얼마나 중요한지에 대해, 어떻게 비거니즘이 부자들에게만 가능한지에 대해 가르치려 들지요. 비거니즘을 조금도 경험해보지 않은 사람들이 갑자기 전문가가 되어 비건을 비판하고 비건과 논쟁하기 시작합니다. 다른 집단의 구성원에게는 하지 않았을 방식으로 비건의 가치와 신념을 깎아내리고 무시할 자격이 있다고 생각하지요. 이럴 때 비건들의 느낌을 이해하고 싶다면 비이슬람교도가 돼지를 먹지 않는다고 이슬람교도를 조롱하거나, 비기독교도가 기독교도에게 하느님 같은 건 없다고 말하거나, 성경에 대해 논쟁하려 든다고 상상해보세요.

많은 비건을 힘들게 하는 또 다른 어려움이 있습니다. 자신에게 슬픔을 상기하는 것들을 일상에서 끊임없이 접해야 한다는 사실입니다. 끔

적한 도살 장면을 목격한 뒤에도 비건들은 그 도살의 결과물인 고기와 알, 유제품에 둘러싸여 지내야 합니다. 집조차 안전한 피난처가 되지 못할 때가 많습니다. 가장 가까운 사람조차 그들의 경험과 필요를 이해해 주지 않는다면 비건은 안전한 곳이 아무 데도 없다고 느낄 수 있습니다.

저는 당신이 당신과 가까운 비건의 경험을 더 잘 이해하도록 돕기 위해 비건들이 어떻게 세상 속에서 고군분투하는지에 대해 이야기했습니다. 물론 논비건도 힘든 점들이 있겠지요. 예를 들어 논비건은 동물을 계속 먹는다는 사실 때문에 비건에게 평가당하는 느낌을 받을지 모릅니다. 고기와 알, 유제품 섭취를 줄이려고 노력했지만 그 노력이 결코 충분하다고 여겨지지 않고, 그래서 인정받지 못한다는 느낌이 들지도 모릅니다. 혹시 그런 상황에 있다면 어떻게 하면 당신이 관심과 인정을 받는다고 느낄 수 있을지 비건과 이야기를 나누는 것이 좋습니다. 누구든 그런 욕구를 충족할 필요와 자격이 있으니까요. 비건이 일부러 당신의 욕구를 무시하는 것은 아닐 것입니다. 비건들은 논비건 세상에서 살며 겪는 많은 좌절 때문에 그다지 이상적이지 않은 방식으로 행동하게 되기도 합니다. 동물들이 겪는 고통의 실상을 보고 나서 느끼는 감정이나 주변 논비건들의 저항을 마주칠 때 느끼는 감정을 어떻게 해야 할지 모르기도 하죠. 당신이 비건과 그들의 신념을 지켜보고 이해하고 존중한다면 비건들은 당신을 반대자가 아니라 연대자로 보기 시작할 것입니다.

그리고 당신은 그들을 연민으로 지켜보면서 그들의 진정한 연대자가 될 수 있습니다. '비건 연대자'는 비건이 아닐지라도 비건과 비건의 가치를 지지하는 사람입니다. 비건 연대자가 된다는 것은 비건들의 이야기에 기꺼이 귀를 기울이고, 비건으로서 논비건 세상을 살아가는 것이 어떤 것인지 배우는 것입니다. 그들이 당신의 지지를 느낄 수 있게 하는 방법은 당신이 무엇을 해야 할지 귀 기울여 듣고, 그들의 분투를 지지하고, 노력을 인정하는 것입니다. 비건들이 감정적으로 무척 힘든 상황을 헤쳐 나가려고 최선을 다하고 있음을 이해하도록 하십시오. 그들은 세상에 마음을 쓰기 때문에, 세상을 더 나은 곳으로 만들고 싶기 때문에 감정적으로 견디기 힘든 상황에 눈과 마음을 열기로 결정했습니다. 그러므로 비건 연대자로서 당신은 비건뿐 아니라 세상도 돕게 될 것입니다. 동물의 고통을 해결하는 일에 중요한 참가자가 되는 것입니다. 긍정적인 사회 변화를 이루는 길에서 연대자들은 대단히 중요한 존재입니다.

비건 연대자가 된다면 당신은 비건에게 큰 선물을 하는 것입니다. 누군가 외톨이라고 느낄 때 단 한 사람이 만들어낼 수 있는 변화는 결코 작지 않습니다. 그리고 그 변화는 두 사람에게 교감이라는 선물로 돌아올 것입니다.

# 후주

## 2장. 관계의 회복 탄력성: 건강한 관계의 기초

1 애착을 다룬 훌륭한 두 권의 책으로 다음을 참조하라. 《그들이 그렇게 연애하는 까닭: 사랑에 대한 낭만적 오해를 뒤엎는 애착의 심리학》, 아미르 레빈·레이첼 헬러 지음, 이후경 옮김, 랜덤하우스코리아, 2011; Stan Tatkin, *Wired for Love: How Understanding Your Partner's Brain and Attachment Style Can Help You Defuse Conflict and Build a Secure Relationship*(Oakland, CA: New Harbinger, 2011).

2 《날 꼬옥 안아줘요: 평생 부부사랑을 지속하기 위한 프로젝트》, 수 존슨 지음, 박성덕 옮김, 이너북스, 2010.

3 취약성의 가치에 관한 훌륭한 자료로는 다음 책이 있다. 《마음가면: 숨기지 마라, 드러내면 강해진다》, 브레네 브라운 지음, 안진이 옮김, 더퀘스트, 2016; 또한 브라운의 TED 강연을 참조하라. "취약성의 힘The Power of Vulnerability", https://www.ted.com/talks/brene_brown_on_vulnerability.

4 Dorothy Tennov, *Love and Limerence: The Experience of Being in Love*(Lanham, MD: Rowman and Littlefield, 1998).

5 학대는 이 책의 범위를 넘어선다. 그러나 당신이 관계를 맺는 상대가 당신을 교묘히 조종하거나 통제하거나 다른 방식으로 학대한다고 생각된다면, 혹은 그냥 이

문제에 대해 더 많이 알고 싶다면 다음을 참조하라. 《사랑도 치유가 필요하다: 사랑이라는 이름의 정서적 학대와 그 치유의 심리학》, 비벌리 엔젤 지음, 김선영·김윤 옮김, 책으로여는세상, 2012; 《그 남자는 도대체 왜 그럴까: 남자의 내면을 이해하는 최고의 바이블》, 런디 밴크로프트 지음, 정미우 옮김, 소울메이트, 2013.

6 Kaethe Weingarten, *Common Shock: Witnessing Violence Every Day* New York: NAL Trade, Brown, 2004).

7 John M. Gottman, *The Relationship Cure: A 5 Step Guide to Strengthening Your Marriage, Family, and Friendships* (New York: Harmony Books, 2001).

8 《아직도 가야할 길》, M. 스콧 펙 지음, 최미양 옮김, 열음사, 2007.

## 3장. 연대자 되기: 차이를 이해하고 연결하기

1 다음을 참조하라. Colin G. DeYoung, Jacob B. Hirsh, Matthew S. Shane, Xenophon Papademetris, Nallakkandi Rajeevan and Jeremy R. Gray, "Testing Predictions from Personality Neuroscience: Brain Structure and the Big Five," *Psychological Science* 21, 6(2010): 820–28; J. Patrick Sharpe, Nicholas R. Martin, and Kelly A. Roth, "Optimism and the Big Five Factors of Personality: Beyond Neuroticism and Extraversion," *Personality and Individual Differences* 51, 8(2011): 946–51.

2 애니어그램과 MBTI에 대해 더 알고 싶다면 다음 사이트를 참조하라. www.enneagraminstitute.com; www.16personalities.com.

3 《5가지 사랑의 언어》, 게리 채프먼 지음, 장동숙 옮김, 생명의말씀사, 2010.

4 스탠 탯킨Stan Tatkin의 웹사이트에 실린 연구를 참조하라. *Psychobiological Approach to Couple Therapy*, 2003–17, stantatkin.com.

5 애착에 대해 더 자세히 알고 싶다면 다음 자료를 보라. 《그들이 그렇게 연애하는 까닭: 사랑에 대한 낭만적 오해를 뒤엎는 애착의 심리학》, 아미르 레빈·레이첼 헬

러 지음, 이후경 옮김, 랜덤하우스코리아, 2011; Stan Tatkin, *Wired for Love: How Understanding Your Partner's Brain and Attachment Style Can Help You Defuse Conflict and Build a Secure Relationship* (Oakland, CA: New Harbinger, 2011).

6  《바른 마음: 나의 옳음과 그들의 옳음은 왜 다른가》, 조너선 바이트 지음, 왕수민 옮김, 웅진지식하우스, 2014.

### 4장. 시스템: 관계를 형성하는 보이지 않는 춤들

1  이런 비유는 시스템 심리학자 해리엇 러너Harriet Lerner가 다음 책에서 대중화시켰다.《무엇이 여자를 분노하게 하는가: 무례한 세상에서 나를 지키는 페미니즘 심리학》, 해리엇 러너 지음, 이명선 옮김, 부키, 2018.

2  러너의 '댄스' 시리즈를 보라.《무엇이 여자를 분노하게 하는가》, 해리엇 러너 지음, 이명선 옮김, 부키, 2018. ;《무엇이 여자를 침묵하게 만드는가》, 해리엇 러너 지음, 양지하 옮김, 부키, 2019.

3  Ernie Larsen, *Stage II Recovery: Life Beyond Addiction* (New York: HarperCollins, 1986)

### 5장. 육식주의: 비건-논비건 관계의 보이지 않는 침입자

1  2011년에 전 세계에서 살해된 동물의 수에 대해서는 다음을 참조하라. Christine Chemnitz and Stanka Becheva, eds., *Meat Atlas: Facts and Figures About the Animals We Eat* (Berlin, Germany: Heinrich Böll Foundation and Friends of the Earth Europe, 2014). 전쟁에서 살해된 사람의 수는 다음을 참조하라.《당신도 전쟁을 알아야 한다》, 크리스 헤지스 지음, 황현덕 옮김, 수린재, 2013.

2  "Castration of Pigs: Livestock Update, January 2008," *Virginia Cooperative Extension*, Virginia State University, http://www.sites.ext.vt.edu/

newsletter-archive/livestock/aps-08_01/aps-0111.html; Eleonora Nannoni, Tsampika Valsami, Luca Sardi and Giovanna Martelli, "Tail Docking in Pigs: A Review on Its Short- and Long-Term Consequences in Preventing Tail Biting," *Italian Journal of Animal Science* 13, 1(2014); Jacquie Jacob, "Beak Trimming in Poultry in Small and Backyard Poultry Flocks," May 5, 2015, http://articles.extension.org/pages/66245/beak-trimming-of-poultry-in-small-and-backyard-poultry-flocks; American Veterinary Medical Association, "Literature Review on the Welfare Implications of the Dehorning and Disbudding of Cattle," July 15, 2014, https://www.avma.org/KB/ Resources/LiteratureReviews/Documents/dehorning_cattle_bgnd.pdf.

3   Elaine Dockterman, "Nearly One Million Chickens and Turkeys Unintentionally Boiled Alive Each Year in U.S.," *Time*, October 29, 2013, http://nation.time.com/2013/10/29/nearly-one-million-chickens-and-turkeys-unintentionally-boiled-alive-each-year-in-u-s/; Gail A. Eisnitz, *Slaughterhouse: The Shocking Story of Greed, Neglect, And Inhumane Treatment Inside the U.S. Meat Industry* (New York: Prometheus Books, 2007).

4   다음을 참조하라. Lori Marino and Christina M. Colvin, "Thinking Pigs: A Comparative Review of Cognition, Emotion, and Personality in Sus domesticus," *International Journal of Comparative Psychology* 28(2015). http://animalstudiesrepository.org/cgi/viewcontent.cgi?article=1042&context=acwp_asie.

5   J. L. Edgar, J. C. Lowe, E. S. Paul, and C. J. Nicol, "Avian Maternal Response to Chick Distress," *Proceedings of the Royal Society B* 278(2011): 3129–34.

6   K. M. McLennan, "Social Bonds in Dairy Cattle: The Effect of Dynamic

Group Systems on Welfare and Productivity," PhD diss., University of Northampton, 2013.

7 다음을 참조하라. C. Brown, "Fish Intelligence, Sentience and Ethics," *Animal Cognition* 18, 1(2015): 1-17; 《물고기는 알고 있다》, 조너선 밸컴 지음, 양병찬 옮김, 에이도스, 2017.

8 다음을 참조하라. Rob Dunn, "Human Ancestors Were Nearly All Vegetarians," *Scientific American Guest Blog*, July 23, 2012. https://blogs. scientificamerican.com/guest-blog/human-ancestors-were-nearly-all-vegetarians/

9 다음을 참조하라. N. Wright, L. Wilson, M. Smith, B. Duncan and P. McHugh, "The BROAD Study: A Randomised Controlled Trial Using a Whole Food Plant-Based Diet in the Community for Obesity, Ischaemic Heart Disease or Diabetes," *Nutrition and Diabetes* 7, 3(2017): e256; Philip J. Tuso, Mohamed H. Ismail, Benjamin P. Ha and Carole Bartolotto, "Nutritional Update for Physicians: Plant- Based Diets," *The Permanente Journal* 17, 2(2013): 61-66; "Position of the Academy of Nutrition and Dietetics: Vegetarian Diets," *Journal of the Academy of Nutrition and Dietetics* 116, 12(December 2016); the works of Dr. Michael Greger at nutritionfacts. org; Winston J. Craig, "Health Effects of Vegan Diets," *American Journal of Clinical Nutrition* 89, 5(May 2009): 1627S-33S.

10 미주 25에 언급된 자료를 참조하라.

11 다음을 참조하라. Chesney K. Richter, Ann C. Skulas-Ray, Catherine M. Champagne and Penny M. Kris- Etherton, "Plant Protein and Animal Proteins: Do They Differentially Affect Cardiovascular Disease Risk?" *Advances in Nutrition* 6(November 2015): 712-28; Mingyang Song et al., "Association of Animal and Plant Protein Intake with All-Cause and Cause-

Specific Mortality," *JAMA Internal Medicine* 176, 10(2016): 1453 – 63; 《무엇을 먹을 것인가》, 콜린 캠벨·토마스 캠벨 지음, 유자화 옮김, 열린과학, 2012.

12 다음을 참조하라. Human Rights Watch, *Blood, Sweat, and Fear: Workers' Rights in U.S. Meat and Poultry Plants*(New York: Human Rights Watch, 2004), https://www.hrw.org/sites/default/files/reports/ usa0105.pdf; Lance Compa and Jamie Fellner, "Meatpacking's Human Toll," *Washington Post*, August 3, 2005; Timothy Pachirat, *Every Twelve Seconds: Industrialized Slaughter and the Politics of Sight* (New Haven: Yale University Press, 2011); Robert Goodland and Jeff Anhang, "Livestock and Climate Change," *World Watch Magazine*, November/December 2009, 10 –19; Henning Steinfeld, Pierre Gerber, Tom Wassenaar, Vincent Castel, Mauricio Rosales and Cees de Haan, *Livestock's Long Shadow: Environmental Issues and Options*(Rome: FAO, United Nations, 2006); David Pimentel et al., "Water Resources: Agricultural and Environmental Issues," *BioScience* 54, 10(2004): 909 –18; R. Sansoucy, "Livestock: A Driving Force for Food Security and Sustainable Development," *World Animal Review* 84/85(1995): 5 –17.

6장. 비건이 된다는 것: 논비건 세상에서 지속 가능하게 살며 관계 맺기

1 비건이 되는 경험을 다룬 훌륭한 자료로는 캐럴 J. 애덤스[Carol J. Adams]와 콜린 패트릭 구드로[Colleen Patrick-Goudreau]의 글을 참조하라.

2 《트라우마: 가정폭력에서 정치적 테러까지》, 주디스 루이스 허먼 지음, 최현정 옮김, 열린책들, 2017.

3 같은 책.

4 다음을 참조하라. Daniel P Aldrich and Yasuyuki Sawada, "The Physical and Social Determinants of Mortality in the 3.11 Tsunami," *Social Science and*

*Medicine* 124(2015): 66-75.

5  veganstrategist.org

6  감사 실천뿐 아니라 당신의 전반적인 기분과 회복 탄력성 개선을 위한 훌륭
   한 자료로 다음을 참조하라. Sonja Lyubomirsky, *The How of Happiness:*
   *A Scientific Approach to Getting the Life You Want*(New York: Penguin,
   2008).

7  A. Hatzigeorgiadis, N. Zourbanos, E. Galanis and Y. Theodorakis, "The
   Effects of Self-Talk on Performance in Sport: A Meta-analysis," *Perspectives*
   *on Psychological Science* 6, 4(2011): 348-56; Ethan Kross and Emma
   Bruehlman-Senecal, "Self-Talk as a Regulatory Mechanism: How You Do
   It Matters," *Journal of Personality and Social Psychology* 106, 2(2014): 304-
   24.

8  다음 책을 강력 추천한다. Lani Muelrath, *The Mindful Vegan: A 30-Day Plan*
   *for Finding Health, Balance, Peace, and Happiness*(BenBella Books,
   2017).

9  headspace.com 사이트를 참조하라. 명상에 경험이 없는 사람들도 마음챙김을 이
   해하고 마음챙김 명상을 시작할 수 있는 곳이다.

10  Daphne M. Davis and Jeffrey A. Hayes, "What Are the Benefits of
    Mindfulness? A Practice Review of Psychotherapy-Related Research,"
    *Psychotherapy* 48, 2(2011): 198-208.

### 7장. 갈등 해결하기: 갈등을 예방하고 관리하는 법

1  갈등 서사를 이해하고 다루는 방법에 대한 훌륭한 자료로는 다음을 참조하라.
   Andrew Christensen, Brian D. Doss and Neil S. Jacobson, *Reconcilable*
   *Differences: Rebuild Your Relationship by Rediscovering the Partner You*
   *Love—Without Losing Yourself*, 2nd ed.(New York: Guilford Press, 2014).

2    Jeffrey E. Young and Janet S. Klosko, *Reinventing Your Life: The Breakthrough Program to End Negative Behavior... and Feel Great Again*(New York: Penguin, 1993).

3    자기 자신과 상대에 대한 스키마를 확인하고 갈등 패턴을 변화시키는 방법에 대한 훌륭한 자료로 다음을 참조하라.《커플 스킬》, 패트릭 패닝·매튜 맥케이 지음, 김인경 옮김, 시그마프레스, 2008.

4    《가트맨의 부부 감정 치유》, 존 가트맨·낸 실버 지음, 최성애 옮김, 을유문화사, 2014.

5    트리거 반응을 일으키는 가정과 갈등을 관리하는 방법에 대한 훌륭한 설명으로 다음을 참조하라. Andrew Christensen, Brian D. Doss and Neil S. Jacobson, *Reconcilable Differences: Rebuild Your Relationship by Rediscovering the Partner You Love—Without Losing Yourself*, 2nd ed.(New York: Guilford Press, 2014). 정서적 알레르기라는 용어는 로리 H. 고든Lori H. Gordon이 고안했다. 그의 글을 참조하라. "Intimacy: The Art of Relationships," *Psychology Today*, December 31, 1969.

6    트리거 반응을 다루는 법에 대한 더 자세한 설명은 다음을 참조하라. Susan Campbell and John Grey, *Five-Minute Relationship Repair: Quickly Heal Upsets, Deepen Intimacy, and Use Differences to Strengthen Love* (Novato, CA: New World Library, 2015).

7    같은 책.

8    Stan Tatkin, *Wired for Love: How Understanding Your Partner's Brain and Attachment Style Can Help You Defuse Conflict and Build a Secure Relationship*(Oakland, CA: New Harbinger, 2011).

9    Andrew Christensen, Brian D. Doss and Neil S. Jacobson, *Reconcilable Differences: Rebuild Your Relationship by Rediscovering the Partner You Love—Without Losing Yourself*, 2nd ed.(New York: Guilford Press, 2014).

나의 친애하는 비건 친구들에게

10  《뜨겁게 사랑하거나 쿨하게 떠나거나》, 미라 커센바움 지음, 장은재 옮김, 라의눈, 2016.

11  다음을 참조하라. Marcia Naomi Berger, *Marriage Meetings for Lasting Love: 30 Minutes a Week to the Relationship You've Always Wanted*(Novato, CA: New World Library, 2014).

## 8장. 효과적인 소통: 성공적인 대화의 기술

1  《효과적인 의사소통을 위한 기술》, 마사 데이비스·매슈 맥케이 지음, 임철일·최정임 옮김, 커뮤니케이션북스, 1999.

2  Terrence Real, *The New Rules of Marriage: What You Need to Know to Make Love* Work(New York: Ballantine Books, 2007).

3  《효과적인 의사소통을 위한 기술》, 마사 데이비스·메튜 맥케이 지음, 임철일·최정임 옮김, 커뮤니케이션북스, 1999.

4  Susan Campbell and John Grey, *Five-Minute Relationship Repair: Quickly Heal Upsets, Deepen Intimacy, and Use Differences to Strengthen Love*(Novato, CA: New World Library, 2015).

5  자기 대화를 파악하고 재구성하는 것에 대한 뛰어난 자료로 다음을 참조하라. 《필링 굿》, 데이비드 D. 번즈 지음, 차익종·이미옥 옮김, 아름드리미디어, 2011.

## 9장. 변화: 수용의 방법과 변화의 도구

1  수용 전념 치료에 대한 훌륭한 자료로 다음을 참고하라. Matthew McKay, Patrick Fanning, Avigail Lev and Michelle Skeen, *The Interpersonal Problems Workbook*(Oakland, CA: New Harbinger, 2013).

2  변화에 대한 저항과 변화의 과정에 대한 더 포괄적인 설명으로는 다음을 참조하라. Andrew Christensen, Brian D. Doss and Neil S. Jacobson, *Reconcilable Differences: Rebuild Your Relationship by Rediscovering the Partner You*

후주

*Love—Without Losing Yourself*, 2nd ed.(New York: Guilford Press, 2014).

3 Thomas H. Maugh II, "Study's Advice to Husbands: Accept. Wife's Influence," *Los Angeles Times*, February 21, 1998.

4 Andrew Christensen, Brian D. Doss and Neil S. Jacobson, *Reconcilable Differences: Rebuild Your Relationship by Rediscovering the Partner You Love—Without Losing Yourself*, 2nd ed.(New York: Guilford Press, 2014).

5 《비건 세상 만들기: 모두를 위한 비거니즘 안내서》, 토바이어스 리나르트 지음, 전범선·양일수 옮김, 두루미, 2020.

6 동물 구조 단체 인 디펜스 오브 애니멀스In Defense of Animals에는 비건을 지원하는 프로젝트가 있는데 비건 친화적 상담사의 목록도 제시하고 있다. 더 많은 정보는 인 디펜스 오브 애니멀스 사이트의 "지속 가능한 운동Sustainable Activism"에서 찾을 수 있다. https://www.idausa.org/campaign/sustainable-activism/.

## 부록

1 이 목록은 비건을 위해 수정했으며 다음 자료들을 토대로 한다. 《트라우마 관리하기: 타인과 자신을 함께 돌보는 연습》, 로라 판 더누트 립스키 지음, 김덕일 옮김, 학지사, 2021; Karen W. Saakvitne and Laurie Anne Pearlman, *Transforming the Pain: A Workbook on Vicarious Traumatization*(New York: W. W. Norton, 1996).

2 이 표현은 다음 책에서 처음 사용했다. Kaethe Weingarten, *Common Shock: Witnessing Violence Every Day*(New York: NAL Trade, Brown, 2004).

**옮긴이 강경이**

대학에서 영어교육을, 대학원에서 비교문학을 공부했다. 옮긴 책으로는《컬러의 시간》《관통당한 몸》《불안한 날들을 위한 철학》《나는 히틀러의 아이였습니다》《예술가로서의 비평가》등이 있다.

나의 친애하는 비건 친구들에게

**첫판 1쇄 펴낸날** 2022년 5월 20일

**지은이** 멜라니 조이
**옮긴이** 강경이
**발행인** 김혜경
**편집인** 김수진
**책임편집** 임지원
**편집기획** 김교석 조한나 김단희 유승연 곽세라 전하연
**디자인** 한승연 성윤정
**경영지원국** 안정숙
**마케팅** 문창운 백윤진 박희원
**회계** 임옥희 양여진 김주연

**펴낸곳** (주)도서출판 푸른숲
**출판등록** 2003년 12월 17일 제2003-000032호
**주소** 경기도 파주시 심학산로 10(서패동) 3층, 우편번호 10881
**전화** 031)955-9005(마케팅부), 031)955-9010(편집부)
**팩스** 031)955-9015(마케팅부), 031)955-9017(편집부)
**홈페이지** www.prunsoop.co.kr
**페이스북** www.facebook.com/simsimpress   **인스타그램** @simsimbooks

ⓒ 푸른숲, 2022
ISBN 979-11-5675-962-1(03180)